Eckhard Jesse | Jürgen P. Lang

DIE LINKE

Eckhard Jesse | Jürgen P. Lang

DIE LINKE –
der smarte Extremismus
einer deutschen Partei

OLZOG

Bibliografische Information der Deutschen Nationalbibliothek
Die Deutsche Nationalbibliothek verzeichnet diese Publikation in der
Deutschen Nationalbibliografie; detaillierte bibliografische Daten sind
im Internet über http://dnb.d-nb.de abrufbar.

ISBN 978-3-7892-8257-7
© 2008 Olzog Verlag GmbH, München
Internet: http://www.olzog.de

Umschlagentwurf: Atelier Versen, Bad Aibling
Satz: EDV-Fotosatz Huber/Verlagsservice G. Pfeifer, Germering
Druck- und Bindung: grafik + druck GmbH, München
Printed in Germany

Inhalt

ABKÜRZUNGSVERZEICHNIS

Abs.	Absatz
ADAV	Allgemeiner Deutscher Arbeiterverein
AfNS	Amt für Nationale Sicherheit
AG	Arbeitsgemeinschaft
AKL	Antikapitalistische Linke
Art.	Artikel
ASG	Initiative Arbeit & soziale Gerechtigkeit
ATTAC	Association pour une taxation des transactions financières pour l'aide aux citoyens
AUF	Alternativ – Unabhängig – Fortschrittlich
BAG	Bundesarbeitsgemeinschaft
BRD	Bundesrepublik Deutschland
BVerfSchG	Bundesverfassungsschutzgesetz
BWK	Bund Westdeutscher Kommunisten
CDU	Christlich Demokratische Union Deutschlands
CSU	Christlich-Soziale Union
CWI	Commitee for a Workers' International
DA	Demokratischer Aufbruch
DBD	Demokratische Bauernpartei Deutschlands
DDR	Deutsche Demokratische Republik
DFU	Deutsche Friedensunion
DGB	Deutscher Gewerkschaftsbund
DKP	Deutsche Kommunistische Partei
DSU	Deutsche Soziale Union
EU	Europäische Union
FDP	Freie Demokratische Partei
FDS	Forum Demokratischer Sozialismus
GAL	Grün-Alternative Liste
GAM	Gruppe Arbeitermacht
GBM	Gesellschaft für Bürgerrecht und Menschenwürde
GG	Grundgesetz der Bundesrepublik Deutschland
GRH	Gesellschaft zur rechtlichen und humanitären Unterstützung

HBV	Gewerkschaft Handel, Banken und Versicherungen
IG	Industriegewerkschaft
IG	Interessengemeinschaft
IM	Inoffizieller Mitarbeiter (des MfS)
ISOR	Initiativgemeinschaft zum Schutz der sozialen Rechte
IST	International Socialist Tendency
KB	Kommunistischer Bund
KBW	Kommunistischer Bund Westdeutschlands
KPD	Kommunistische Partei Deutschlands
KPdSU	Kommunistische Partei der Sowjetunion
KPF	Kommunistische Plattform
LDPD	Liberal-Demokratische Partei Deutschlands
LfV	Landesamt/Landesämter für Verfassungsschutz
MF	Marxistisches Forum
MfS	Ministerium für Staatssicherheit
MLPD	Marxistisch-Leninistische Partei Deutschlands
NATO	North Atlantic Treaty Organisation
NDPD	National-Demokratische Partei Deutschlands
NPD	Nationaldemokratische Partei Deutschlands
NS	Nationalsozialismus
NVA	Nationale Volksarmee
PCF	Parti Communiste Français
PDS	Partei des Demokratischen Sozialismus
REP	Die Republikaner
SAG	Sozialistische Arbeitergruppe
SAV	Sozialistische Alternative – Voran
SDAJ	Sozialistische Deutsche Arbeiterjugend
SDAP	Sozialdemokratische Arbeiterpartei
SDP	Sozialdemokratische Partei der DDR
SDS	Sozialistisch-Demokratischer Studierendenverband
SED	Sozialistische Einheitspartei Deutschlands
SL	Sozialistische Linke
SPD	Sozialdemokratische Partei Deutschlands
UN	United Nations
US	United States
USA	United States of America
USPD	Unabhängige Sozialdemokratische Partei Deutschlands
VdgB	Vereinigung für gegenseitige Bauernhilfe

Verdi	Vereinte Dienstleistungsgewerkschaft
VSP	Vereinigte Sozialistische Partei / Vereinigung Sozialistische Politik
VVN-BdA	Vereinigung der Verfolgten des Naziregimes / Bund der Antifaschistinnen und Antifaschisten
WASG	Wahlalternative Arbeit & soziale Gerechtigkeit

TABELLENVERZEICHNIS

VERZEICHNIS DER GRAFIKEN

EINLEITUNG

1. Erster Parteitag der LINKEN

Nein, „Lafontaine-Festspiele" waren die zwei Tage gewiss nicht, wie zuvor zuweilen geunkt. Ebenso blieb eine (vermutete) „Abrechnung" der Delegierten mit Oskar Lafontaine aus. Gleichwohl: Auf dem ersten Bundesparteitag der LINKEN am 24./25. Mai 2008 in Cottbus spielte er die dominierende Rolle. Wohl kaum einer zweifelt an der Übernahme des alleinigen Vorsitzes im Jahre 2010 durch ihn – nach dem Rückzug Lothar Biskys. Lafontaine – strotzend vor Selbstbewusstsein – hat seinen Führungsanspruch angemeldet, und er ist ungeachtet mancher (mehr heimlicher als offener) Kritik der starke Mann in der Partei, der „Leitwolf".

In einer ebenso kämpferischen wie vollmundigen, mit Zitaten von Geistesgrößen gespickten Rede riss das Zugpferd der Partei die 562 Delegierten mit, unter ihnen 59 Prozent aus den neuen Bundesländern.[1] Insgesamt fundamentalistisch angelegt, kam die Rede nicht ohne Schlagworte aus. „Wer die Sprache der Herrschenden spricht, verfestigt die bestehenden Verhältnisse." Damit setzt seine Position auf gesellschaftliche Deutungshoheit. Mehr pathetisch als poetisch hieß es bei ihm voller Geschichtsdeterminismus: „Wir haben Begriffe gesetzt: DIE LINKE, den Mindestlohn, Hartz IV muss weg, wir wollen eine armutsfeste Rente und die Bundeswehr muss raus aus Afghanistan. Und wir haben den Wind der Geschichte in unseren Segeln. Das macht unseren Erfolg aus, liebe Freundinnen und Freunde." Lafontaine schmückte seine Rede mit klangvollen Namen: unter anderem Theodor Adorno, Walter Benjamin, Willy Brandt, Friedrich Engels, Karl Liebknecht, Rosa Luxemburg und Karl Marx. Er vermittelte den Eindruck, als hechelten

---

1 „Wir haben noch große und schwere Aufgaben vor uns". Rede von Oskar Lafontaine, Vorsitzender der Partei DIE LINKE, in: http://www.die-linke.de (25. Mai 2008).

die anderen Parteien der LINKEN hinterher. Das war insofern widersprüchlich, als er ihnen gerade „Neoliberalismus" vorwarf und der eigenen Partei somit ein Alleinstellungsmerkmal zubilligte.

Lafontaine machte Kritik an der DDR geltend. „Sicher, in der DDR gab es auch Fortschritte – mehr soziale Gleichheit, mehr Gleichstellung der Frauen in Beruf und Gesellschaft, mehr soziale Sicherung, ein besseres Gesundheitswesen und eine gute Schulbildung. Aber die DDR ist auch gescheitert, weil sie kein Rechtsstaat war, weil sie keine Demokratie war und weil die Arbeitnehmerinnen und Arbeitnehmer zu wenig Mitbestimmung hatten. Das sind aber unverzichtbare Bestandteile einer Gesellschaft", – und nun kam ein brav anmutendes Zitat aus dem „Kommunistischen Manifest" – „in der die freie Entwicklung eines jeden die Bedingung für die freie Entwicklung aller ist." Habe es in der DDR „Gleichheit ohne Freiheit" gegeben, so gebe es in der Bundesrepublik „Freiheit ohne Gleichheit". Sein Ausflug in die Geschichte ging weit über die DDR hinaus.

Hatte Lafontaine kurz vor dem Parteitag die Worte Rosa Luxemburgs zitiert, es gehe darum, „die Barbarei der kapitalistischen Gesellschaft [zu] überwinden"[2], so bekannte er sich erneut zum Gründungsmitglied der KPD. Die Partei müsse Rosa Luxemburgs Vermächtnis und dem von Karl Liebknecht verpflichtet sein. Die verräterische Kritik Lafontaines – ausgerechnet unter Berufung auf Sebastian Haffners unsägliches Buch über die „verratene Revolution" – an Friedrich Ebert, dem demokratischen Widersacher Luxemburgs und ersten (sozialdemokratischen) Reichspräsidenten der Weimarer Republik, der ersten deutschen Demokratie, zeigt seine große Distanz zu sozialdemokratischem Gedankengut. Hingegen feierte er die „große Visionärin" Rosa Luxemburg.

Der Redner sah aufgrund der Macht des Finanzkapitalismus eine „Aushöhlung der repräsentativen Demokratie". Solange die Unternehmenseigner über Gewinn und Kapital alleine verfügten, „leben wir nicht in einer demokratischen Gesellschaft". Reizworte wie „systemverändernd" und „systemüberwindend" fielen in diesem Zusammenhang. Die bär-

---

2 Oskar Lafontaine: „Ich bin ein verkannter Mann". Interview mit Ulrike Herrmann und Stefan Reinecke, in: die tageszeitung vom 12. Mai 2008.

beißige Kritik am „finanzmarktgetriebenen Kapitalismus" war das Leitmotiv der Rede.

Der andere Parteivorsitzende, Lothar Bisky, sichtlich auf Integration ausgerichtet und um die Eindämmung von Konflikten bemüht, sprach in seiner Eingangsrede bedachtsamer und bedächtiger, auch selbstkritischer.[3] „Hüten wir uns vor der alten linken Überheblichkeit, auf alles eine Antwort zu haben und zu wissen. Hüten wir uns vor der alten linken Bequemlichkeit, die Vielfältigkeit gesellschaftlicher Prozesse durch Rückzug in überschaubare ideologische Schneckenhäuser auszublenden. Wenn wir etwas neu und besser machen wollen, fängt es beim innerparteilichen Umgang an. [...] Was wir nicht brauchen, ist der Machtkampf zwischen ideologischen ‚Strömungen'." Er schwor die Partei auf einen Antikriegskurs ein: DIE LINKE sei und bleibe „Antikriegspartei", die „einzige Völkerrechtspartei in Deutschland". Von deutschem Boden dürfe nie wieder Krieg ausgehen – als gäbe es irgendeine Kraft, die dies anstrebt. Einerseits kritisierte Bisky den grassierenden „Neoliberalismus", andererseits sprach er davon, der „neoliberale Durchmarsch" sei gestoppt. Zu dem von ihm propagierten Richtungswechsel gehört eine „Rentenkampagne" für die nächsten Wahlen. Die Konkurrenz bezeichnete er als „Altparteien".

Die Wiederwahl der beiden Vorsitzenden glich bei dem Höhenflug der Partei (Mitgliederstand vom 30. April 2008: 73.455) einer Formsache. Der Beifall war stärker bei Lafontaine als bei Bisky, aber das Ergebnis schwächer: Der etwas belehrend und sendungsbewusst wirkende Lafontaine, gegen den wohl doch mehr innerparteilicher Groll herrscht als nach außen gezeigt, bekam diesmal nur 78,5 Prozent der Stimmen (2007: 87,9 Prozent), Bisky 81,3 Prozent (83,6 Prozent). Vielleicht hing das eher magere Ergebnis für Lafontaine mit den familienpolitischen Maximen (staatliche Gelder für Mütter und Väter, die ihre Kinder zu Hause erziehen) seiner Ehefrau Christa Müller zusammen, der familienpolitischen Sprecherin der LINKEN im Saarland. Sie hatte mit ihrer Kritik an den Ganztagsangeboten der „Kitas" für den einzigen Eklat

---

3 „Das Signal steht auf Einmischung für eine andere, bessere Politik". Rede von Prof. Lothar Bisky, Vorsitzender der Partei DIE LINKE, in: http://www.die-linke.de (25. Mai 2008).

gesorgt und eine massive Abstimmungsniederlage – etwa ein Dutzend Stimmen erhielt sie – hinnehmen müssen. Da im Vorfeld dank der auf Harmonie bedachten Parteitagsregie manche Anträge gegen Christa Müller zurückgenommen wurden, entlud sich der Unmut möglicherweise gegen ihren Mann.

Die vier Stellvertreter erhielten noch weniger Stimmen als Bisky und Lafontaine: Auf Katja Kipping entfielen 74,2 Prozent, auf Halina Wawzyniak 61,8 Prozent (als Nachfolgerin von Katina Schubert, die aus Protest gegen den Populismus Lafontaines nicht mehr angetreten war), auf Klaus Ernst 59,2 Prozent und auf Ulrike Zerhau 58,7 Prozent. Das zeigt eine beträchtliche Unzufriedenheit der Delegierten. Die beiden Kandidaten aus den Reihen der WASG schnitten damit schlechter ab. Sahra Wagenknecht hatte im Vorfeld des Parteitages eine Kandidatur erwogen, doch als Bisky die eher pragmatische Juristin Wawzyniak vorgeschlagen hatte, verzichtete sie, um keine Zerreißprobe innerhalb der Partei zu provozieren. Mit Kipping und Zerhau (im Gegensatz zu Kipping in der *Sozialistischen Linken*) stehen zwei eher „Radikale" zwei stärker „Gemäßigten" gegenüber (Ernst und Wawzyniak). Bundesgeschäftsführer Dietmar Bartsch erhielt 75,5 Prozent der Stimmen, Bundesschatzmeister Karl Holluba gar 85,5 Prozent. Neben diesen Personen gelangten weitere 36 in den Vorstand. Bei den Wahlen erzielten die Repräsentantin der *Kommunistischen Plattform* Sahra Wagenknecht (70,5 Prozent) und die Trotzkistin Janine Wissler (68,8 Prozent) unter den Frauen die besten Ergebnisse. Sieben Personen gelangten neu in den Vorstand (Ali Al Dailami, Stefanie Graf, Maren Kaminski, Stefan Ludwig, Gudrun Lukin, Niema Movassat, Ida Schillen). Auch wenn die Ausgeschiedenen (Elke Breitenbach, Sophie Dieckmann, Peter Erlanson, Ralf Krämer, Fritz Schmalzbauer, Katina Schubert, Else Theisinger-Hinkel) allesamt aus dem Westen stammen und überwiegend aus den Reihen der WASG, ist dies kein Indiz für eine ideologische Verschiebung. So kam Stefanie Graf von der *Sozialistischen Linken* neu in den Vorstand, während der in derselben „Strömung" aktive Ralf Krämer scheiterte.

Vor allem Lothar Bisky und Gregor Gysi machten der SPD Avancen für den Fall, dass sie die Politik des „Sozialabbaus" aufgebe. „Wenn sich die SPD deutlich bewegt", so Gysi, „kann es natürlich gemeinsame politische Projekte auch auf Bundesebene geben." Dagegen hieß es bei Sahra Wagenknecht: „Eine konsequente Oppositionspolitik ist sehr viel verantwortungsvoller als eine Regierungsbeteiligung, in der man leicht das eigene Gesicht verliert." Mit Blick auf linke Parteien in anderen Ländern malte sie das Schreckgespenst von Wählerverlusten an die Wand. In der Tat stehen die französischen, spanischen und italienischen Linksaußenparteien weitaus schlechter da als die deutschen Postkommunisten. In den Reden der Parteigrößen wurde die Entwicklung im europäischen Ausland bedauert. Lothar Bisky machte DIE LINKE zum „europäischen Hoffnungsträger".

In seiner Abschlussrede – vor dem Singen der „Internationale" – appellierte Gregor Gysi, der schon seit langem kein Parteiamt mehr innehat, die Geschlossenheit der Partei nicht aufs Spiel zu setzen. Die Warnung vor einem „Spaltpilz" kann nur so verstanden werden, als sei ihm die prekäre Lage bewusst. Dabei benennt Gysi immer wieder Konflikte zwischen den durch eine unterschiedliche politische Kultur geprägten Repräsentanten des Westens und des Ostens. „Es haben sich zwei Parteien zusammengefunden. Vereinigt sind wir noch nicht". Gysi fühlte sich bemüßigt, Lafontaine zu verteidigen: „Wir verdanken ihm Erfolge, die wir ohne ihn nie gehabt hätten." Aber das ist nur die eine Seite. Immer wieder forderte er, und das dürfte nicht zuletzt an Lafontaine gerichtet sein, DIE LINKE müsse zur Regierungsverantwortung bereit sein.

Programmatisch bot der Parteitag unter dem Motto „Widerstehen. Sagen, was ist. Die Politik verändern" keine Überraschungen. Die Partei will die zu erwartenden guten Ergebnisse im Wahljahr 2009 (Bundestags- und Europawahl, vier Landtagswahlen) durch eine Erörterung heikler Punkte nicht gefährden. Die Delegierten verabschiedeten bei nur sechs Gegenstimmen und 18 Enthaltungen einen Leitantrag „Eine starke Linke für eine andere, bessere Politik"[4], ohne substanzielle Änderungen an der Vorlage des Bundesvorstandes vorzunehmen. In ihm heißt es: „Die neue LINKE in Deutschland gründete sich aus dem Widerspruch und Protest gegen die neoliberalen Angriffe auf den Sozi-

---

4 Vgl. Bundesgeschäftsführer der Partei DIE LINKE: 1. Bundesparteitag der Partei DIE LINKE am 24. & 25. Mai 2008 in Cottbus.

alstaat, auf den die überwältigende Mehrheit der Bürgerinnen und Bürger als Schutz gegen die großen sozialen Risiken kapitalistischer Lohnarbeit angewiesen ist: Arbeitslosigkeit, Krankheit, Erwerbsunfähigkeit, Einkommen im Alter, Armut, Benachteiligung."[5] Es ist von einem Investitionsprogramm mit über 50 Milliarden Euro jährlich die Rede (für Bildung, Gesundheit, Umwelt, kommunale Daseinsvorsorge und den öffentlichen Sektor)[6], von der Rücknahme der Rente mit 67, von einem gesetzlichen Mindestlohn, von dem Bundeswehrabzug aus Afghanistan, vom Atomausstieg, vom Austritt aus der NATO, von der Notwendigkeit eines NPD-Verbots. Auch ist festgehalten worden: Auf den Listen der LINKEN kandidieren bei Europa-, Bundestags- und Landtagswahlen künftig nur Mitglieder der LINKEN oder parteiungebundene Persönlichkeiten.[7] Im Umkehrschluss heißt dies: Bei Kommunalwahlen können Mitglieder der DKP weiterhin antreten.

Zwei Vorgänge im Vorfeld des Parteitages sorgten für Aufsehen. Zum einen hatte Berlin als einziges Land – der dortige Landesverband der LINKEN beugte sich wohl dem Druck der Führung – im Bundesrat der Ratifizierung des EU-Vertrages von Lissabon nicht zugestimmt. Auf dem Parteitag wurde diese Haltung als Zeichen der Glaubwürdigkeit der Partei „verkauft". Wie das Beispiel zeigt, bestimmt DIE LINKE über den Bundesrat in der Bundespolitik mit. Zum anderen hatte der unter „Stasi"-Verdacht stehende Gregor Gysi darauf verzichtet, die Unterlagen über Robert Havemann weiter sperren zu lassen, weil er die Aussichtslosigkeit seiner Position erkannte und wohl ein für ihn ungünstiges Urteil des Berliner Oberverwaltungsgerichts befürchtete. Nach den Angaben von Marianne Birthler, der Bundesbeauftragten für die Unterlagen des Staatssicherheitsdienstes, geht aus den Dokumenten die willentliche und wissentliche Zusammenarbeit Gysis mit der Staatssicherheit hervor. Die Delegierten, Bisky und Lafontaine an der Spitze,

---

5 Ebd., S. 32.
6 Vor allem Oskar Lafontaine hatte dafür plädiert und sich dabei über Bedenken anderer wegen der unklaren Finanzierungsgrundlage hinweggesetzt.
7 Allerdings will DIE LINKE diese Entscheidung nicht als Distanz von der DKP verstanden wissen. Sie sei mehr oder weniger durch die neue Gesetzeslage vorgegeben. Vgl. das Interview von Peter Wolter mit Bodo Ramelow: „Klarstellung richtet sich nicht gegen die DKP", in: junge Welt vom 21. Mai 2008.

bekundeten dem ersten PDS-Vorsitzenden ihre Solidarität. Der wirkte zwar nicht angeschlagen, aber keineswegs mehr so keck wie einst.

Welches Signal geht von diesem Parteitag aus? Zum einen übte sich DIE LINKE oft in verbalradikaler Kapitalismuskritik, zum anderen machte sie der politischen Konkurrenz Avancen. Vieles verharrte im Ungefähren. „Zoff" blieb aus, von dem üblichen Streit bei Geschäftsordnungsanträgen abgesehen. Die Fetzen flogen schon wegen der knapp bemessenen Zeit für die Generaldebatte nicht. Die keineswegs gemäßigter gewordene Partei wusste sehr wohl, wieso sie vor dem großen Wahljahr 2009 kein Programm zu verabschieden gedenkt. Heftige Konflikte wären programmiert (nicht nur in der Außenpolitik). Die Frage nach der seriösen Finanzierung ihres gigantischen Investitionsprogramms umging sie. DIE LINKE zeigte vor allem, wogegen sie ist, nicht aber, wie eine verantwortliche Politik aussehen kann. Als reine „Umverteilungspartei" fehlt ihr die Seriosität.

2. Problemstellung und Aufbau

Vor fast zwanzig Jahren, im Herbst 1989, verlor die SED durch eine friedliche Revolution ihr Machtmonopol. Kein Jahr nach dem 7. Oktober 1989, an dem die Staatspartei in krisenhafter Stimmung selbstherrlich das 40-jährige Bestehen der DDR gefeiert hatte, war Deutschland wieder vereint. Der Freiheit in der DDR folgte die Einheit. Die SED wurde nicht verboten, fand geschwind einen neuen Namen und sagte sich vom „Stalinismus" los. Heute will zwar niemand die diktatorische DDR wiederhaben, doch die Zahl derer, die die aus der SED hervorgegangene Partei wählt, wächst und wächst. Nach dem Zusammenschluss mit der WASG ist DIE LINKE im Westen des Landes zwar kein bedeutender Machtfaktor, aber immerhin eine Kraft, auf deren Sozialpopulismus die anderen Parteien reagieren – und zwar keineswegs nur mit scharfer Kritik, sondern auch mit Zugeständnissen. In gewisser Weise prägt DIE LINKE das politische Klima. Der *Spiegel* bezeichnete Oskar Lafontaine, auf den der Erfolg der Partei weitgehend zurückgeht, als den „heimlichen Kanzler der Republik", ohne ihn aber zu schonen: „Lafontaine vertraut am liebsten auf seine eigene Programmatik. Er will raus aus Afghanistan, bietet aber keine Exit-Strategie. Er möchte den öffentlichen Dienst ausbauen, den Kita-Besuch kostenlos machen, will Steuersenkungen für Gering- und Mittelverdiener, und er möchte zurück zur alten Rentenformel, als es noch keine Einschnitte gab. Seine Antworten klingen, als wäre die Wirklichkeit nicht kompliziert. Erstaunlich an Lafontaines Reden ist zudem, wie viel Häme und Spott, wie viele ,Rindviecher', ,Quatschköppe' und ,Dummschwätzer' er in 40 Minuten quetschen kann. Er appelliert an schlichte Instinkte. Seine Welt ist laut und erbarmungslos selbstgerecht. Sein Populismus ist selbst der eigenen Partei oft unangenehm."[8]

Nicht nur dieser Befund ist Grund genug, ein Buch über eine Partei vorzulegen, der zu Ende des Jahres 1989 keine große Zukunft beschieden schien. Sie galt als eine Art „Auslaufmodell". Nun ist sie nicht nur in den Parlamenten zweier westdeutscher Stadtstaaten vertreten, sondern auch in denen zweier westdeutscher Flächenstaaten. Die Frage für die nächste Bundestagswahl lautet nicht mehr: Kann die Partei die Fünfprozenthürde überwinden? Vielmehr muss sie heißen: Ist DIE LINKE die neue dritte Kraft? Lag die Partei bei der ersten gesamtdeutschen Bundestagswahl 1990 mit 2,4 Prozent der Stimmen nur ganz knapp vor den *Republikanern* (2,1 Prozent), so hat sie nach den jüngsten Umfragen[9] ihren Anteil verfünffacht. Mit 11,9 Prozent rangiert sie vor den Liberalen und den Grünen. Im Osten des Landes liegt sie mit über 30 Prozent der Stimmen an erster Stelle, klar vor der SPD und der Union. Sie stellt auf Bundes- und Landesebene 237 Mandate, mehr als Grüne (179) und Liberale (168). Allerdings: Die Zukunft der Partei, deren Problemlösungskompetenz selbst bei vielen ihrer Wähler als gering gilt, muss keineswegs rosig sein. Hinter der Fassade des Erfolgs

---

8 Markus Deggerich/Markus Feldenkirchen/Simone Kaiser: Oskars fauler Zauber, in: der Spiegel vom 19. Mai 2008.

9 Vgl. Thomas Petersen: Der Kampf Europas mit der Gleichgültigkeit, in: Frankfurter Allgemeine Zeitung vom 21. Mai 2008. Diese Umfrageergebnisse des Instituts für Demoskopie Allensbach decken sich mit denen anderer Institute. So kommt sie nach einer *Spiegel*-Umfrage auf 13 Prozent. Vgl. den Artikel: Beck und Union verlieren deutlich an Zuspruch, in: http://www.spiegel.de/politik/deutschland/0,1518,555167,00.html (24. Mai 2008).

gibt es eine Reihe von Sollbruchstellen: Wer etwa soll die Wohltaten finanzieren, die die Partei verspricht, könnten verantwortungsbewusste Vertreter aus ihren Reihen fragen? Wie geht DIE LINKE im Fall von Misserfolgen mit Lafontaine um? Brechen dann untergründig schmorende Konflikte zwischen den Repräsentanten des Ostens und des Westens offen aus?

DIE LINKE firmiert in diesem Buch als Partei des smarten Extremismus.[10] Der schillernd-changierende Begriff „smart" scheint aus einer Reihe von Gründen gut auf diese Partei zu passen. Die Verbindung „smarter Extremismus" mutet widersprüchlich an, doch erklärt sie den Erfolg. Die Verführung hat Methode.

Erstens: Wie der Begriff zum Ausdruck bringt, ist die Partei weithin nicht „ausgegrenzt", sondern geradezu salonfähig. Da sie mit Smartheit die weniger smarten Seiten verdeckt, herunterspielt oder bestreitet, gilt sie nicht (mehr) als „Schmuddelkind". Das Schwinden des antiextremistischen Konsenses in der Gesellschaft nützt der Partei. Ihre diktatorische Vergangenheit kommt wenig zur Sprache.

Zweitens: „Smart" suggeriert, es sei reizvoll, geradezu chic, für eine solche Partei zu votieren. Sie verdiene als Repräsentantin des Nonkonformismus und des „kleinen Mannes" eine Chance. Wer mit ihr flirtet, befürwortet ja nicht gleich eine feste Bindung. Daher möchte sie keineswegs jeder Wähler an der Regierung sehen. Die Partei besitzt die Chuzpe, ohne Substanz einfache Antworten auf schwierige Fragen zu geben.

Drittens: Eine smarte Partei tritt nicht „proletenhaft" auf, keinesfalls plump. Sie weiß sich im Politikbetrieb zu „benehmen", kann mit den Konkurrenten „mithalten". Lothar Bisky, Gregor Gysi und Oskar Lafontaine sind distinguierte Politiker, gewandt, pfiffig und eloquent. Was in den „Hinterzimmern" an Ressentiments herrscht und bedient wird, bringen Kritiker nur wenig zur Sprache.

---

10 Vgl. Eckhard Jesse: Der smarte Extremismus der deutschen „Linken". Die Linkspartei ist keine normale demokratische Partei, in: Neue Zürcher Zeitung vom 13. März 2008.

Viertens: Bei einer Partei, die als smart gilt, kommt kaum jemand auf den Gedanken, sie könne gefährlich werden. Einer „smarten" Partei sieht der Wähler nicht an, was sie an extremistischer Ideologie transportiert, weil sie schneidig auftritt und zu bluffen versteht. Durch ihren „Antifaschismus", den sie wie eine Monstranz voranträgt, bezirzt sie zuweilen selbst Gegner, als sei jeder „Antifaschist" ein ausgewiesener Demokrat.

Fünftens: Eine Partei des smarten Extremismus lehnt den demokratischen Verfassungsstaat nicht fundamental ab, auch wenn sie offen und impertinent die „Systemfrage" stellt. Sie steht ihm näher als eine Partei mit einem vulgären antidemokratischen „Getöse" wie die NPD. Es gilt mitunter sogar als ihr Verdienst, offen antidemokratische Richtungen zu integrieren. Sie firmiert als clever und gewitzt.

Sechstens: Eine solche Partei – smart, keineswegs verantwortungsbewusst – hält nicht, was sie an sozialen Wohltaten verspricht. Daher ruft sie im Fall einer Regierungsbeteiligung große Enttäuschungen hervor. Schließlich trägt sie in Berlin die Sanierung des Haushalts mit. So verschreckt sie Wähler. Dieser Umstand provoziert neue Verheißungen mit Blick auf das Füllhorn von „Vater Staat".

Siebtens: Eine Partei, die weiß, im Bund muss sie keine Verantwortung übernehmen, kann populistisch sein und mit immer neuen Verheißungen aufwarten. Wähler empfinden solche Agitation gegen „die da oben" als „cool". Ein smarter Extremismus im Kampf wider die „Kapitalverwertungsinteressen" tritt in der Rolle Davids gegen Goliath auf und heimst so Sympathien ein.

Achtens: Eine Partei des smarten Extremismus, die verschiedene Strömungen vereint, ist widersprüchlich. Sie ist nicht auf einen Nenner zu bringen – pazifistisch, wenn es gegen „Aggressionen" der USA geht, militant bei der Verteidigung der kubanischen „Errungenschaften". Auf Dauer dürfte dieser Spagat kaum funktionieren, kann die Partei die Gegensätze nicht mehr austarieren.

Wie ist der Band aufgebaut? Deskriptive Teile finden Platz neben stärker analytischen. Ebenso kommen normative Positionen zur Geltung. Wir urteilen aus der Position des demokratischen Verfassungsstaates. Das bedeutet aber nicht, dass wir jeden Vorgang, jedes Ereignis, jede Stellungnahme unter diesem Blickwinkel beleuchten. Es ist die Absicht, die PDS, die Linkspartei, DIE LINKE möglichst unverstellt zu präsentieren. Unsere Ausführungen sollen intersubjektiv nachvollziehbar sein.

Die Geschichte der PDS ist die Geschichte von Irrungen und Wirrungen gewesen. Der schwierigen Selbstbehauptung Ende der 80er, Anfang der 90er Jahre folgte schnell eine Konsolidierung als „Ostpartei", als eine Art „Rächer der Enterbten". Sie verstand es, zwei schwere Krisen zu meistern: im Jahre 2000 auf dem Münsteraner Parteitag und nach der Bundestagswahl 2002.

Die Entstehung der WASG weist zwei Vorläufer auf – die *Initiative Arbeit & soziale Gerechtigkeit* im Süden Deutschlands um Klaus Ernst und die im Norden beheimatete *Wahlalternative* um Joachim Bischoff. Binnen Kurzem kam es zur Vereinigung. Der gemeinsame Nenner war der Kampf gegen den „Neoliberalismus". Trotzkistische Strömungen mischten dabei mit.

Die Ankündigung Gerhard Schröders, Neuwahlen in die Wege zu leiten, begünstigte den Zusammenschluss von PDS und WASG massiv. Die WASG, bei der Oskar Lafontaine Anschluss gefunden hatte, trat auf den „offenen Listen" der Linkspartei an, wie sie nun hieß. Nach dem Erfolg der Partei bei der Bundestagswahl 2005 schritt die Fusion zügig voran. Keine zwei Jahre später war sie ohne größere Reibungsverluste vollzogen. Kontinuität überlagerte Diskontinuität.

Die Wahlen von 1990 bis 2008 brachten für die Partei nahezu beständig Erfolge, mit denen selbst die kühnsten Optimisten nicht rechnen konnten. Das gilt für die Bundestags-, die Europa- und die Landtagswahlen im Osten gleichermaßen. Seit dem Zusammenschluss zieht die Partei auch in westdeutsche Landesparlamente ein. Allerdings, und das ist ihr gravierendes Manko, verliert sie in den Ländern mit eigener Regierungsbeteiligung an Stimmen.

Die Kraft am linken Rand im Parteiensystem erfuhr gegenüber den Anfängen eine beträchtliche Aufwertung. Anfangs isoliert, konnte sie in

Sachsen-Anhalt von 1994 bis 2002 die dortige Landesregierung tolerieren. Von 1998 bis 2006 war sie in Mecklenburg-Vorpommern Juniorpartner der SPD, seit dem Jahre 2002 ist sie es in Berlin. Während sie auf der Bundesebene nicht als „ministrabel" gilt, korrigierte die SPD 2008 ihren Kurs für die alten Bundesländer. Den Landesverbänden der SPD ist der Koalitionspartner künftig freigestellt.

Organisation, Strategie und Programmatik der Partei kommen ausführlich zur Sprache – unter Berücksichtigung von Kontinuität und Wandel. Manche Details dürften nur Spezialisten interessieren, sind gleichwohl für die Hintergründe wichtig. Da es sich nicht mehr um die SED handelt, spiel(t)en Streitigkeiten, gar offene Grabenkämpfe auf allen drei Feldern eine große Rolle. An der im Kern extremistischen Grundausrichtung ändert dies aber nichts.

Die Einordnung der Partei in den Verfassungsschutzberichten schwankt von Bundesland zu Bundesland. Brandenburg hat die Partei noch nie auch nur mit einer Silbe erwähnt, der Freistaat Bayern hingegen führt die gesamte Partei vom Verfassungsschutzbericht 1990 an als extremistisch auf – ohne Wenn und Aber. Durch die Fusion ist kein prinzipieller Wandel eingetreten – bei einem etwas zurückhaltenderen Tenor. In den Ländern mit einer Regierungsbeteiligung der inkriminierten Partei (Mecklenburg-Vorpommern und Berlin) verschwand sie bald aus den Berichten. Sie spiegeln politische Rücksichtnahmen wider.

Die biografischen Porträts sind auf die drei „Stars" ausgerichtet: Ohne Gregor Gysi, Lothar Bisky und Oskar Lafontaine hätte die Partei vielleicht nicht überlebt, jedenfalls mit Sicherheit nicht diesen Aufschwung erlebt. Elf Kurzporträts verdeutlichen die Unterschiedlichkeit der Positionen. Während André Brie und Petra Pau den Sozialismus reformerisch weiterzuentwickeln suchen, setzen Ulla Jelpke und Sahra Wagenknecht auf revolutionären Wandel.

Die Gesamtwürdigung fasst einerseits wesentliche Aspekte gerade unter der leitenden Frage nach dem Standort der Partei zusammen, andererseits geht sie auf vernachlässigte Aspekte ein (etwa zum Geschichtsbild und zum Antifaschismusverständnis der Partei). Vor allem will sie für folgende Einschätzung sensibel machen: Der weitere Erfolg der LIN-

KEN muss nicht programmiert sein. Gelegenheits- wie Angebotsstrukturen weisen keineswegs nur in eine positive Richtung.

Wir haben uns bei der Charakterisierung der Partei um Fairness bemüht, auch wenn wir keinen Zweifel daran hegen: Sie ist keine „normale" Partei, keine, die den demokratischen Verfassungsstaat unterstützt. Es wäre ein Leichtes gewesen, Zitate mit klar extremistischem Inhalt *en masse* „aufzugabeln", die ein höchst unvorteilhaftes Bild von der LINKEN ergäben. Doch damit würde deren Ambivalenz nicht angemessen eingefangen. Auch wollten wir möglichst viele Aspekte berücksichtigen, um ein „rundes Bild" zu zeichnen. Vollständigkeit ist jedoch nicht angestrebt. Beispielsweise fehlt die kommunale Ebene, auf der bei der Partei Ideologie gegenüber Pragmatismus zurücktritt. Im Vordergrund steht die neuere Entwicklung, wenngleich es an Rückblicken zum Verständnis der Gegenwart nicht mangelt.

3. Forschungsstand

Die Geschichte der PDS ist die Geschichte ihrer Fehleinschätzungen. Politikwissenschaft, Publizistik und die Politik hatten der Partei keine lange Geltungskraft eingeräumt. Im Jahre 1990, kurz nach der Umbenennung der SED, und auch noch in den Jahren danach wurde das „Totenglöcklein" geläutet. In diesem Punkt waren sich Autoren höchst unterschiedlicher Positionen einig. Aber Totgesagte leben länger. Die Partei hatte es nicht verstanden, bei der Oppositionsbewegung mit ihrer starken Orientierung an einem „dritten Weg" Resonanz zu finden.[11] Im Jahre 2002, als die PDS den Einzug in das Parlament verfehlt hatte, fie-

---

11 Vgl. etwa Markus Trömmer: Der verhaltene Gang in die deutsche Einheit. Das Verhältnis zwischen den Oppositionsgruppen und der (SED)PDS im letzten Jahr der DDR, Frankfurt a.M. 2002; Karsten Timmer: Vom Aufbruch zum Umbruch. Die Bürgerbewegung in der DDR 1989, Göttingen 2000; Patrick von zur Mühlen: Aufbruch und Umbruch in der DDR. Bürgerbewegungen, kritische Öffentlichkeit und Niedergang der SED-Herrschaft, Bonn 2000.

len die Reaktionen mit Blick auf ihre Zukunft „durchwachsen" aus. Heute herrscht nahezu Konsens in dem folgenden Punkt: DIE LINKE wandelt nach der Fusion mit der WASG auf Erfolgskurs.

Eine Sichtung der neueren Literatur seit etwa dem Jahre 2000 über die PDS, die Linkspartei und DIE LINKE lässt drei große Kategorien erkennen.[12] Neben den Werken, die die Frage nach dem extremistischen Charakter der Partei zu ergründen suchen, gibt es weitaus mehr konventionelle parteiensoziologische Studien, in denen die PDS als eine Partei firmiert wie jede andere. Schließlich produziert sie selber eine Reihe von Darstellungen zum Selbstverständnis, wobei an Kritik zuweilen nicht gespart wird. Die Rosa-Luxemburg-Stiftung fördert solche Arbeiten.

Patrick Moreau ist an erster Stelle der Autoren zu nennen, die die Partei im Kern als extremistisch einordnen. Seine Bücher, welche er allein oder mit anderen verfasst hat, sind stets faktengesättigt,[13] weniger theoretisch orientiert. Die mangelnde Verarbeitung einer Fülle an Material kann ihm selbst der schärfste Kritiker nicht vorwerfen. Viola Neu fügt zwei in der Regel getrennt untersuchte Aspekte von zentraler Bedeutung zusammen: die Frage nach der Wählerschaft wie die nach dem extremistischen Charakter der Partei.[14] Die empirisch fundierte Studie kommt zum Ergebnis, die PDS sei überwiegend außerhalb des Verfassungsbogens angesiedelt. Jürgen P. Lang analysiert diese Frage demokratie- und extremismustheoretisch.[15] Wie bei Neu fällt sein Resümee eher skeptisch aus. Tim Peters warnt in seiner Studie davor, die PDS, deren antifaschistisches Wirkungsfeld breit ausgeleuchtet wird, als demokratischen Bündnispartner bei der Auseinandersetzung mit den

---

12 Das Urteil trifft ebenso auf die ältere Literatur zu.
13 Angefangen bei dem folgenden Werk: Patrick Moreau: PDS. Anatomie einer postkommunistischen Partei, Bonn/Berlin 2002; zuletzt: Ders./Rita Schorpp-Grabiak: „Man muss so radikal sein wie die Wirklichkeit" – Die PDS: eine Bilanz, Baden-Baden 2002.
14 Vgl. Viola Neu: Das Janusgesicht der PDS. Wähler und Partei zwischen Demokratie und Extremismus, Baden-Baden 2004.
15 Vgl. Jürgen P. Lang: Ist die PDS eine demokratische Partei? Eine extremismustheoretische Untersuchung, Baden-Baden 2003.

vielfältigen Formen des Rechtsextremismus anzusehen.[16] Der Antifaschismus der Partei decke sich nicht mit dem als sinnvoll erachteten Antiextremismus. Nur selten wird die Frage untersucht, ob die PDS Ähnlichkeiten zur Partei der *Republikaner* aufweist[17] oder eine Form des Linkspopulismus verficht.[18] In der Regel ist der Begriff des Populismus für die „Rechte" reserviert. Auffallenderweise firmiert die Partei unter den eher wenigen extremismustheoretisch angelegten Arbeiten nicht als demokratisch. Jüngst hat Harald Bergsdorf aus dieser Perspektive in einer für die politische Bildung bestimmten Schrift scharf negativ über DIE LINKE geurteilt.[19]

Die meisten Darstellungen befleißigen sich eines parteiensoziologischen Ansatzes. Sie sehen damit das Untersuchungsobjekt als eine mehr oder weniger „normale" Partei an. Mit der Studie von Gero Neugebauer und Richard Stöss wurde ein wichtiger Pflock gesetzt.[20] Franz Oswalds kenntnisreiche Analyse prophezeite 2002 eine weitere Normalisierung der PDS.[21] Diese habe zunehmend ihre Oppositionsrolle, die politische Konkurrenz die Ausgrenzungsstrategie revidiert. Der britische Historiker Peter Thompson stellte die PDS in die Tradition der „Arbeiterbewegung" und empfahl ihr, im deutschen Parteiensystem dezidiert marxistische Positionen links von der SPD zu besetzen.[22] Andere Studien beleuchten die Rolle der PDS als „Ostpartei".[23] Inga Jörs bezeichnet die PDS in ihrer vergleichenden Untersuchung als „linke

16 Vgl. Tim Peters: Der Antifaschismus der PDS aus antiextremistischer Sicht. Wiesbaden 2006.

17 Vgl. Carmen Everts: Politischer Extremismus. Theorie und Analyse am Beispiel der Parteien REP und PDS, Berlin 2000.

18 Vgl. Florian Hartleb: Rechts- und Linkspopulismus. Eine Fallstudie anhand von Schill-Partei und PDS, Wiesbaden 2004.

19 Vgl. Harald Bergsdorf: Die neue „Linke". Partei zwischen Kontinuität und Kurswechsel, Bonn 2008.

20 Vgl. Gero Neugebauer/Richard Stöss. Die PDS. Geschichte – Organisation – Wähler – Konkurrenten, Opladen 1996.

21 Vgl. Franz Oswald: The Party That Came Out of the Cold War. The Party of Democratic Socialism in United Germany, Westport/London 2002.

22 Vgl. Peter Thompson: The Crisis of the German Left. The PDS, Stalinism and the Global Economy, New York/Oxford 2005.

23 Vgl. Michael Gerth: Die PDS und die ostdeutsche Gesellschaft im Transformationsprozess. Wahlerfolge und politisch-kulturelle Kontinuitäten, Hamburg 2003.

Volkspartei", wofür sie die stabilen Wahlergebnisse und die konsistente Wählerschaft in den neuen Ländern als Beleg anführt.[24] Auch der aus dem Umfeld des Göttinger Parteienforschers Franz Walter entstandene Band gehört in die Kategorie parteiensoziologischer Analysen.[25] Instruktiv analysieren die Autoren die organisatorische, strategische und programmatische Dimension der Partei im Übergang von der PDS zur LINKEN (ebenso deren Erfolgsbedingungen), ohne allerdings extremistischen Tendenzen Augenmerk zu schenken. Dasselbe gilt für die Monographie über DIE LINKE von Dan Hough, Michael Koß und Jonathan Olsen.[26] Die Verfasser kehren etwa die – als irrelevant erachtete – *Kommunistische Plattform* der LINKEN unter den Teppich. Dem „eigenartigen" extremismustheoretischen Ansatz werfen sie nicht ohne Häme vor, eine „Hexenjagd" zu veranstalten. Sie unterstellen damit eine Art politische Inquisition gegenüber einer (unliebsamen) Partei oder Richtung. Die Autoren wähnen die heutige LINKE auf einem ähnlichen Weg wie die Grünen in den 80er Jahren. Dennoch sei ihre Zukunft nicht vorhersehbar, zumal der Zusammenschluss mit der WASG möglicherweise „moderate Positionen" in der PDS verdränge.

Darstellungen zum Selbstverständnis der Partei sind keine Mangelware. Spitzenpolitiker der Partei präsentieren sich zuweilen in stark biografisch geprägten Publikationen. Gregor Gysi und Lothar Bisky zeichnen auf durchaus sympathisch anmutende Weise ein (geschöntes) Bild der eigenen Person und der Partei, das selbst bei nicht postkommunistischen Kreisen bisweilen „ankommt".[27] Solche Bücher sind augenscheinlich vor allem auf Außenwirkung bedacht. Die beiden von Ulrich Maurer und Hans Modrow herausgegebenen Schriften lassen zahlreiche Intellektuelle aus der LINKEN und ihrem Umfeld zu Wort kommen.

---

24 Vgl. Inga Jörs: Postsozialistische Parteien. Polnische SLD und ostdeutsche PDS im Vergleich, Wiesbaden 2006.
25 Vgl. Tim Spier/Felix Butzlaff/Matthias Micus/Franz Walter (Hrsg.): Die Linkspartei. Zeitgemäße Idee oder Bündnis ohne Zukunft?, Wiesbaden 2007.
26 Vgl. Dan Hough/Michael Koß/Jonathan Olsen: The Left Party in Contemporary German Politics, Basingstoke 2007.
27 Vgl. Gregor Gysi: Ein Blick zurück, ein Schritt nach vorn, Hamburg 2001; Lothar Bisky: So viele Träume. Mein Leben, Berlin 2005.

Deren programmatische und strategische Überlegungen geben ein breites Spektrum an ideologischen Sichtweisen zu erkennen.[28] Eher auf
Linie der PDS-„Reformer" liegen die meisten Schriften der Rosa-Luxemburg-Stiftung. Sie analysieren vorrangig die Erfolgsbedingungen
der LINKEN und werfen einen durchaus kritischen Blick auf die Regierungspolitik der Partei oder den Zustand der PDS in den alten Bundesländern.[29] Die lesenswerte, weil faktenreiche „Geschichte der PDS" des
Trotzkisten Manfred Behrend greift dagegen den „Reformer" Flügel
von links an und solidarisiert sich mit den ideologischen Traditionalisten in der Partei.[30] Auch die Veröffentlichung des kommunistischen
Politologen Georg Fülberth verhehlt die politische Gesinnung des
Autors nicht. Mit der LINKEN sei „die zweite (neo-)sozialdemokrati-
sche Partei einer kapitalistischen deutschen Gesellschaft"[31] entstanden.
Das sehen die beiden Journalisten des *Neuen Deutschland*, Wolfgang
Hübner und Tom Strohschneider, ganz ähnlich. Ihr anekdotenreiches
und mit flotter Feder geschriebenes Buch weist sie als intime Kenner
des Fusionsprozesses aus.[32]

Wer die einschlägigen Arbeiten Revue passieren lässt, nimmt einen
gewissen Mangel an extremismustheoretischen Überlegungen wahr.
Viele Autoren schrecken davor zurück, die Partei unter dieser Kategorie
einer Analyse zu unterziehen. Dabei soll das methodische Vorgehen
keineswegs das Ergebnis präjudizieren. Die Forschungslücken zur Partei sind ungeachtet vieler Erkenntnisse nach wie vor beträchtlich. Das

---

28 Vgl. Ulrich Maurer/Hans Modrow (Hrsg.): Überholt wird links. Was kann, was will,
    was soll die Linkspartei?, Berlin 2005; dies. (Hrsg.): Links oder lahm? Die neue Par
    tei zwischen Auftrag und Anpassung, Berlin 2006.
29 Vgl. Michael Brie (Hrsg.): Die Linkspartei. Ursprünge, Ziele, Erwartungen, Berlin
    2005; Meinhard Meuche-Mäker: Die PDS im Westen 1990-2005. Schlussfolgerun-
    gen für eine neue Linke, Berlin 2005; Michael Brie/Cornelia Hildebrandt/ders.
    (Hrsg.): DIE LINKE. Wohin verändert sie die Republik?, Berlin 2007.
30 Vgl. Manfred Behrend: Eine Geschichte der PDS. Von der zerbröckelnden Staats-
    partei zur Linkspartei, Köln 2006.
31 Georg Fülberth: „Doch wenn sich die Dinge ändern" – Die Linke, Köln 2008,
    S. 162.
32 Vgl. Wolfgang Hübner/Tom Strohschneider: Lafontaines Linke. Ein Rettungsboot
    für den Sozialismus?, Berlin 2007.

gilt etwa für die Rolle der WASG und für den Fusionsprozess.[33] Eine Monographie zur kurzlebigen Partei WASG fehlt. Auch sonst gibt es ebenso wenig erkundete Felder. Regionaluntersuchungen etwa sind rar.[34] Ferner ist die „Geschichtspolitik" der Partei und ihres Umfeldes bisher nicht systematisch aufgearbeitet worden. Eine umfassende Analyse der ideologischen und strategischen Konzepte der LINKEN, ihrer Vorläuferorganisationen und der verschiedenen innerparteilichen Strömungen gehört weiterhin zu einem Desiderat der Forschung.

---

33 Vgl. etwa die Übersicht bei Patrick Moreau: Arbeit & soziale Gerechtigkeit – Die Wahlalternative (WASG), in: Frank Decker/Viola Neu (Hrsg.): Handbuch der deutschen Parteien, Wiesbaden 2007, S. 155-162.

34 Vgl. jetzt Florian Hartleb: Die Linke in Bayern. Entstehung, Erscheinungsbild, Perspektiven, München 2008.

GESCHICHTE DER PDS

1. Selbstbehauptung und Klientelpolitik (1989-1993)

Richtig Geburtstag feiern konnte die PDS nie. An welchem Tag auch? Ein Gründungsdatum vermochte sie nicht vorzuweisen! Weder der 17. Dezember 1989, als sich die SED auf ihrem letzten, „außerordentlichen" Parteitag in SED-PDS umbenannte, noch der 4. Februar 1990, als der neue Parteivorstand einem drögen Verwaltungsakt gleich die „SED" aus dem Parteinamen eliminierte, taugte als Ersatz. Die PDS ist im Revolutionsherbst 1989 aus der zerbröckelnden SED heraus entstanden. Sie war aber keine Neugründung, kein Spaltprodukt, sondern eine Nachfolgeorganisation,[1] in der all diejenigen verblieben, die vom Fortbestand der Partei zweierlei erhofften: entweder eine politische Perspektive in einer neuen Zeit und/oder aber die Bewahrung und Verteidigung des Alten. Diese Zweiteilung hat der PDS über die Jahre hinweg ihren Stempel aufgedrückt und stets für ein inneres Destruktionspotenzial gesorgt, ein ansonsten nur von den Grünen der 80er Jahre bekanntes Phänomen. Das ist im Grunde bis heute so geblieben, nach dem Zusammenschluss der PDS mit der WASG zur Partei DIE LINKE, der dann wenigstens formal gesehen eine Neugründung war.

Die Geschichte der PDS hat zwei Vorgeschichten. Zum einen die große der antidemokratischen, zum Teil stalinistischen Staatspartei SED, die im Namen des Sozialismus Menschenrechte mit Füßen getreten, ihre Bürger schikaniert und Vielen die zum Leben in der DDR notwendige Perspektive geraubt hatte; zum anderen die kleine Vorgeschichte der von der „Perestroika" in der Sowjetunion beeinflussten „SED-Reformer" an der Berliner Humboldt-Universität, eines Zirkels um den Ökonomie-Professor Dieter Klein. Die Gruppe arbeitete ab Mitte der

---

1 Streng genommen trifft dieser oft bemühte Begriff den Sachverhalt nicht, handelte es sich doch um eine bloße Umbenennung.

80er Jahre an einer „Modernisierung" des Sozialismus, die bei der Partei selbst ansetzen sollte. In ihrer „Studie zur Gesellschaftsstrategie", die später unter dem Namen „Umbaupapier"[2] die Runde machte, plädierten die unter anderem von dem damaligen Dresdner SED-Bezirkschef Hans Modrow unterstützten „SED-Reformer" für mehr Volkssouveränität. Gemessen an der dogmatisch verknöcherten SED lagen die Forderungen hart an der Grenze zur „politisch-ideologischen Diversion", blieben intern aber ohne Einfluss.

Anfang Oktober 1989 warnten die „SED-Reformer" vor einer bevorstehenden Krise der DDR. Sie waren der Staatsgewalt immer einen Schritt voraus. Nach dem Sturz Honeckers traten sie eher als Egon Krenz für Veränderungen des Systems, eher als Hans Modrow für freie Wahlen, die Trennung von Staat und Partei, für eine unabhängige Justiz und schließlich für einen „dritten Weg" zwischen „Staatssozialismus" und Kapitalismus ein. Und doch hinkten sie der weniger intellektuell als moralisch argumentierenden Bürgerbewegung stets hinterher.[3] Einige der „SED-Reformer" – neben Dieter Klein unter anderem die Brüder Michael und André Brie – trieben später wie niemand sonst die programmatische Entwicklung der PDS voran. Andere kehrten, enttäuscht von der schleppenden „Erneuerung", der Partei den Rücken, etwa Rainer Land. Er konstatierte fünf Jahre später, die „Reformer" in der PDS hätten „den entscheidenden Durchbruch bei der Neuorientierung der Partei noch nicht erreicht."[4] Als „Reformer" wollen wir hier – in einem weiter gefassten Sinn – all diejenigen bezeichnen, die die Abkehr der Partei von der orthodox-kommunistischen Ideologie der SED forcierten.

Auch wenn es manche ihrer Wortführer im nachhinein gerne anders interpretierten: Die Partei stand zu keinem Zeitpunkt in der Tradition des demokratischen Auf- und Umbruchs in der DDR. Die PDS, so

---

2 Vgl. Rainer Land (Hrsg.): Das Umbaupapier (DDR). Argumente gegen die Wiedervereinigung, Berlin 1990.

3 Vgl. Walter Süß: Staatssicherheit am Ende. Warum es den Mächtigen nicht gelang, 1989 eine Revolution zu verhindern, 2. Aufl., Berlin 1999, S. 478-487.

4 Rainer Land: Ideologische Gruppierungen und Politik in der PDS, in: Landesbüro Brandenburg der Friedrich-Ebert-Stiftung (Hrsg.): Die PDS. Strukturen, Programm, Geschichtsverständnis, Potsdam 1995, S. 36.

drückte es deren erster Berliner Landesvorsitzender Wolfram Adolphi einmal aus, war nichts anderes als „das Resultat des fundamentalen Scheiterns der herrschenden Partei selbst."[5] Sie war am Ende die einzige Organisation, die sich – so gut es eben ging – gegen die Ereignisse stemmte, um die Strukturen, das Vermögen oder den aus der damaligen Rechtfertigungsnot heraus oft bemühten „Sozialismus als Ideal" zu retten. Viele wollten, konnten oder brauchten nicht mehr mitmachen und verließen die Partei. Deren Mitgliederzahl schrumpfte rapide von 2,3 Millionen im Herbst 1989 auf 450.000 im Mai und dann 200.000 im Dezember 1990. Die Motive für einen Austritt mögen denkbar unterschiedlich gewesen sein. Doch wer weiterhin zur Partei stand, war weder Opportunist noch von der DDR enttäuscht.

Mehrere hundert Zuschriften hatte die SED in den Wirren des Umbruchs von Mitgliedern zur Zukunft der Partei erhalten. Immerhin 46,2 Prozent davon plädierten bis Mitte Dezember für die Optionen Auflösung oder Neugründung. Dagegen votierten 20,6 Prozent für eine schlichte Umbenennung, und 31,8 Prozent verlangten den Erhalt der Partei, verbanden dies aber mit „Erneuerung."[6] Unbeschadet der Frage, ob diese Zahlen das Meinungsspektrum der verbliebenen Mitgliedschaft repräsentierten, hatte es die Interimsführung – nach dem Rücktritt von Politbüro und Zentralkomitee am 3. Dezember 1989 stand der Partei zunächst ein „Arbeitsausschuss" vor – mit einer starken Bastion zu tun, die das organisatorische Ende der SED wollte. Wortführer dieses Lagers nahmen die Bürgerrechtsbewegung zum Vorbild und organisierten sich in basisdemokratischen Plattformen, um ihre Forderung bis in den Februar 1990 hinein gegen den – am Ende erfolgreichen – Widerstand der gleichzeitig entstandenen „Initiativgruppen PDS" und des Parteivorstands der SED-PDS durchzusetzen. Das Aufbegehren der ein Mitspracherecht einfordernden Basis, die von unten ausgehende Fraktionierung der einstigen „Einheitspartei", stellte die vor Kurzem noch

---

5 Wolfram Adolphi: PDS, Partei des Demokratischen Sozialismus. Skizzen zu ihrer Geschichte, in: Utopie kreativ, 172/2005, S. 113-125.
6 Konsultations- und Informationszentrum/AG Eingabebüro: Tagesinformation vom 14. Dezember 1989, Manuskript.

intakten leninistischen Prinzipien auf den Kopf, oder besser: auf die Füße. Es war der bis dahin deutlichste Bruch mit der alten Partei.

Derweil rückten neue, weitgehend unbekannte Köpfe an die Spitze der SED. Der „außerordentliche Parteitag" wählte Gregor Gysi am 9. Dezember 1989 zum Vorsitzenden. Seine Rede auf dem Berliner Alexanderplatz am 4. November hatte den eloquenten Rechtsanwalt über Nacht bekannt gemacht – und zum Hoffnungsträger der gebeutelten Partei. Nicht zuletzt Gysis Überzeugungskraft war die weitere Existenz der SED (unter neuem Namen) zu verdanken. Der Erhalt der Partei war vor allem ein Werk der neuen Führung. In der berühmten „Nachtsitzung" des „außerordentlichen Parteitages" gelang es ihr, die Delegierten auf den Fortbestand der SED-PDS einzuschwören. Am Ende verzeichnete das Protokoll: „Wolfgang Pohl: Wer dafür ist, dass wir unsere Partei auflösen, den bitte ich um das Kartenzeichen – (keine Meldung) – Die Delegierten erheben sich von den Plätzen und spenden langanhaltenden begeisterten Beifall." Die überwältigende Zustimmung ließ Michael Schumanns Referat „Wir brechen unwiderruflich mit dem Stalinismus als System", das einen auch ideologischen Schnitt markieren sollte, im Nachhinein in schalem Licht erscheinen. Warum mussten die „Reformer" Schumanns Referat noch fünf Jahre danach als „Gründungskonsens" der Partei gegen die orthodoxen Kommunisten ins Feld führen, wenn es den Bruch mit dem „Stalinismus" wirklich gegeben hätte? Die Führung hatte gewechselt, die Mitgliedschaft nicht. Am 20. Januar 1990 schloss die Schiedskommission symbolträchtig frühere DDR-Apparatschiks aus der Partei aus. Am selben Tag verließ Gysis Vize, der Dresdner Oberbürgermeister Wolfgang Berghofer, die SED-PDS, weil er in die SPD wollte. Der Bruch mit der Vergangenheit war nicht so radikal, wie die Partei gerne propagiert hat.

Das zeigt auch die zwiespältige Haltung gegenüber dem Ministerium für Staatssicherheit (MfS), dessen Liquidierung eines der wichtigsten Ziele der Bürgerrechtler war. Auf den Sitzungen des Zentralen Runden Tisches setzten sich die SED-Gesandten – nicht mehr als die Protagonisten des *ancien régime* – zwar für die Auflösung der jetzt „Amt für Nationale Sicherheit" (AfNS) genannten „Stasi" ein. Sie traten insofern – vordergründig – konsequenter auf als die Regierung Modrow, die bis in den Januar 1990 hinein mit Vorwürfen der Verzögerung und Verschleierung konfrontiert war. Aber der SED-Delegierte Gregor Gysi sprach von „berechtigten und notwendigen Aufgabenstellungen"[7] der „Stasi". So wollte die Partei anfangs von einer kompletten Abwicklung nichts wissen. Das Amt sollte nur „anders unterstellt, durchschaubarer gemacht"[8] werden. Den Hauptgrund dafür lieferte die „Diskreditierung" gegenüber den Bürgern, nicht die Funktion der Staatssicherheit als Repressionsapparat. Dass die SED am Runden Tisch verbal auf die Seite der Bürgerbewegung wechselte, hatte vor allem mit der Einsicht zu tun, andernfalls politischen Schaden anzurichten und am Ende die Partei noch mehr in Misskredit zu bringen.

Tatsächlich bremste die Partei den Auflösungsprozess eher, als dass sie ihn vorantrieb. Auf die Aufforderung des Runden Tisches hin, das AfNS zu liquidieren, reagierte die Regierung Modrow Mitte Dezember 1989 klammheimlich mit der lange geleugneten Bildung zweier Ersatzdienste. Als frischgebackener Parteichef assistierte damals Gregor Gysi: „Was die innere Sicherheit betrifft, sind wir nach der Auflösung des Amtes für Nationale Sicherheit für den unverzüglichen Aufbau eines Nachrichtendienstes sowie des Verfassungsschutzes der DDR."[9] Von Beginn an votierte die Partei zwar für ein formales Ende des AfNS, nicht aber für die Liquidierung der Staatssicherheit an sich. Noch Anfang Januar unterstützte die SED-PDS trotz harscher Proteste der Opposition, aber in Einklang mit den ehemaligen Blockparteien, die Bildung eines „Verfassungsschutzes". Dabei warfen sie dieselben Argumente in die Waagschale wie die Regierung und das AfNS. Es sei „die Sorge über ein entstehendes Sicherheitsvakuum zu berücksichtigen."[10] Aus alldem spricht die ambivalente Haltung einer Partei, die auf zwei Züge gleichzeitig aufzuspringen suchte. Einerseits konnte sie es sich angesichts eines möglichen Verbots nicht leisten, den offenen Affront gegen die Bürgerrechtler

---

7 Gregor Gysi: Zur Formierung einer modernen Partei des demokratischen Sozialismus, in: Lothar Hornbogen/Detlef Nakath/Gerd-Rüdiger Stephan (Hrsg.): Außerordentlicher Parteitag der SED/PDS. Protokoll der Beratungen am 8./9. und 16./17. Dezember 1989 in Berlin, Berlin 1999, S. 62.

8 Uwe Thaysen (Hrsg.): Der Zentrale Runde Tisch der DDR. Wortprotokoll und Dokumente, Wiesbaden 2000, Band I: Aufbruch, S. 34.

9 Vgl. Hornbogen u. a. (Anm. 7), S. 336.

10 Vgl. Erklärung DBD, LDPD, NDPD, SED-PDS, VdgB, in: Thaysen (Anm. 8), Band II: Umbruch, S. 342.

zu wagen. Andererseits unterstützte sie die Regierung argumentativ, trug deren Taktik des Hinhaltens und Abwartens mit. Aus diesem Grund rangen sich die „Reformer" auch nicht dazu durch, die Praktiken des MfS offen anzuprangern. Bis zur ersten – und letzten – freien Volkskammerwahl in der DDR war die PDS noch Regierungspartei. Danach erst begann ihre Geschichte als Oppositionskraft.

Aber schon vom 15. Januar 1990 an – dem Datum des Sturms auf die „Stasi"-Zentrale in Berlin-Lichtenberg – fügte sich die SED-PDS ins Unvermeidliche. Sie ergriff keine Initiativen mehr, um die Auflösung des AfNS zu bremsen. Spätestens mit der sich abzeichnenden Wiedervereinigung konnte es ihr nur noch darum gehen, die Zukunft der ehemaligen MfS-Mitarbeiter materiell zu sichern und deren Vita zu rechtfertigen. Die PDS zog später mit dem Postulat nach Auflösung aller Geheimdienste in die Wahlkämpfe, war bei der Aufarbeitung der MfS-Vergangenheit von einer solchen Konsequenz aber weit entfernt. Alles in allem erklärte sie sich nur widerstrebend und dem öffentlichen Druck nachgebend dazu bereit. Ernsthafte Versuche der entschiedensten „Reformer" scheiterten schnell am Widerstand der „Basis".

Dies zeigt die Entstehungsgeschichte des sogenannten MfS-Beschlusses in den Jahren 1991/1992. Mit ihm wollte die PDS Anschuldigungen den Wind aus den Segeln nehmen, eine „Stasi"-Partei zu sein. Der MfS-Beschluss stand von vornherein im Spannungsfeld zwischen erwünschter Außen- und unerwünschter Innenwirkung. Während radikale Erneuerer, damals im Berliner Landesverband eine starke Bastion, auf eine offensive Auseinandersetzung mit der MfS-Problematik drängten, sprach die *Kommunistische Plattform* (KPF) – heute die einzige verbliebene innerparteiliche „Fraktion" der „Wende"-Zeit – von einem Verrat an der Mitgliedschaft, und damit der breiten Basis aus dem Herzen. Der MfS-Beschluss zerbröselte in den Mühlen dieser Auseinandersetzungen. Wer in der Partei „Stasi"-Kontakte gepflegt hatte, wurde zwar zur Offenlegung verpflichtet, aber – auch im Falle der Missachtung – nur unter Umständen sanktioniert. Die Liste früherer Inoffizieller Mitarbeiter (IM) der Staatssicherheit ist lang. Einige bekamen Konsequenzen zu spüren, andere nicht. So trat André Brie ebenso wie sein Vorgänger Wolfram Adolphi wegen seiner IM-Tätigkeit als Berliner PDS-Chef zurück, übte gleichwohl weiter wichtige Funktionen in der Partei aus.

Und während etwa Kerstin Kaiser ihr Bundestagsmandat abgeben musste, passte es dem Potsdamer PDS-Politiker Rolf Kutzmutz geradezu ins Popularitätskonzept, sich als IM zu „outen".

Die äußerst geringe Neigung in der PDS und ihrer Anhängerschaft, „Stasi"-Kontakte als Unrecht zu empfinden, korrespondierte mit dem „halbherzigen Revisionismus"[11] bei der Aufarbeitung der DDR-Geschichte. Die PDS wies den – vermeintlich – vom „Klassenfeind" ins ideologische Schlachtfeld geführten Begriff des „Unrechtsstaates" weit von sich. Während die „Reformer" immerhin zugaben, die DDR sei auch kein Rechtsstaat gewesen, kam für die „Orthodoxen" eine solche Kritik an dem untergegangenen System einer Blasphemie gleich. Geradezu einen Sturm der Entrüstung entfachte der PDS-Bundestagsabgeordnete und frühere DDR-Kulturminister Dietmar Keller im Januar 1993. Er hatte vor der Enquetekommission des Parlaments zur Aufarbeitung der SED-Diktatur die Rede „Die historische Wahrheit zwischen den Stühlen" gehalten. Darin beschrieb er die Staatspartei unter anderem als „jesuitische Sekte ohne jesuitische Intelligenz". Keller, der sich später immer mehr zurückzog und schließlich die PDS verließ, erntete den geballten Zorn der Parteibasis. Der Vorwurf, er habe aufrechte Antifaschisten nach 1945 beleidigt, war noch eines der harmloseren Verdikte. Weit weniger inkriminiert wurde dagegen die KPF-Führerin Sahra Wagenknecht mit ihrem prostalinistischen Zeitschriftenbeitrag „Marxismus und Opportunismus". Die DDR, so schrieb sie, habe bis zum VIII. SED-Parteitag 1971 den richtigen Weg beschritten. Der PDS-Vorstand bezeichnete Wagenknechts Positionen lapidar als unvereinbar mit den eigenen.

Die PDS war zur dieser Zeit im Wesentlichen eine Partei der ehemaligen SED-Dienstklasse, der im wiedervereinigten Deutschland moralisch Diskreditierten und materiell Benachteiligten. Eine ganze Reihe Vereine hielt diese Klientel zusammen, zum Beispiel die *Gesellschaft für Bürgerrecht und Menschenwürde* (GBM) oder die *Gesellschaft zur rechtlichen und humanitären Unterstützung* (GRH). Auch Organisationen wie das *Insiderkomitee* und die ISOR, in denen ehemalige MfS-Offiziere bzw.

---

11 Rainer Eckert/Bernd Faulenbach (Hrsg.): Halbherziger Revisionismus: Zum postkommunistischen Geschichtsbild, München/Landsberg am Lech 1996.

Angehörige der NVA oder der Volkspolizei in alten Zeiten schwelgten und schaurige „Debatten" über „Stasi" und Schießbefehl führten, sahen in der PDS ihren politischen Fürsprecher. Jeweils am 3. Oktober traf man sich auf dem von der PDS initiierten „Einheizmarkt", um gegen das bundesdeutsche „Rentenstrafrecht" und die „Siegerjustiz" zu protestieren. Wer es theoretischer haben wollte, war in den PDS-nahen „Bildungsvereinen" gut „aufgehoben", etwa der *Hellen Panke* in Berlin.

In der ersten Phase der PDS-Geschichte war die Klientelsicherung ein wichtiges Element der Parteistrategie, obwohl den „Reformern" einleuchtete, dass dies das Überleben der Partei auf keinen Fall dauerhaft sichert. Die Wahlergebnisse ließen zu wünschen übrig; die SPD wollte von den ersten zaghaften Avancen der PDS nichts wissen. Deshalb kreisten die strategischen Überlegungen darum, die Bündnispartner außerhalb der etablierten Parteien zu gewinnen. Im September 1991 von André Brie, Hans Modrow und anderen vorgelegte „Thesen für ein zivilgesellschaftliches Sozialismuskonzept" verrieten eine außerparlamentarische Orientierung. Nachdem 1990 der riesige Apparat der alten SED abgewickelt war, begann eine Organisationsdebatte in der PDS. Zwar wurde die Frage „Partei oder Bewegung?"[12] schnell zugunsten des ersten Konzeptes entschieden. Die auf dem 2. Parteitag Anfang 1991 beschlossenen Arbeits- und Interessengemeinschaften (AG/IG) unterstrichen jedoch den Bewegungscharakter der PDS. Die nach außen hin offenen Gliederungen bestanden neben den klassischen Parteistrukturen und sollten über bestimmte Themen – „Antifaschismus", „Umwelt", „Jugend" – neue Milieus an die Partei binden. Mitte der 90er Jahre fiel allein die *AG Junge GenossInnen* um Angela Marquardt mit ihrem linksradikalen Profil und zwiespältigen Verhältnis zur Gewalt auf.

Gescheitert ist auch die von der PDS maßgeblich vorangetriebene Initiierung einer ostdeutschen Protestbewegung. 1992 hatten 71 mehr oder weniger prominente Persönlichkeiten, zumeist Angehörige der ehemaligen DDR-Intelligenz – unter ihnen PDS-Chef Gregor Gysi –, die Bürger in den neuen Bundesländern zur Bildung von *Komitees für Gerechtigkeit* aufgerufen, um „ihre Interessen selber auszusprechen und wahr-

---

12 Vgl. dazu Ulla Plener: Für eine neue Partei. Hoffungen und Illusionen 1990, in: Utopie kreativ, 200/2007, S. 505-512.

zunehmen" und den Druck auf die Parlamente zu erhöhen. „Viele Menschen in den neuen Bundesländern fühlen sich nach der Hochstimmung im Jahr 1990 als Menschen zweiter Klasse und ausgegrenzt", hieß es in dem Appell. Die Komitees erhoben den Anspruch, Kontroll- und Initiativrecht für Ostdeutschland auszuüben. Sie verzichteten „auf jede Programmatik, um möglichst viele Ressentiments zu vereinen. Es ist kein Zufall, dass die ‚Komitees für Gerechtigkeit' sich nicht wie Bürgerinitiativen spontan und autonom von unten entwickeln, sondern von oben mit Hilfe des SED/PDS-Apparates implantiert werden sollen."[13] Als Partei agierte die PDS im Hintergrund – von einer Geheimdiplomatie zur Gründung einer „Ostbewegung" war die Rede.

Die PDS sah die Offensive als „Element der Bündnispolitik".[14] Unter dem Deckmantel der „Selbstorganisation der Bürger" sollte eine oppositionelle Sammlung entstehen. Mit dem Projekt wollten die „Reformer" ihr – allerdings nicht demokratisch legitimiertes – „1989" nachholen. Mit diesem Anspruch ist die PDS gescheitert. Auf dem ersten Bundeskongress der Komitees im April 1993 machte Gysi den Rückzieher: Die Arbeit der Komitees habe sich als wenig erfolgreich erwiesen; es sei deshalb nicht erstrebenswert, sie wie ursprünglich beabsichtigt für eine PDS-Wahlpartei zu gewinnen. Das Grundmotiv der außerparlamentarischen Strategie wurde deutlich: eine Organisierung der Betroffenheiten mit nicht unbedingt parteigebundenen Intellektuellen als Zugpferd. Immerhin hatte die PDS zum ersten Mal das Heft in die Hand genommen, nachdem sie zuvor, nahezu ausschließlich auf äußere Ereignisse reagierend, ums politische Überleben gekämpft und mit dem Scheitern der *Linken Liste* einen Vorgeschmack davon bekommen hatte, wie schwer die Etablierung der Partei in den alten Bundesländern sein würde.

Bereits Mitte Mai 1990 beschloss das PDS-Präsidium, über „Freundeskreise" und „Kontaktbüros" den Grundstein zu einer Art „West-PDS" zu legen. Anfangs wurde „erst am Rande daran gedacht, dass die PDS für spätere Bundestagswahlen in Westdeutschland einen Partner brau-

---

13 Reinhard Mohr: Verein der Wiedergänger. Kleiner Leitfaden durch das „Komitee für Gerechtigkeit", in: die tageszeitung vom 14. Juli 1992.
14 Beratung der PDS-Kreisvorsitzenden, in: PDS-Pressedienst vom 16. Oktober 1992.

chen würde".[15] Unabhängig davon entstand in den alten Ländern die *Linke Liste*, ein Wahlprojekt, dessen Idee in Hamburg in einem Kreis um den ehemaligen „DKP-Erneuerer" Wolfgang Gehrcke reifte und sich eng an die DKP-Strategie der „Friedensliste" anlehnte. Während die DKP 1987 das populäre Abrüstungsthema aufgegriffen hatte, diente der *Linken Liste* neben einem diffusen Antikapitalismus die „Bonner Anschlusspolitik" als einendes Politikum. Vom Osten aus sahen die PDS-Strategen zunächst mit Wohlwollen und ohne viel Einfluss zu nehmen, wie sich im Westen ohne eigene Kraftanstrengung neues Potenzial locker an die Partei zu binden begann. Sie belohnten die Initiatoren, die den Reihen der DKP oder des *Kommunistischen Bundes* (KB) entstammten, mit führenden Positionen im Vorstand oder mit Abgeordnetenmandaten. Neben Wolfgang Gehrcke genossen unter anderem Andrea Lederer, Claudia Gohde, Heidi Knake-Werner, Ulla Jelpke und Harald Werner dieses Privileg.

Die *Linke Liste* war von ihren Erfindern mit dem Ziel konzipiert worden, die gesamte westdeutsche Linke zu vereinen. Die große Partei im Osten sollte mit den näherrückenden Wahlen zum Zentrum eines breit angelegten linken Aufbruchs werden. Dem PDS-Präsidium wiederum schien die über eine Listenverbindung, also nur indirekt mit der PDS verknüpfte Sammlung der praktikabelste Weg zu sein, die Fünf-Prozent-Hürde zu nehmen – ohne organisatorische Konzessionen. Wenig wahlpolitischen Erfolg versprach allerdings die Aussicht, allein das bereits organisierte (extrem) linke Potenzial zu vereinen. Für die Parteizentrale kam obendrein nur ein „Personenbündnis" in Frage; ein Zusammengehen mit einer anderen Partei lehnte sie ab. Bis zum Dezember 1990 entstanden in allen alten Bundesländern Verbände der *Linken Liste/PDS*. Nachdem das Bundesverfassungsgericht zwei getrennte Wahlgebiete gestattet und Ost-West-Listenverbindungen untersagt hatte, musste die PDS ihre Strategie ändern. Sie beschloss, als einheitliche Partei zur Wahl anzutreten und im Westen Landesverbände der „PDS" zu gründen. Viele westdeutsche Linke fühlten sich nun von ihr vereinnahmt und reagierten mit Rückzug. Der Rest wurde in die Partei einge-

---

15 Claudia Gohde: Im Westen was Neues? Die PDS in den alten Bundesländern, in: Heinz Beinert (Hrsg.): Die PDS – Phönix oder Asche? Eine Partei auf dem Prüfstand, Berlin 1995, S. 70.

meindet; die Idee der *Linken Liste* war tot. Die Erwartung beider Seiten, eine breite Sammlung um die PDS zu scharen, blieb unerfüllt. Und auch eine in ganz Deutschland einflussreiche linke Partei entstand nicht. Das Ende der *Linken Liste* war der Anfang der Misserfolgsgeschichte der PDS im Westen, auf die wir noch zurückkommen.

Am 30. November 1992 schockte Gregor Gysi seine Partei. Die überragende Leit- und Identifikationsfigur der PDS erklärte den Rückzug vom Parteivorsitz – unter anderem deshalb, weil er von den MfS-Kontakten seines Vizes André Brie gewusst, aber geschwiegen habe. Doch Hauptgrund sei der Zustand der PDS. Seine Dominanz habe nur nach außen hin gewirkt, schrieb Gysi in einem offenen Brief an die Mitglieder.[16] In der PDS sei er mit seinen Vorstellungen auf Widerstand gestoßen – nicht nur eine Rücktrittserklärung, sondern auch ein Eingeständnis des Scheiterns aller Bemühungen um die vielbeschworene „Erneuerung". Gysi sah die Partei in vier Lager gespalten, die bislang keinen programmatischen Konsens zustande gebracht und deshalb die „Politikfähigkeit" der PDS blockiert hätten: erstens die Marxisten-Leninisten, zweitens die sozialdemokratischen Anpasser, drittens die radikalen Linken, viertens die „modernen Sozialisten". Künftig, so beschwor er, müsse diese letzte Strömung die bestimmende sein.

Gysi spielte insbesondere auf die Debatte um ein neues Parteiprogramm an, an der im Grunde nur das erste und das vierte Lager beteiligt waren. Das ursprüngliche, im Februar 1990 beschlossene PDS-Programm hatte noch für den Fortbestand und die Umgestaltung der DDR votiert. Es wurde damals eher vom Zaun gebrochen als entwickelt und reihte unter anderem zahlreiche Forderungen der „SED-Reformer" aneinander. Mit der Wiedervereinigung hatte es sich erledigt. Schon die „Erneuerungskonferenz" im September desselben Jahres ließ erahnen, die Ideologien der Strömungen würden kaum zu vereinbaren sein. Heftigen Widerstand der orthodoxen Kommunisten riefen die „Reformer" hervor, als sie dem Kapitalismus „Fortschrittspotenziale" bescheinigten und damit einen kategorischen Antikapitalismus verneinten. Ende Januar 1993 verabschiedete der Parteitag das zweite Grundsatzprogramm,

---

16 Vgl. Gregor Gysi: ...bin ich zu dem Entschluss gekommen, nicht mehr für diese
    Funktion zu kandidieren, in: Neues Deutschland vom 1. Dezember 1992.

das dann fast elf Jahre lang galt. André Brie schrieb rückblickend, die PDS habe es damals nicht vermocht, „in wesentlichen politischen Fragen" zu einer Entscheidung zwischen den Strömungen zu kommen. Das Programm konnte lediglich Differenzen „mit verbalen Kompromissen"[17] überdecken.

Das neue Grundsatzpapier war zwar kein marxistisch-leninistisches Manifest, doch offensichtlich würden die „Orthodoxen" gut mit ihm leben können. Es gab sich stark antikapitalistisch und auch antidemokratisch, fiel in vieler Hinsicht sogar hinter das erste Programm zurück. Es beschrieb den Sozialismus „als eine zum Kapitalismus alternative Gesellschaftsordnung" und forderte dazu auf, die „Herrschaft des Kapitals" zu überwinden. Dem Programm wohnte zudem ein stark revolutionäres Moment inne, propagierte es doch die „Gegenmacht gegen Markt, Kapital und Staat". Zudem sei die PDS den „vielfältigen Strömungen der deutschen Arbeiterbewegung sowie anderen revolutionären und demokratischen Bewegungen und dem Antifaschismus" verpflichtet. Die Partei wolle zwar um parlamentarische Stärke ringen, halte aber den „außerparlamentarischen Kampf um gesellschaftliche Veränderungen für entscheidend." Der DDR wurde ein Mangel an Demokratie attestiert. Dort habe es „Fehler, Irrwege, Versäumnisse und selbst Verbrechen" gegeben. Die PDS würdigte den „Arbeiter- und Bauernstaat" zugleich als „Sozialismusversuch" mit „wertvollen Ergebnissen und Erfahrungen im Kampf um soziale Gerechtigkeit" und „um ein solidarisches und friedliches Gemeinwesen auf deutschem Boden". Bekenntnisse zur „freien Entfaltung der Individualität" und zur „Selbstbestimmung jedes Menschen" waren eher Begleiterscheinungen am Ende eines Dokuments, das auf Demokratie und Menschenrechte nicht einging.

Der Programmparteitag im Januar 1993 wählte eine neue Parteiführung. Der Potsdamer Kultur- und Medienwissenschaftler Lothar Bisky amtierte als neuer PDS-Vorsitzender, Sylvia-Yvonne Kaufmann und Kerstin Kaiser als seine Stellvertreterinnen. Zum Geschäftsführer machten die Delegierten Dietmar Bartsch. Bisky, der als Vorsitzender des

---

17 André Brie: Erklärung zur Vorstellung des Programmentwurfs für die PDS, Manuskript, 27. April 2001.

Stolpe-Untersuchungsausschusses im Brandenburgischen Landtag weit über seine Partei hinaus Reputation erlangt hatte, würde die Geschicke der PDS – mit einer relativ kurzen Unterbrechung – bis heute lenken. Anders als der eher zuspitzende, charismatische Gysi verstand es Bisky stets, in einer Partei einen Ausgleich zwischen den Flügeln zu finden. Der „Integrationsonkel", wie man ihn beizeiten etwas despektierlich nannte, trug wesentlich zum Zusammenhalt der PDS bei. Deren Probleme indes löste er nicht.

2. Konsolidierung als Ostpartei (1994-1999)

1994 brach für die Sozialisten ein neues Zeitalter an. Allseits unerwartete Wahlerfolge etablierten die PDS als Machtfaktor im Parteiengefüge der ostdeutschen Bundesländer. Sie leiteten einen Wandel der strategischen Prioritäten ein und führten in den Landesverbänden zu programmatischen Veränderungen. Die PDS-Fraktionen traten im Laufe der Zeit meist als verlässliche Kraft auf und brachten schließlich mit den „Pragmatikern" eine neue Strömung hervor, die mit geringerem ideologischen Gepäck daherkam. Roland Claus oder Helmut Holter verkörperten bald den bislang unbekannten Typus des aus der mittleren Funktionärsebene der SED stammenden, machtbewussten PDS-Politikers.

Es war Lothar Bisky, der als Fraktionsvorsitzender im brandenburgischen Landtag erstmals die Bereitschaft der PDS zu politischer Mitgestaltung in den Parlamenten erklärt hatte – lange bevor die parlamentarische Praxis in der Strategie der PDS eine entscheidende Rolle spielte. Seine stärker kompromissorientierte Politik nannte er „konstruktive Opposition". Sie keimte auf dem Humus des von Ministerpräsident Manfred Stolpe (SPD) ausgerufenen „Brandenburger Weges", der die Kooperation konkurrierender Parteien (mit Ausnahme der weit rechts stehenden) vorsah. Bereits 1993, zu einer Zeit, als so etwas kaum jemand öffentlich auszusprechen wagte, hatte Stolpe eine punktuelle Zusammenarbeit mit der PDS bejaht. Bisky wiederum vertrat die Position, die „demokratisch-sozialistische" Entwicklung der Partei müsse vor allem in der pragmatischen Arbeit der Kommunen und der Landtagsfraktionen ihren Ausgang nehmen. So brachte die brandenburgische PDS-Fraktion die Gesetzentwürfe, die die Partei damals zentral für alle ostdeutschen Bundesländer erstellt hatte, in abgemilderter Fassung in den Landtag ein. In Brandenburg wollte die PDS eine Art „Pilotprojekt" starten. Sie zeigte Gesprächsbereitschaft gegenüber der SPD, bot sich als ernstzunehmende Alternative zur CDU an. Zu einem Bündnis mit der SPD kam es in Brandenburg jedoch nie.

Am 26. Februar 1994 ließ die Landtagswahl in Sachsen-Anhalt das „Magdeburger Modell" entstehen, das SPD-Mann Reinhard Höppner, als er nicht mehr Ministerpräsident war, mit den Worten lobte, es sei stabiler gewesen als so manche Koalition. Über zwei Legislaturperioden hinweg tolerierte die PDS in Sachsen-Anhalt erst eine rot-grüne, dann eine reine SPD-Minderheitsregierung. Diese in der Bundesrepublik bislang einmalige Konstruktion ist – neben Höppner – vor allem mit dem damaligen PDS-Landesvorsitzenden Roland Claus verbunden. Das „Magdeburger Modell" war ein „Sprung ins kalte Wasser" und wurde vom Bundesvorstand zunächst mit abwartendem Wohlwollen beobachtet. Dass Claus seine Ambitionen im Vorfeld mit der Bemerkung relativiert hatte, er sähe die PDS am liebsten auf der Oppositionsbank, gab einen Hinweis auf die Skepsis, die das Unternehmen anfangs begleitete. Bald sahen Gregor Gysi und Dietmar Bartsch darin ein Vorbild für den Bund. Der Theorie nach waren die „Reformer" in einer komfortablen Lage: Verantwortung übernehmen, ohne im nachhinein verantwortlich sein zu müssen, Machtbeteiligung bei Bewahrung der eigenen Positionen, mit „linkem Druck" auf die SPD den vielbeschworenen „Politikwechsel" einleiten – das waren die Verheißungen. „Koalieren, wenn es zum Tolerieren nicht reicht", wurde zum geflügelten Wort.

Forsch ging die PDS in Sachsen-Anhalt von Beginn an zu Werke. Unter dem Motto „Opposition mit gestaltender Verantwortung" kündigte sie die Unterstützung einzelner Regierungsvorhaben an, machte die Zustimmung aber davon abhängig, dass SPD und Grüne die radikaleren PDS-Forderungen akzeptieren. Die Realität holte diese Wunschträume schnell ein. Wegen der konfrontativen Haltung der PDS gab es große Differenzen bei den ersten Verhandlungen über den Landeshaushalt. Am Ende stand ein Kompromiss, bei dem die PDS weit stärker nachgegeben hatte. Ein Zusammenbruch der Höppner-Regierung liege nicht im Interesse der Partei, hieß es in der Landtagsfraktion. Die PDS hatte zum ersten Mal Verlässlichkeit bewiesen. Die Regierungsparteien gingen allmählich dazu über, alle Gesetzesvorhaben schon im Vorfeld, und nicht erst im Parlament mit den Sozialisten auszuhandeln. Weil nach außen hin der Beitrag der PDS nun nicht mehr zu erkennen war, verschwamm ihr Profil.

Das galt erst recht für die zweite Phase der Tolerierung ab 1998, da kein rot-grüner Koalitionsvertrag mehr als Berufungsinstanz herhalten konnte. Die PDS wähnte die SPD auf „Schröder-Kurs" und verlangte verbindliche Zusagen, was sie mit der Drohung untermauerte, die Zusammenarbeit notfalls aufzukündigen. Zwar konnte die PDS der SPD eine Art politische Rahmenvereinbarung abringen, einen regelrechten „Tolerierungsvertrag" aber nicht. Sie ging weiterhin schmerzliche Kompromisse ein und verließ dabei zusehends ihre ursprünglichen Positionen. Nur als die SPD ausscherte und für das neue Landespolizeigesetz die CDU für eine Mehrheit gewann, hatte die PDS kurzzeitig eine treffliche Gelegenheit, die oppositionelle Flagge zu zeigen. Von der anfänglichen Euphorie über die – angebliche – strategische Flexibilität des „Magdeburger Modells" war nichts geblieben. Dies sorgte auf den Landesparteitagen regelmäßig für Unmut an der Basis, nicht nur bei den „Orthodoxen". Man solle die Regierung auch einmal ins Messer laufen lassen, wurde immer wieder gefordert. Allerdings scheiterten Anträge, das Abenteuer „Tolerierung" zu beenden und sich wieder auf eine Oppositionsrolle zu beschränken. Da half auch Fraktionschefin Petra Sitte nicht mit, obwohl sie immer wieder als „außerparlamentarisches Gewissen" aufgetreten war und aus ihrer fundamentaloppositionellen Einstellung keinen Hehl gemacht hatte.

Als das „Magdeburger Modell" in den Kinderschuhen steckte, assistierten „Reform"-Ideologen im Bundesvorstand mit „10 Thesen zum weiteren Weg der PDS"[18]. Sie griffen den damaligen PDS-Slogan „Veränderung beginnt mit Opposition" auf – wobei das Wort „beginnt" nun als „endet nicht" verstanden werden sollte. Die „Reformer" strebten an,

---

18 10 Thesen zum weiteren Weg der PDS, in: PDS-Pressedienst vom 2. Dezember 1994.

CDU/CSU und FDP gemeinsam mit SPD und Grünen aus der Regierungsverantwortung abzulösen. Sie verstanden dies aber als Teil einer hauptsächlich außerparlamentarisch orientierten Gesamtstrategie. „Breite Reformkräfte" sollten einen „Gesellschaftsvertrag" gegen die „neokonservative" Dominanz schließen und, wenn sie die „Hegemonie" erlangt hätten, einen „grundlegenden Wechsel in der Politik" einleiten. Erstmals tauchte der von dem italienischen Kommunisten Antonio Gramsci entlehnte Hegemonie-Begriff in einem offiziellen PDS-Dokument auf. Die Idee des „Gesellschaftsvertrags" indes hatte zuvor Gregor Gysi auf dem ersten Politischen Aschermittwoch der PDS in Ingolstadt vorgestellt[19] und damit bei den klassenbewussten Traditionalisten bereits Alarm ausgelöst.

Der neue Kurs sorgte in der Partei für weitaus größeren Aufruhr als das Buch „Antisozialistische Strategien im Zeitalter der Systemauseinandersetzung", in dem Sahra Wagenknecht die Abkehr vom stalinistischen Kurs auf dem XX. Parteitag der KPdSU 1956 als Opportunismus anprangerte – lässt man einmal beiseite, dass Gysi seinen Verbleib im PDS-Vorstand mit Wagenknechts Ausscheiden aus diesem verknüpfte. Mehr noch als das Zugehen auf die SPD kam der „Gesellschaftsvertrag" vielen Genossen einer ideologischen Verirrung gleich, bedeutete er doch die Öffnung der Partei weit über das antikapitalistisch eingestellte Spektrum hinaus. Prinzipiell waren selbst Unternehmer angesprochen. Dass obendrein das Wort Sozialismus kein einziges Mal auftauchte, erschien geradezu als Verrat, zumindest als Provokation. Die KPF wähnte die PDS bereits auf dem Weg der „Sozialdemokratisierung" und Anpassung an das „System". Die Hungerstreikaktion der PDS-Größen gegen eine – bald wieder zurückgenommene – Steuerforderung über 70 Millionen DM zum Jahresende 1994 führte nur vorübergehend zu einer Solidarisierung der Kontrahenten.

Recht schnell war klar: Die „10 Thesen" würden auf dem Parteitag im Januar 1995 nicht durchzusetzen sein. Bisky und Gysi schoben nun „5 Standpunkte" nach. Deren Kompromisscharakter kam unter anderem

---

19 Gregor Gysi: Ingolstädter Manifest. Wir – mitten in Europa. Plädoyer für einen neuen Gesellschaftsvertrag, Berlin 1994.

dadurch zum Ausdruck, dass der Ehrenvorsitzende Hans Modrow als Mitautor zeichnete. Modrow vertrat – wohl aus persönlicher Verbitterung heraus – immer öfter die DDR verklärende Ansichten und war daher eine in der Parteibasis weitgehend anerkannte Persönlichkeit. Dem neuen Papier stimmte der Parteitag im Wesentlichen zu. Sozialismus sei weiterhin „Weg, Methode, Wertorientierung und Ziel", hieß es nun – Balsam für die Genossen.[20] Die „5 Standpunkte" erneuerten die Bereitschaft zur Zusammenarbeit mit SPD und Grünen, legten aber fest: „Die Frage, ob eine Parlamentsfraktion der PDS sich innerhalb des Parlaments in eine Oppositionsrolle, in eine Situation der Tolerierung einer Regierung oder in eine Koalitionsrolle begibt, berührt nicht das prinzipielle Oppositionsverständnis der PDS." Auf dem Parteitag erklärte Bisky die Etappe der Selbstbehauptungspolitik für beendet, Kerstin Kaiser forderte Regierungsbeteiligungen und Sahra Wagenknecht gelangte nicht wieder in den Vorstand. „Den Gysi" wollte die Partei dann doch nicht opfern.

Wer glaubte, die „Reformer" hätten die Schlacht nun für sich entschieden, irrte gründlich. Im Gegenteil wurde in der Folge die Kluft zwischen ihnen und den Kommunisten größer. Eigentlich wollte die Parteiführung die PDS, in Erinnerung an den „außerordentlichen Parteitag", auf einen „antistalinistischen Gründungskonsens" verpflichten. Doch die offensichtlich düpierten Delegierten gediehen – nicht zum letzten Mal – als eine unkalkulierbare Größe. Sie strichen den entsprechenden Satz aus der Vorlage und gaben einem KPF-Antrag statt, der nun „antikommunistische" Auffassungen für unvereinbar mit einer Mitgliedschaft erklärte. Irritiert zog sich das Parteitagspräsidium zu einer längeren Krisensitzung zurück. Am Ende gaben die Delegierten dem aus der Not geborenen Vorschlag der „Reformer" ihren Segen, die ursprüngliche Formulierung zu belassen, freilich mit dem Zusatz: „Als sozialistische Partei kann und darf die PDS nicht antikommunistisch sein. Sie ist nicht bereit, auf demokratisch-kommunistische Positionen in ihren Reihen zu verzichten."

---

20 Sozialismus ist Weg, Methode, Wertorientierung und Ziel, in: Disput, 3-4/1995, S. 26-28.

Von dem inneren Widerspruch des Begriffs „demokratisch-kommunistisch" einmal abgesehen, war in der PDS von nun an Kommunismus nicht nur offiziell geduldet, sondern Antikommunismus sogar unerwünscht. Die „Reformer" konnten sich weiterhin auf eine Absage an „den Stalinismus" berufen, die „Orthodoxen" auf die ausdrückliche Legitimität kommunistischer Einstellungen. Doch was heißt schon „Stalinismus"? Brandmarkten die einen mit diesem Begriff das „System" der DDR als undemokratisch, trachteten die anderen nach dem genauen Gegenteil: Die KPF verstand unter „Stalinismus" eine mit der Person des Diktators fixierte Herrschaftspraxis, die mit dem Kommunismus nichts zu tun gehabt und letztlich Gorbatschow, dem Henker des „Staatssozialismus", den Weg bereitet habe.[21] Mit anderen Worten: Stalin als Verräter und – zugespitzt – als der einzige Stalinist.

Nichts war geklärt, die ideologischen Fronten standen fest wie nie. Nur wenig später versetzte der Husarenritt der PDS in Richtung Regierungsbeteiligung das marxistisch-kommunistische Lager in Aufruhr. „In großer Sorge" waren am 18. Mai 1995 38 PDS-Mitglieder, zum Gutteil ehemalige Eminenzen der DDR-Intelligenz. Es werde „eine gespenstische Schlacht unter der absurden Losung ‚Reformer gegen Stalinisten'" geschlagen, schrieben sie in einem als Anzeige im *Neuen Deutschland* geschalteten Appell.[22] Wie eine dunkle Gewitterfront sahen sie die Anpassung der Partei an die politischen Gegebenheiten der Bundesrepublik, die Aufweichung des Oppositionsverständnisses und die Aufgabe sozialistischer Ziele auf sich zukommen. Dies war die Geburtsstunde des *Marxistischen Forums* (MF), das von nun an – weniger straff organisiert und auf höherem theoretischen Niveau argumentierend als die KPF – als ideologisches Gewissen der Partei firmierte. Intellektueller Wortführer des MF war Uwe-Jens Heuer. Seine theoretische Schrift „Marxismus und Demokratie" hatte Ende der 80er Jahre im Westen Hoffnungen auf einen „Dialog der Systeme" (wie es im Vorwort zur bundesdeutschen Ausgabe hieß) und eine ideologische Öffnung der

---

21 Vgl. Eberhard Czichon/Thomas Hecker/Heinz Marohn: Zur Programmatik von Kommunistinnen und Kommunisten in der PDS, in: Bundeskoordinierungsrat der Kommunistischen Plattform der PDS (Hrsg.): Warum sind KommunistInnen in der PDS?, Berlin 1994, S. 18.
22 In großer Sorge, in: Neues Deutschland vom 18. Mai 1995.

DDR genährt. In seiner Partei stand Heuer nun für die Bewahrung kommunistischer Traditionen gerade. Der Aufruf der 38 weckte erneut Ängste um den Zusammenhalt der PDS. Bisky warnte seine Partei vor Grabenkämpfen. Für Michael Brie war die Pluralisierung der PDS in „eine organisatorische Verbindung völlig disparater Fragmente"[23] übergegangen, die Handlungsfähigkeit der Partei in Gefahr.

Die Bundestagsfraktion der PDS hatte diese Probleme nicht. Die Wahlen 1994 katapultierten „Gysis bunte Truppe" ins Parlament, nicht mit Fraktionsstatus, aber nun mit 30 statt zuvor 17 Abgeordneten. Neben dem West-Trotzkisten Winfried Wolf saß die ehemalige DDR-Speerwerferin Ruth Fuchs im Bundestag, der parteilose westdeutsche Gewerkschaftsfunktionär Manfred Müller neben dem ebenfalls parteilosen ostdeutschen Schriftsteller Stefan Heym. Dieser, der „Alterspräsident" des Bundestags, hatte nach einem Jahr seine Schuldigkeit getan und legte ernüchtert das Mandat nieder. Das Konzept der „Offenen Listen", das die PDS – abgesehen von der Volkskammerwahl – immer verfolgt hatte, sollte für die in den „10 Thesen" propagierte gesellschaftliche Akzeptanz sorgen. Es war für die Partei bis dahin die praktisch einzige Möglichkeit, sich über ihr angestammtes Ostmilieu hinaus zu öffnen.

Im Gegensatz zum „Magdeburger Modell" zeigte die PDS im Bundestag die oppositionelle Flagge. Während der letzten Kohl-Regierung waren die PDS-Abgeordneten das sprichwörtliche fünfte Rad am Wagen. Eine Zusammenarbeit mit anderen Fraktionen existierte nicht, auch nicht mit der SPD und den Grünen innerhalb der Opposition. Nur bei der Abstimmung über den „großen Lauschangriff", als „Abweichler" in den Reihen der Regierungsparteien die gewohnten Mehrheitsverhältnisse außer Kraft gesetzt hatten, brachte die PDS unter Aufgabe ihrer ursprünglichen Haltung mit SPD und Grünen den Kompromiss des Vermittlungsausschusses durch. Ansonsten profilierte sie sich hauptsächlich in der Sozial- und Verteidigungspolitik als radikalere Kraft. Die

---

23 Michael Brie: Das politische Projekt PDS – eine unmögliche Möglichkeit. Die ambivalenten Früchte eines Erfolgs, in: Ders./Martin Herzig/Thomas Koch (Hrsg.): Die PDS. Postkommunistische Kaderorganisation, ostdeutscher Traditionsverein oder linke Volkspartei? Empirische Befunde und kontroverse Analysen, Köln 1995, S. 11.

PDS-Abgeordneten besetzten vor allem Themen mit einer Verbindung zu den „neuen sozialen Bewegungen". In dieses Konzept passte das „Büro Jelpke" der gleichnamigen Abgeordneten, das als zentrale Anlaufstelle für außerparlamentarische Organisationen fungierte. Nach der Bundestagswahl 1998 erlangte die PDS Fraktionsstatus. Petra Bläss wurde stellvertretende Parlamentspräsidentin, und die parteinahe Rosa-Luxemburg-Stiftung erhielt erstmals Geld vom Bund. Gegenüber der ersten rot-grünen Bundesregierung änderte die PDS ihre Strategie nicht. So hielt sich die „strikte Opposition" zu Gute, als einzige Partei gegen Auslandseinsätze der Bundeswehr gestimmt zu haben.

Da die PDS im Westen nicht Fuß fassen konnte, unterstrich allein die Vertretung im Bundestag den gesamtdeutschen Anspruch ihrer Strategen. Viel Staub wirbelte im Mai 1996 ein „Brief aus Sachsen" auf.[24] Die beiden als Pragmatiker bekannten Dresdner PDS-Politiker Christine Ostrowski und Ronald Weckesser forderten in geradezu zwingender Logik, die PDS möge sich strategisch auf die neuen Bundesländer beschränken und das erfolglose Projekt der Westausdehnung der Partei fallen lassen. Ihr Konzept einer Regionalpartei nahm ausdrücklich die CSU in Bayern zum Vorbild, ideologisch kam es einem Abschied von allen sozialistischen Utopien gleich. Mit SPD und Grünen sollten Kompromissbündnisse geschlossen werden, orientiert an den politischen Problemen vor der jeweiligen Haustür. Der „Brief aus Sachsen" provozierte breite Kritik – bis hinein in die Parteispitze.

In den Jahren 1996 bis 1998 bemühten sich die „Reformer", dem Streit der Flügel die Schärfe zu nehmen, zugleich aber das PDS-Schiff, das im Osten weiterhin auf der Welle guter Wahlergebnisse schwamm, flott zu machen für Regierungsbeteiligungen. Vor allem Gregor Gysi und André Brie trieben dieses Unterfangen voran. „Wir müssen endlich in der Bundesrepublik ankommen", wiederholte Gysi immer wieder. Zu weit aus dem Fenster gelehnt hatte sich allerdings Provokateur André Brie. Er preschte im „Sommerloch" 1996 in mehreren Zeitungsinterviews vor und verlangte von seiner Partei, „endlich ein positives Verhältnis zur

---

24 Christine Ostrowski/Ronald Weckesser: Brief aus Sachsen: Für eine ostdeutsche Volkspartei PDS, für den Abschied von der „Westausdehnung", für eine kommunalpolitische Offensive, in: Neues Deutschland vom 8. Mai 1996.

parlamentarischen Demokratie und zum Grundgesetz" zu finden. Die Partei müsse für die „Orthodoxen" unerträglich gemacht werden. Damit sprach Brie vielen „Reformern" aus der Seele. Um aber den innerparteilichen Frieden nicht aufs Neue auf die Probe zu stellen, pfiff ihn der Vorstand zurück. Die spätere PDS-Chefin Gabriele Zimmer sprach gar von einem „beschämenden Rückfall der politischen Kultur".

Wie zum Beweis, dass Machtbeteiligung im politischen System nicht die Aufgabe außerparlamentarischen Protests bedeuten muss, gehörten PDS-Politiker Anfang 1997 zu den Initiatoren der „Erfurter Erklärung", die eine „andere Politik" verlangte und dem „Widerstand" gegen die „Aufkündigung des Sozialstaatskompromisses" den Geist von 1968 einhauchen wollte. „Hektisch hatten führende Parteivorstandsmitglieder am Text gefeilt, und hektisch suchten sie nach prominenten Erstunterzeichnern aus dem linken, vor allem dem sozialdemokratischen Lager."[25] Die Erklärung las sich wie eine populäre Fassung eines Strategie-Konzeptes aus der PDS-Zentrale. „Gebraucht wird eine Opposition, die den Wechsel mit allen Kräften will. Sie kann nur aus den bisher getrennten Oppositionskräften entstehen." Wie schon bei den *Komitees für Gerechtigkeit* war die Tarnung nahezu perfekt: In der Erklärung selbst tauchte die PDS als eine Kraft auf, von der etwas zu fordern war, in einem Aktionspapier, das der erste Bundeskongress zur „Erfurter Erklärung" im Oktober 1997 verabschiedete, dann gar nicht mehr. Auch dieser Anlauf, eine Protestfront zu schmieden, hinterließ keine nachhaltige Wirkung und verlief ebenso wie die Komitees im Sande.

Parallel dazu forcierte die PDS den Regierungskurs. Ausgerechnet „Altkader" Helmut Holter, der zuvor eher mit demokratieskeptischen Äußerungen aufgefallen war, trieb zu der Zeit das Unternehmen „Machtbeteiligung" voran wie kein anderer. Auf dem Parteitag in Schwerin Anfang 1997 bekundete der Vollstrecker der „Reformer"-Strategie nun offiziell, in Mecklenburg-Vorpommern mitregieren zu wollen. Die Rahmenbedingungen in dem Bundesland waren insofern günstig, als der dortige SPD-Chef Harald Ringstorff schon 1994 Möglichkeiten einer gemeinsamen Regierung ausgelotet hatte. Trotz der warnenden Stim-

---

25 Christian v. Ditfurth: Ostalgie oder linke Alternative. Meine Reise durch die PDS, Köln 1998, S. 223.

men Sahra Wagenknechts, Wolfgang Gehrckes und Petra Sittes lehnte der Parteitag einen Antrag ab, nur dann mitzuregieren, wenn das mit „konkreten Fortschritten für einen sozialen, ökologischen und demokratischen Wandel" verbunden sei. Stattdessen wurde der den jeweiligen Führungsgremien Entscheidungsfreiheit einräumende Antrag des Bundesvorstandes angenommen.

Während im Frühjahr 1998 das „Magdeburger Modell" in die zweite Runde ging, feilten die „Reformer" weiter am Image der Partei. Vor dem Rostocker Parteitag strichen sie die Formulierung aus dem Programm zur Bundestagswahl, die PDS verteidige „heute und künftig die Rechtmäßigkeit einer über den Kapitalismus hinausweisenden gesellschaftlichen Entwicklung". Anders als im Vorstandsentwurf ursprünglich vorgesehen, bezeichnete sich die PDS als „die sozialistische Partei der Bundesrepublik." Zur Image-Kampagne der „Reformer" im Vorfeld der Bundestagswahl gehörte der offene Brief an den früheren Bundespräsidenten Richard von Weizsäcker, mit dem Gysi, Bisky und die Chefs der östlichen Landesverbände die PDS vom Ruch der Verfassungsfeindlichkeit befreien wollten. In dem Brief bejahten sie „soziale Menschenrechte" und die Marktwirtschaft. „Die Wahrung der im Grundgesetz der Bundesrepublik verbürgten Grundrechte ist für uns unverzichtbar geworden. Menschen, die diesen Prinzipien gegenüber feindlich eingestellt sind, haben keinen Platz in unserer Partei"[26], schrieben sie unter bewusster Leugnung der Tatsachen.

Im November 1998 ging in Mecklenburg-Vorpommern der Vorhang für die erste rot-rote Koalition in der Bundesrepublik auf. Nun mussten PDS-Minister Exekutiv-Politik betreiben, waren für ihr Handeln direkt verantwortlich. Die PDS – sie hatte mit Helmut Holter zwar den Gestus einer fundamentaloppositionellen Partei abgelegt, hielt an diesem Grundsatz aber fest – bekam es mit einem Regierungspartner zu tun, der Rücksichten auf die Politik der rot-grünen Bundesregierung nehmen musste. Unter diesen Bedingungen spekulierte Holter – wie er später sagte – darauf, die PDS werde nach der „Lehre" in Sachsen-An-

---

26 Vgl. Lothar Bisky u.a.: Mit demokratischen Mitteln die politischen und sozialen Menschenrechte verteidigen. Brief an den Ex-Bundespräsidenten Richard von Weizsäcker, in: PDS-Pressedienst vom 14. August 1998.

halt und dem „Gesellenstück" in Mecklenburg-Vorpommern später im Bund ihr „Meisterstück" machen und sich langfristig als dritte Kraft in ganz Deutschland etablieren. Die Parteibasis beruhigte er mit den Worten, eine Regierungsbeteiligung bedeute nicht die Aufgabe des oppositionellen Credos. Zuweilen bemühte Holter die Wendung vom „dialektischen Verhältnis" der „Alltagspolitik" und „fachlichen Kompetenz" der Fraktionen einerseits zu der „Vision einer sozialistischen Gesellschaft" und dem Habitus „gesellschaftlicher Opposition gegen die bestehenden Verhältnisse" andererseits.

Im Laufe der Zeit bekam diese Dialektik allerdings Schlagseite. Holter verlangte, die Positionen der PDS hätten hinter das Koalitionsabkommen zurückzutreten. Schon vor den Wahlen des Jahres 1998 war die PDS von radikalen Forderungen abgerückt und damit der SPD entgegengekommen. Gleichwohl gelang es ihr, eigene Akzente zu setzen. Themen, bei denen die PDS anderer Auffassung als die SPD war, wurden im Koalitionsvertrag nicht eindeutig festgelegt. Durchsetzen konnten die Sozialisten eine ihrer zentralen Forderungen, nämlich die nach einem „öffentlich geförderten Beschäftigungssektor". Ansonsten stieß die politische Agenda der PDS auf die Realität knapper Etats. Am Ende jedoch trug sie – ähnlich wie in Sachsen-Anhalt – den scharfen Sparkurs der SPD mit, wenn auch Konflikte nicht ausblieben. Als es um die Neuordnung des Verfassungsschutzes ging – die PDS forderte seine Abschaffung –, stieß die SPD auf den geschlossenen Widerstand des Koalitionspartners.

„Unaufgeregte Sacharbeit"[27] attestierte der Soziologe Frank Berg der rot-roten Koalition. Was die in die Regierungsarbeit involvierten PDS-Politiker betrifft, war allerdings ein gewisser Autismus bemerkbar. Die de facto auch mit der Programmarbeit betraute „AG Bilanz" des Landesverbandes stellte fest: „Es gibt einerseits Tendenzen der Selbstzufriedenheit mit dem Erreichten, passive Erwartungshaltung und Autoritätsgläubigkeit, andererseits Tendenzen der Resignation infolge der Orientierung in der Regierungstätigkeit auf das Machbare und kaum

---

27 Frank Berg: Mitte-Links-Politik in Mecklenburg-Vorpommern. Politikwechsel und reformpolitische Ansätze im Wandel, in: Ders./Lutz Kirschner (Hrsg.): PDS am Scheideweg, Berlin 2001, S. 85.

als PDS-Politik Erkennbare.“[28] Die PDS war hier wie in Sachsen-Anhalt im Zwiespalt zwischen sozialistischem Anspruch und pragmatischer Politik gefangen. Doch gewannen die ostdeutschen Landtagsfraktionen intern immer mehr an Einfluss, selbst gegenüber den Vorständen. Die eher außerparlamentarisch orientierte IG/AG-Struktur spielte in der Strategie der PDS praktisch keine Rolle mehr.

Die West-PDS haben wir bislang – wie die Parteispitze selbst – bewusst etwas vernachlässigt. Sie nahm einen ganz anderen Weg. Mit der Konsolidierung im Osten ging kein Aufschwung im Westen einher. War die PDS in den neuen Bundesländern gut verankert, blieb sie in den alten ein gesellschaftlicher Fremdkörper. Die Gründe hierfür sind vielschichtig.[29] Die plausibelste Erklärung: Die West-PDS konnte nicht auf das politisch-kulturelle Milieu DDR-sozialisierter Bürger bauen, denen der neue Staat fremd war. Damit sind in erster Linie gar nicht einmal soziale Benachteiligungen oder die hohe Arbeitslosigkeit im Osten gemeint, sondern antiwestliche Ressentiments, die auch die Demokratie für diese (tatsächlichen oder vermeintlichen) Missstände verantwortlich machten. Die Partei bediente und kultivierte diese antikapitalistischen, antiliberalen und antiparlamentarischen Einstellungen, die für PDS-Wähler keine Exklusivität beanspruchen konnten.[30] Diese Fremdheit gegenüber dem Westen ging im Westen mit einer Fremdheit gegenüber der PDS einher. Der gewünschte Dialog mit linken Intellektuellen kam kaum in Gang; das von linken Grünen, SPD-Marxisten und PDS-„Reformern“ gestartete „Crossover“-Projekt förderte mehr Gegensätze als Gemeinsamkeiten zu Tage.

Die strukturelle Schwäche der West-PDS machte es – von den „Reformern“ so genannten – linken „Sektierern“ leicht, Machtpositionen zu erobern. Ihnen hatte die *Linke Liste* jedoch von Anfang an Tür und Tor

---

28 AG Bilanz: Bericht zur bisherigen Regierungsbeteiligung der PDS Mecklenburg-Vorpommern, Manuskript, 2000, S. 3.

29 Vgl. Meinhard Meuche-Mäker: Die PDS im Westen 1990-2005. Schlussfolgerungen für eine neue Linke, Berlin 2005.

30 Vgl. Michael Gerth: Die PDS und die ostdeutsche Gesellschaft im Transformationsprozess. Wahlerfolge und politisch-kulturelle Kontinuitäten, Hamburg 2003; Viola Neu: Das Janusgesicht der PDS. Wähler und Partei zwischen Demokratie und Extremismus, Baden-Baden 2004.

geöffnet. Später musste die Parteispitze mit ansehen, wie radikale Linke verschiedenster Couleur im Streit mit eher „Reformer"-loyalen Funktionären ganze Landesverbände paralysierten; dies versprühte in der westdeutschen Gesellschaft nicht gerade Charme. Die ohnehin nur halbherzig – hauptsächlich während der Bundestagswahlkämpfe – unterstützten Westverbände gerieten zu einem immer größeren Ärgernis. Schwierigkeiten bereiteten vor allem die Gründungen sogenannter AG BWK in allen westlichen Landesverbänden. Linksextremistische Organisationen der alten Bundesrepublik hatten 1990 vor der Frage gestanden, ihre Wahl- und Bündnisstrategien in Konkurrenz zur PDS fortzusetzen oder sich als deren Partner anzudienen. Für die letzte Option hatte sich besonders die personell schwache K-Gruppe *Bund Westdeutscher Kommunisten* (BWK) stark gemacht. Die von ihr ins Leben gerufenen „Roten Tische" hatten mit dem Entstehen des PDS-Wahlprojektes *Linke Liste* auf eine eigene Kandidatur verzichtet. Von da an ging der BWK dazu über, unter Ausnutzung des PDS-Statuts zuerst „Arbeitsgemeinschaften" in der PDS zu gründen und danach seine Landesverbände komplett in diese AG BWK umzuwandeln.

In Hamburg gab es eine Zeitlang sogar zwei Landesverbände, nachdem der ursprüngliche von einem linksextremistischen Wahlbündnis „übernommen" worden war. Ähnlich wie in Hamburg – wenngleich nicht in demselben Ausmaß – hatten Ex- oder Noch-Mitglieder linksextremistischer Kleingruppen auch in anderen Landesverbänden die Führungsetagen erklommen. Dies war lange Zeit in Bayern der Fall. In Nordrhein-Westfalen nahmen Angehörige des BWK herausgehobene Positionen wahr. In Baden-Württemberg drängte eine BWK/VSP-Fraktion in einem tief zerstrittenen und deshalb politisch handlungsunfähigen Landesverband in den Vorstand, dominierte die Landesschiedskommission; sie brachte schließlich desillusionierte „Reformer" dazu, von ihren Führungspositionen zurückzutreten. Die „Sektierer" legten nicht nur im Südwesten eine besondere Renitenz an den Tag und wollten sich auf keinen Fall von der Zentrale in Berlin in ihre ideologischen Grabenkämpfe hineinreden lassen, von deren „angepasster" Politik man sowieso nichts hielt. Die PDS-Spitze beobachtete mit Sorge die unterschiedlichen bis gegensätzlichen Parteiungen unter dem Dach der Partei. Schon frühzeitig erhob sie deshalb Forderungen nach entschiedenen Gegenmaßnahmen, die dann mit organisatorischen, finanziellen und rechtlichen Mitteln ergriffen wurden. Diese fruchteten aber genauso wenig wie die Versuche, im Westen politisch eher unbelastete Mitglieder zu gewinnen.

1998 schien den „Reform"-Ideologen die Zeit reif für die immer wieder aufgeschobene „Runderneuerung" des ungeliebten Grundsatzprogramms von 1993. Dem Management unter Lothar Bisky war es zu verdanken, dass die ideologischen Auseinandersetzungen der Partei in den letzten vier Jahren trotz aller Heftigkeit nicht entscheidend zugesetzt hatten. Wäre die PDS zwischen 1994 und 1999 nicht auf diesen Wählerzuspruch im Osten gestoßen, sie hätte zur Jahrtausendwende anders ausgesehen als es der Fall war. Die Gelegenheit für eine Programmreform war also günstig. Die „Waffen gestreckt" hatten die „Glaubenskrieger" in der PDS indes nicht. Recht bald sollten die alten Streitigkeiten wieder an die Oberfläche treiben. Dabei begann zunächst alles ganz harmonisch. Anfang 1999 beschloss der 6. Parteitag in Berlin die „Organisation einer programmatischen Debatte". Den Auftrag erhielt eine Kommission, der auch Mitglieder der KPF und des MF angehörten. Auf dem Konvent wurde der westdeutsche Marxist Diether Dehm Parteivize und der KPF-Ideologe Michael Benjamin Mitglied des Vorstands.

Im August 1999 wussten Dehm und Benjamin, dass schwierige Zeiten auf sie zukamen: Gregor Gysis „Zwölf Thesen für eine Politik des modernen Sozialismus" stellten eine Antwort auf das Manifest „Der Weg nach vorne für Europas Sozialdemokraten" von Gerhard Schröder und Tony Blair dar. In dem Gysi-Papier bekam der von den „Reform"-Ideologen kreierte „moderne" Sozialismus Kontur: Die „Dominanz der Kapitalverwertung" sollte durch andere – soziale, ökologische – Ziele ersetzt werden. Nachdem sich die Programmkommission in viermonatiger Arbeit nicht hatte verständigen können, präsentierten die „Reformer" im Alleingang „Thesen für ein neues Grundsatzprogramm". Auch darin kam der „Moderne"-Begriff vor. Michael Benjamin, Uwe-Jens Heuer und Winfried Wolf konterten mit einem „Minderheitenvotum". Sie befürchteten – zu Recht – die Aufgabe des kategorialen Antagonismus zwischen sozialistischen und kapitalistischen Gesellschaften. Zwar leugneten sie die „Errungenschaften" des Kapitalismus nicht. Doch die „Konzeption der Moderne setzt voraus, dass man diese Vorzüge, diese ökonomischen, politischen und juristischen Institutionen von ihrer kapitalistischen Grundlage trennen und gegen sie in Marsch setzen kann. Wir halten diese Trennung in ihrer Abstraktion für illusionär."[31]

Die Streitenden spielten in der Programmdebatte unterschiedliche Rollen und zogen mit zwei Hauptargumenten zu Felde. Die „Reformer" waren der Motor; sie drängten auf ein neues Programm, weil sie es als existenziell erachteten, zugleich links von der SPD konturiert Position zu beziehen und die PDS an der Seite der SPD ministrabel zu machen. Die „Orthodoxen" – in der Rolle der Bremse – reagierten auf die Vorstöße der „Reformer". Sie sahen weder einen Handlungsbedarf noch stellten sie eigene Entwürfe für ein neues Programm vor. Das Bestehende verteidigten sie als tragfähigen „Minimalkonsens". Den Vorlagen der „Reformer" attestierten sie zugleich, sich nun vom Sozialismus als erstrebenswerte Gesellschaftsform verabschiedet zu haben und die PDS zu einem radikalen Richtungswechsel zu zwingen.

Dass sich eine Partei ein neues Programm gibt, und darüber gestritten wird, ist nichts Ungewöhnliches. Im Falle der PDS erstaunten die Heftigkeit und die gegenseitige Ignoranz. Beide Seiten beklagten Denunziationen des Gegners, gebrochene Absprachen und die Missachtung von Parteitagsbeschlüssen. Inhaltlich blieb eine Diskussion im eigentlichen Sinn aus. Meist stritten nur wenige Protagonisten, die in internen Papieren ihre Stellungnahmen abgaben. Außerhalb der PDS konnte der Streit bloß deshalb wahrgenommen werden, weil die Beteiligten ihn mit tatkräftiger Unterstützung der Zeitungen *Neues Deutschland* und *junge Welt* austrugen. Eine breite Diskussion kam nur zur Jahreswende 1999/2000 zustande. Der Wunsch nach einem neuen Programm schien in der PDS nicht allzu groß zu sein. Zu dieser Zeit aber trat in der Mitgliederschaft ein tiefer Dissens in Grundsatzfragen zutage. Angesichts zahlreicher äußerst negativer Reaktionen auf den „Reformer"-Entwurf keimten erneut Ängste vor einer Spaltung der Partei und Austritten größeren Stils. Der Parteitag in Münster stand bevor, auf dem der Vorstand die Weichen für ein neues Grundsatzprogramm stellen wollte. In dem Leitantrag rückte die PDS-Spitze nun vorsichtshalber von diesem

---

31 Michael Benjamin/Uwe-Jens Heuer/Winfried Wolf: Votum zu den Thesen der Programmkommission der PDS, in: PDS-Pressedienst vom 26. November 1999.

Plan ab. Sie schlug zunächst vor, das Programm von 1993 lediglich zu überarbeiten.

3. Krise und Neuanfang (2000-2005)

Der Weg der PDS in die Krise war vorgezeichnet, aber nicht vorhersehbar. Die gleich zu Beginn ins Stocken geratene Programmdebatte hatte zwar die alten Gräben wieder aufgerissen. Das allein hätte die PDS wohl verkraftet. Wir folgen daher der Einschätzung Gregor Gysis nur bedingt, der PDS-Erfolg bei der Bundestagswahl 1998 sei für die „Aufstellung von Dogmen und die Ideologisierung" in der Partei verantwortlich.[32] Bald sollte Gewissheit herrschen: Vor allem gute Wahlergebnisse garantierten die Stabilität der Partei, und schlechte brachten deren Lager erst recht in Stellung.

Es hätte nicht besser ins Bild passen können: Der Münsteraner Parteitag im April 2000 war der erste in Westdeutschland, und auch der erste, auf dem die Delegierten einen Vorstandsantrag mit großer Mehrheit abschmetterten. Es ging darum, ob die PDS gegebenenfalls einen Beschluss des Weltsicherheitsrates für einen UN-Kampfeinsatz mitträgt. Während der Vorstand dafür votierte, war der Gegenantrag erfolgreich, der militärische UN-Einsätze grundsätzlich ablehnte. Erstaunlich ist weniger der Vorgang an sich, sondern seine Instrumentalisierung durch die ideologischen „Fraktionen". Die „Orthodoxen" hatten im Vorfeld pazifistische Töne angeschlagen – blanker Zynismus angesichts ihrer Haltung zur wahrlich nicht pazifistischen DDR. Hinterher feierten sie das Votum als ihren Erfolg. In Wahrheit hatten nicht „die" Pazifisten in der PDS gesiegt, sondern diejenigen, die, mit tatkräftiger Unterstützung der „Orthodoxen", den Vorstands-Entwurf als weiteren Schritt der Anbiederung an ein als feindlich empfundenes System interpretierten. Schon vor dem Konvent hatte Bisky seinen Rückzug vom Parteivorsitz angekündigt; Gysi tat es ihm nun gleich und wollte nicht mehr Chef der Bundestagsfraktion sein. Gabriele Zimmer bzw. Roland Claus übernahmen die Nachfolge.

---

32 Gregor Gysi: Ein Blick zurück, ein Schritt nach vorn, Hamburg 2001, S. 292.

In unmittelbarer Reaktion auf das Abstimmungsdebakel gelobte der abgestrafte Vorstand, „in der weiteren programmatischen Debatte mit größerer Sensibilität das Gesicht der eigenen Mitgliedschaft zuzuwenden, die die PDS als sozialistische Partei will."[33] In Münster beschloss die PDS, das Parteiprogramm nicht mehr neu zu fassen, sondern lediglich zu überarbeiten. Aussagen aus dem alten Programm – die „Umwälzung der kapitalistischen Produktions- und Lebensweise" und der Vorrang des außerparlamentarischen Kampfes – sollten die Leitlinien vorgeben: ein Rückschritt gegenüber den „Reformerthesen" von 1999. Im Vorfeld des schnell anberaumten Cottbuser Parteitages tischte die Grundsatzkommission der Basis die Parole vom „Doppelcharakter der PDS" auf. Die Partei wirke zugleich als „systemkritische, demokratische Opposition und als gestaltende Reformkraft". Der Zwiespalt der PDS war nun erneut in eine Form gegossen. Auf dem Parteitag im Juli 2000 ließen die Delegierten den Antrag „Den Politikwechsel nachholen!" passieren, der zwar für 2002 den Wiedereinzug der PDS in den Bundestag als Ziel vorgab, aber mögliche Regierungsbeteiligungen unerwähnt ließ. Stattdessen schrieb der Konvent den systemoppositionellen Charakter der Partei und ihre antikapitalistische Grundhaltung fest.

Im April 2001 sandten die neue PDS-Chefin Gabriele Zimmer und ihre Stellvertreterin Petra Pau ein ganz anderes Signal an die Sozialdemokraten. Es glich einem Tabubruch. Sie entschuldigten sich für die Zwangsvereinigung von KPD und SPD zur SED. Der Zusammenschluss beider Parteien sei „auch mit politischen Täuschungen, Zwängen und Repressionen vollzogen" worden. Zugleich unternahmen die „Reform"-Ideologen an der eigentlich zuständigen Kommission vorbei einen neuen Vorstoß.[34] Der von André und Michael Brie sowie Dieter Klein verfasste und von Gabriele Zimmer vorgestellte Programmentwurf enthielt erstmals die Begriffe „Freiheitsgüter" und „libertärer Sozialismus". „Unternehmertum und betriebswirtschaftliches Gewinninteresse" galten als „wichtige Bedingung für Innovation und Effizienz". Zudem strich er die Notwendigkeit parlamentarischer Politik heraus, als Teil eines „um-

33 Parteivorstand der PDS: Mehr Politik in der PDS – mehr Politik für die Gesellschaft, Manuskript, 17. April 2000.
34 André Brie/Michael Brie/Dieter Klein: Programm der Partei des Demokratischen Sozialismus – Entwurf, in: PDS-Pressedienst vom 27. April 2001.

fassenden Transformationsprojekts". Dass „eine sozialistische Gesell-schaft" als „notwendiges Ziel" angestrebt werden sollte, konnte die „Orthodoxen" nicht beruhigen. Sie hielten abermals mit einem eigenen Entwurf gegen, der eine strikt antikapitalistische Orientierung der Par-tei verlangte.[35] Der Bundesvorstand entschied, das „Reformer"-Papier zur Grundlage weiterer Diskussionen zu machen; auch der Dresdener Parteitag im Oktober 2001 votierte gegen eine Gleichbehandlung der beiden Entwürfe. Doch eine Programmdiskussion sollte eine geraume Zeit lang nicht mehr in Gang kommen.

In scharfem Kontrast zu dem verbissenen Hauen und Stechen um die richtige Ideologie setzte die in Mecklenburg-Vorpommern mitregieren-de PDS Akzente besonderer Art. Dort war die Partei nun unmittelbar mit Entscheidungen der rot-grünen Bundesregierung konfrontiert. Im Juli 2000 stand deren Steuerreform zur Abstimmung im Bundesrat an. Mecklenburg-Vorpommern war von entscheidender Bedeutung. Die PDS hatte strikt gegen die Steuerreform votiert. Dennoch stimmte das Land im Bundesrat zu. Den Ausschlag dafür gab ein von der Bundesre-gierung angebotener Tauschhandel, den die Landesregierung mit aus-drücklicher Billigung der PDS Mecklenburg-Vorpommerns annahm. Die „Reformer" im Bundesvorstand goutierten die Zustimmung in der Länderkammer, blieben ihrerseits aber bei der Ablehnung der Steuerre-form. Einerseits wollten sie sich als Machtfaktor auch im Bund präsen-tieren, andererseits programmatisch von SPD und Grünen abgrenzen.

Spektakulärer noch war das Ja Mecklenburg-Vorpommerns im Bundes-rat zur Rentenreform im Mai 2001. Auch hier hatte die PDS bis zuletzt gegen das Gesetzesvorhaben votiert. Eigentlich hätte sich Schwerin in diesem Fall gemäß Koalitionsvertrag der Stimme enthalten müssen. Mi-nisterpräsident Ringstorff stellte aus Parteiräson und Loyalität zur Bun-desregierung jedoch lieber das eigene Bündnis zur Disposition. Die PDS stand nun vor dem Problem einer angemessenen Antwort. Die erste Va-riante sah vor, der SPD politische Kompensation abzuverlangen. Die zweite lehnte dies ab, um die Koalition nicht unnötig zu belasten, wenn nicht gar platzen zu lassen. Diese Variante setzte sich am Ende durch.

---

35 Monika Balzer/Ekkehard Lieberam/Dorothée Menzner/Winfried Wolf: Programm der PDS – Entwurf, Manuskript, 7. Mai 2001.

Der PDS reichte ein Bekenntnis Ringstorffs zur Koalition und sein Eingeständnis eines Fehlers.

Auch programmatisch stellte die PDS in Mecklenburg-Vorpommern die Weichen für eine weitere Zusammenarbeit nach den Landtagswahlen im Herbst 2002. Einerseits machte sie konkrete politische Ergebnisse zur Bedingung für eine Teilnahme an der Regierung. Andererseits legte sie fest, in künftigen Wahlprogrammen „realistische und nachprüfbare" Ziele zu setzen und dabei die „unterschiedlichen Konstellationen der Partei zur SPD im Land und im Bund zu berücksichtigen. Damit wollte die PDS der Tatsache begegnen, dass wegen des Schröder-loyalen Koalitionspartners im Land ihre Flexibilität durch die Bundespolitik zusätzlich eingeschränkt war. „Überdehnt sie diesen Spielraum, setzt sie die Koalition aufs Spiel, unterschreitet sie ihn, gefährdet sie den Schulterschluss mit der eigenen Basis."[36] Die immerhin recht großen Vorbehalte hatten in der tief gespaltenen Mitgliedschaft nie ausgereicht, das Regierungsbündnis mit der SPD in seinen Grundfesten zu erschüttern. Bei allen Befürchtungen, die eigenen Positionen könnten in den Mühlen der Sparhaushalte zerrieben werden, stimmte ein Landesparteitag der Passage im zweiten Koalitionsvertrag mit der SPD zu, die sämtliche politischen Maßnahmen unter den Vorbehalt der Finanzierbarkeit stellte.

Als mit den Landtagswahlen im April 2002 das zweite „Magdeburger Modell" zu Ende ging, hatte die Tolerierung in Sachsen-Anhalt deutliche Spuren in der Programmatik hinterlassen. Maß der Landesverband 1998 „der Stärkung des außerparlamentarischen Widerstands besonderen Rang" zu, war davon drei Jahre später nicht mehr die Rede. Eine Abkehr von radikalen Positionen gab es ferner bei zahlreichen anderen Forderungen. Ursprünglich war die sachsen-anhaltinische PDS „gegen eine Kriminalisierung des antimilitärischen Widerstands" und für die Abschaffung der Bundeswehr. Nun wandte sie sich nur mehr gegen eine „Militarisierung des öffentlichen Raumes". Unter der Landeschefin Rosemarie Hein festigte der Landesverband den Paradigmenwechsel von einer ideologisch aufgeladenen Fundamentalopposition hin zu politi-

---

36 Vgl. Frank Berg/Thomas Koch: Die Mitte-Links-Koalition in Mecklenburg-Vorpommern. Politikfeld- und Parteienanalysen, Berlin 2001, S. 191.

schem Pragmatismus, der selbst die Vorstellungen der „Reform"-Ideologen hinter sich ließ.

In Brandenburg war die von einer mehrheitlich pragmatisch ausgerichteten Fraktion beherrschte PDS gleichsam in vorauseilendem Gehorsam auf die SPD zugegangen. Nach der Landtagswahl 1999 erklärte sie sogar ihre Bereitschaft, den Bau der Magnetschwebebahn „Transrapid" und den Ausbau des Flughafens Schönefeld mitzutragen. Zuvor hatte sie heftig dagegen agitiert. Nach dem von beiden Seiten verkündeten Ende des „Brandenburger Weges" plädierte die PDS-Führung in dem Land für eine kompromissorientierte Politik – obwohl sie zum Scheitern des Referendums gegen die Fusion mit Berlin beigetragen, und die SPD ihrerseits die PDS-Kandidaturen zum Amt des brandenburgischen Verfassungsrichters blockiert hatte. Allerdings war die PDS selbst in ihrem „Musterland" Brandenburg vor einem Rückfall in eine von der Basis ausgehende fundamentaloppositionelle Attitüde nicht gefeit. Als die SPD dort nicht zu locken war, beschloss der Landesparteitag im Dezember 2000, das „sozialistische Profil" und die „Öffnung der Partei in die Gesellschaft" voranzutreiben. Die Entwicklungen in Sachsen und Thüringen zeigten ebenfalls die Abhängigkeit der pragmatischen Politik der Postkommunisten von der SPD. Alles in allem waren insbesondere die „mitregierenden" Landesverbände mit programmatischen Reformen schneller als die anderen.

Nach dem fulminanten Wahlsieg der PDS bei der Abgeordnetenhauswahl in Berlin 2001 machte SPD-Spitzenkandidat Klaus Wowereit die Tür auf für die zweite rot-rote Koalition. Die PDS stellte mit Gregor Gysi (Wirtschaft), Thomas Flierl (Bildung) und Heidi Knake-Werner (Gesundheit und Soziales) drei Senatoren. Gysi, dem Amtsmüdigkeit nachgesagt wurde, trat Ende Juli 2002 zurück. Ihm folgte Fraktionschef Harald Wolf nach. Bei der PDS standen die harten Auseinandersetzungen um das Grundsatzprogramm in einem eigentümlichen Gegensatz zu dem reibungslosen Zustandekommen des Koalitionsvertrages mit der SPD. Dabei hatte die PDS mit ehernen sozialistischen Tabus brechen müssen. Die Berliner Vereinbarung brandmarkte gar die Mauer entlang der ehemaligen innerdeutschen Grenze als „Symbol für Totalitarismus und Menschenverachtung". Zudem repräsentiere Berlin einen Staat, der „fest in die westliche Wertegemeinschaft" und in die NATO eingebunden sei. Schon allein wegen der Anwendung des Totalitarismusbegriffs auf die DDR wäre nicht nur bei „orthodox" eingestellten PDS-Mitgliedern schrille Kritik zu erwarten gewesen. Dies geschah jedoch nicht.

Wie in Mecklenburg-Vorpommern warf die PDS in Berlin aus Regierungsräson programmatische Grundsätze über Bord. Dennoch trug die Basis den harten Sparkurs und die ganz und gar unsozialistische Privatisierungspolitik des rot-roten Senats mit. Es gab zwar Aufruhr, aber kein Votum, die Koalition zu beenden. Zurück in die parlamentarische Opposition wollten nur wenige. Die mitregierende PDS lehnte ein linkes Volksbegehren zur Auflösung der Bankgesellschaft ab, widersetzte sich nicht den Fahrpreiserhöhungen im Nahverkehr, erhöhte mit der SPD die Gebühren für Kindertagesstätten, schaffte die Lernmittelfreiheit ab und kürzte die Zuschüsse für die Hochschulen. Dies alles widersprach der Parteiprogrammatik diametral. Auch die Krisen um den SPD-Minister Strieder und den PDS-Minister Flierl führten nicht zu einem Zerwürfnis, sondern schweißten die rot-rote Koalition enger zusammen. Strittige Themen wie die Einführung von Studienkonten – die PDS war dagegen, Flierl aber dafür, um Studiengebühren zu vermeiden – oder die Ehrung ehemaliger staatstragender DDR-Wissenschaftler (hier sperrte sich die SPD) bargen nicht genügend Sprengstoff.

Allerdings brachen wie zuvor in Mecklenburg-Vorpommern bei bundespolitischen Themen Gegensätze auf. Bei der Liberalisierung des Kündigungsschutzes, der Steuerreform und den „Hartz IV"-Gesetzen wollte die PDS nicht mitmachen – sehr zum Unmut der SPD, hatte sie sich doch zuvor kulant gezeigt und Enthaltungen Berlins im Bundesrat akzeptiert. Im Bund opponieren, im Osten regieren, lautete die Devise der Berliner PDS – und das war ausdrücklich vom Bundesvorstand gewünscht. Als später hohe Steuereinnahmen die Lage etwas entspannten, konnte es sich Rot-Rot unter anderem leisten, die Gebühren für Kindertagesstätten abzuschaffen. Dies und andere Wohltaten stellte die Berliner PDS als ihr Werk dar; und sie milderte dadurch den Druck aus der eigenen Partei. Alles in allem tat sie sich immens schwer damit, all das, was sie den rigiden Sparvorgaben abtrotzen konnte, gegenüber der Mitgliedschaft und den Wählern als sozialistische Politik zu verkaufen. Es misslang, die Regierungspolitik glaubhaft als Ergebnis einer vorübergehenden politischen Notwendigkeit zu präsentieren. Die Führung des Landesverbandes war, fest in der Hand regierungswilliger Politiker um Harald Wolf, innerhalb der Gesamtpartei „nachgerade isoliert".[37] „Als Senator regiere ich und bin nicht meine eigene Opposition", hatte Wolf einmal gesagt. Und auch die zahlreichen Strategiepapiere in der Fraktion fügten sich nicht so recht in das politische Gesamtkonzept der PDS.

Als die Bundestagswahlen näher rückten, zeigte die PDS erneut ihr Janusgesicht. Einerseits votierte der Rostocker Parteitag im März 2002 dagegen, mit allzu radikalen Forderungen – etwa nach einem sofortigen NATO-Ausstieg Deutschlands – in den Wahlkampf zu ziehen, zielte das Wahlprogramm schließlich doch auf ein Mitte-Links-Bündnis. Andererseits lehnte es Gabriele Zimmer auf dem Konvent ab, im Bund auf SPD und Grüne zuzugehen. Sie warnte die Partei vor der Aufgabe ihrer Grundpositionen. Die kurze Ära Zimmer stand unter keinem guten Stern. Als PDS-Chefin lavierte sie zwischen den Flügeln. Sie war weder imstande, wie Bisky zu integrieren, noch wie Gysi eindeutig Stellung zu beziehen. Dieser erklärte im August die Bereitschaft der PDS, eine Kanzlerwahl Schröders unter bestimmten Umständen zu unterstützen; das wäre auf eine Tolerierung einer rot-grünen Bundesregierung hinausgelaufen. Doch derartige Ambitionen lösten sich bald in Luft auf. Die Wahl im September wurde für die PDS zum Debakel: Sie scheiterte an der Fünf-Prozent-Hürde.

Die verheerende Wahlniederlage stürzte die PDS in ihre tiefste Krise. Zimmer machte die „bedingungslosen" Regierungsbeteiligungen für das Desaster verantwortlich und ließ im Vorstand über einen Leitantrag für den Parteitag in Gera abstimmen. Er sollte die Partei unter dem Schlagwort der „gestaltenden Opposition" wieder der Gesellschaft, insbesondere den sozial Benachteiligten näher bringen. Sie scheiterte jedoch am Widerstand einer achtköpfigen Gruppe um Petra Pau und Thomas Flierl. Diese „Fraktion" hatte eilends ein Papier aus dem Berliner Landesverband als Gegenentwurf aus dem Hut gezaubert. Inhalt-

---

37 Michael Koß/Dan Hough: Die Linkspartei.PDS nach der Bundestagswahl 2005. Die ostdeutschen Landesverbände als Hort des Pragmatismus?, in: Deutschland Archiv, 1/2007, S. 11-19, hier S. 19.

lich waren die beiden Vorlagen – den Abgrund vor Augen – gar nicht so weit voneinander entfernt, beschrieben sie doch hauptsächlich die Defizite der Partei. Während der Zimmer-Antrag eine Rückbesinnung auf die eigene Klientel forderte, sah das „Berliner" Papier gerade darin keinen Ausweg.

Die Abstimmung führte zu einer Spaltung des Vorstands, wobei die Front allerdings nicht akkurat zwischen „Reformern" und „Traditionalisten" verlief. Persönliche Sympathien und Antipathien waren mit im Spiel. Der Zimmer-Antrag, hinter den unter anderem Diether Dehm, Sahra Wagenknecht und der frühere sächsische PDS-Chef Peter Porsch standen, erhielt keine Mehrheit. Dietmar Bartsch, der schon zuvor mitgeteilt hatte, nicht mehr mit Zimmer zusammenarbeiten zu wollen, kündigte nun seine Gegenkandidatur für den Parteivorsitz an. Der Vizeministerpräsident Mecklenburg-Vorpommerns, Holter, mochte keiner Seite seine Stimme geben und enthielt sich. Er hatte soeben mit dem Einbruch der PDS bei den Landtagswahlen einen Denkzettel bekommen – mit der Folge, dass Landesparteitage Regierungsbeschlüsse reihenweise niederstimmten. Rot-Rot in Schwerin hielt dennoch bis zum Ende der neuen Legislaturperiode im September 2006 durch.

Auf dem Geraer Parteitag gelang es Zimmer, die Delegierten für sich zu gewinnen. Sie verlangte ein Ende des „Weiter so" und traf damit den Nerv vieler Mitglieder: „Bedingungslose Regierungsbeteiligung, bedingungsloses Tolerieren, Zustimmung um jeden Preis: Das ist Opportunismus!" Dietmar Bartsch stellte seinen Antrag zur weiteren Entwicklung der PDS nicht zur Abstimmung, und Wolfgang Gehrcke unterlag mit einem Kompromisspapier dem von „Orthodoxen" unterstützten Antrag Zimmers. So schrieb der Parteitag die Rolle der PDS als „gestaltende Opposition" fest; er stempelte Regierungsbeteiligungen als eine Art Entgleisung ab. Das *Marxistische Forum* jubilierte, die Strategie der „Reformer" sei gescheitert. Bartsch, dem die Partei die Angriffe auf Zimmer übel nahm, zog seine Kandidatur für den Parteivorsitz zurück, und Roland Claus verlor die Wahl. Zimmer blieb PDS-Chefin. Ihre Stellvertreter: Diether Dehm und Heidemarie Lüth; der ehemalige SPD-Linke Uwe Hiksch wurde neuer Bundesgeschäftsführer. Die „Reformer" zogen sich resigniert zurück. Kein einziger von ihnen war mehr im Vorstand vertreten. Krisenzeiten der PDS waren stets Hochzeiten der

„Orthodoxen". Sie glaubten, nun die Schlacht um die ideologische Lufthoheit gewonnen und die oft unentschiedenen Mitglieder auf ihre Seite
gebracht zu haben.

Immer wieder hatten die „Reformer" die mit „Formelkompromissen"
überdeckten Konflikte, das Fehlen einer von allen geteilten Strategie
und den damit einhergehenden Vertrauensverlust „in jede nur mögliche Richtung"[38] kritisiert. Nun wurden ihre schlimmsten Befürchtungen wahr. Die Zeit nach Gera war tatsächlich eine Zeit der „Politikunfähigkeit". Die PDS verfiel dem aus ihren Anfangsjahren bekannten Reflex, sich am liebsten mit sich selbst – und hausgemachten Skandalen
– zu beschäftigen. Auf Führungsebene nun aller reformerischen Impul-
se entledigt, versäumte sie es über Monate schlichtweg, angemessen auf
die „Agenda 2010" der Bundesregierung zu reagieren – ein fataler Fehler für eine linke Partei, die sich soziale Gerechtigkeit auf die Fahnen
geschrieben hatte.

Die Linksaußenkräfte in der PDS witterten die Chance, ihren Vorteil
gegenüber den „Reformern" auszubauen. Sie gründeten ein neues Netzwerk namens *Geraer Dialog*, in dem neben Winfried Wolf, Ulla Jelpke,
Dorothée Menzner und Ekkehard Lieberam vom *Marxistischen Forum*
der Marburger Politologe und DKP-Mann Georg Fülberth mitmachte.
Der *Geraer Dialog* trat gegenüber den „Reformern" offensiver auf als
KPF und MF. Das Lager der Regierungswilligen stellte der Initiative die
Plattformen *Forum 2. Erneuerung* und *Reformlinke* entgegen. Zum ersten Mal hatten sich „Reformer" in der Partei organisiert. Die Konfron-
tation der neuen mit der alten Führung eskalierte derweil in der – nie
ganz geklärten – „Wachbuch-Affäre". Dehm soll die Pförtner der PDS-
Zentrale angewiesen haben, Bartsch keine Papiere mitnehmen zu lassen. Währenddessen druckte das *Neue Deutschland* einen offenen Brief
Gregor Gysis und ein Interview mit ihm: Die neue Parteiführung sei
untauglich.

---

38 André Brie/Michael Brie/Michael Chrapa: Für eine moderne sozialistische Partei in
Deutschland. Grundprobleme der Erneuerung der PDS, Manuskript, Oktober
2002.

Gabriele Zimmer saß in dieser prekären Situation erneut zwischen den Stühlen. Im Februar 2003 stellte sie einen „überarbeiteten" Entwurf der Programmkommission vor, wieder aus der Feder der „Reform"-Ideologen, ebenso von vier weiteren Autoren, die wie der ehemalige Vize-Kulturminister der DDR, Klaus Höpcke, nicht unbedingt dem „Reformer"-Lager angehörten.[39] Das „Moderne"-Konzept kam nun nicht mehr vor, stattdessen war von Verstaatlichungen die Rede und von der Existenzgefährdung der Welt durch den Kapitalismus. Die „Verlässlichkeit" und „Politikfähigkeit" der PDS in den rot-roten Koalitionen wurde ausdrücklich gewürdigt. Das „Minderheitenvotum" von Uwe-Jens Heuer und Winfried Wolf stellte dies prompt in Abrede. „Verlässlichkeit" habe die Partei nur gegenüber der SPD, nicht aber gegenüber den Wählern gezeigt.[40]

Es war der brandenburgische Landesvorsitzende Ralf Christoffers, der die „Reformer" angesichts dramatisch schlechter Umfragewerte für die PDS aufweckte. Ende April ritt er scharfe Attacken gegen den Bundesvorstand; ein Sonderparteitag solle Dehm und Hiksch aus den Ämtern drängen. Bisky, Gysi, André Brie sowie die Landes- und Fraktionsvorsitzenden im Osten unterstützten Christoffers. Die „Reformer" planten den Aufstand. Im Mai traf Zimmer mit diesem Kreis zusammen, zu dem sich die beiden einzigen Bundestagsabgeordneten Pau und Lötzsch gesellten. Den „Reformern" gelang es, Zimmer vom Verzicht auf den Parteivorsitz zu überzeugen. Auf einer Pressekonferenz griff Zimmer Hiksch und Dehm an. Anders als der Bundesvorstand war die Gruppe „Reformer" nicht untätig geblieben. Nur einen Tag nach Zimmers Genossenschelte präsentierte sie die „Agenda sozial", das Gegenpapier zur „Agenda 2010" der Bundesregierung.

Die außerordentliche Sitzung des 8. Parteitages in Berlin-Kreuzberg Ende Juni brachte die „Reformer" in die Offensive und beendete die Krise. Dieselben Delegierten, die in Gera noch rebelliert hatten, beschlossen nun einen Leitantrag zu gesellschaftlich wirksamen Strate-

---

39 Programm der Partei des Demokratischen Sozialismus. Überarbeiteter Entwurf, in: PDS-Pressedienst vom 28. Februar 2003.
40 Uwe-Jens Heuer/Winfried Wolf: Minderheitenvotum zum Beschluss der Programmkommission, in: PDS-Pressedienst vom 7. März 2003.

gien. Lothar Bisky wurde erneut PDS-Chef. Er bekam Dagmar Enkelmann, Katja Kipping und den Umweltminister in Mecklenburg-Vorpommern, Wolfgang Methling, als Stellvertreter an die Seite. Rolf Kutzmutz wurde Geschäftsführer, Uwe Hobler Schatzmeister. Nicht geplant war der Einzug von Sahra Wagenknecht und Harald Werner in das Führungsgremium. KPF, MF und *Geraer Dialog* warnten ihre Anhänger davor, die Partei zu verlassen.

Der Befreiungsschlag forcierte ein Vorhaben, mit dem sich die PDS nun fast fünf Jahre lang gequält hatte. Der Chemnitzer Parteitag Ende Oktober 2003 nahm mit großer Mehrheit ein neues Programm an, das auf dem letzten Entwurf der „Reformer" basierte. In Chemnitz war die große Kraftprobe zwischen den Lagern ausgeblieben. Die Gräben in der PDS wurden aufs Neue lediglich überdeckt. Eilends hatte die Parteiführung kurz vor dem Kongress einige Passagen entschärft und damit die Zustimmung eines Teils der „Traditionalisten" gewonnen. Deren Wortführer ließen am Ende erkennen, auch mit dem neuen Grundsatzprogramm leben zu können. Dehm und Wagenknecht begrüßten Korrekturen im Vergleich zu vorangegangenen Entwürfen. Vertreter des *Geraer Dialogs* sprachen allerdings von Putsch. Die PDS entferne sich immer weiter von einer sozialistischen Partei. Winfried Wolf forderte die „Orthodoxen" auf, die Partei zu verlassen. Sie folgten ihm nicht. Wolf selbst trat dann im Mai 2004 aus.

Das neue Grundsatzprogramm war doppelt moderat: unverbindlich nach innen, nicht sonderlich anstößig nach außen. So fasste der Text einerseits das heiße Eisen „Regierungsbeteiligung" nur mit spitzen Fingern an; die rot-roten Koalitionen wurden eher beiläufig als Beweis der Politikfähigkeit der PDS „unter schwierigen Bedingungen" erwähnt. Andererseits würden nun potenzielle Koalitionspartner besser mit dem neuen Programm leben können als mit dem alten. Weder vom Primat des außerparlamentarischen Kampfes, noch von einer positiven Würdigung der Oktoberrevolution war mehr die Rede. Stattdessen handelte die PDS jetzt Themenfelder ab, die sich in aktuellen linken Diskussionen spiegelten. Die Begriffe „Menschenwürde" und „Freiheitsgüter" spielten eine wichtigere Rolle. Insgesamt war das Chemnitzer Programm gegenüber dem von 1993 weniger radikal und weniger widersprüchlich. Einen eindeutigen Bruch mit dem Antikapitalismus – wie es ein Teil der Presse seinerzeit sah – bedeutete es aber nicht. Der an anderer Stelle relativierten Passage zum freien Unternehmertum zum Beispiel stimmten die Delegierten mit der Mehrheit von nur einer Stimme zu, zugleich weitaus deutlicher einem Änderungsantrag, der unternehmerisches Handeln gesellschaftlicher Kontrolle unterwarf.

Die Krise war zwar überstanden, hatte aber Spuren hinterlassen. Die „Reformer" besannen sich wieder auf die ursprunglich außerparlamentarisch ausgerichtete PDS-Strategie, was ja Kritiker der Koalitionsbeteiligungen immer angemahnt hatten. Michael Brie spielte gar den *advocatus diaboli*. Er stellte im Frühjahr 2004 das Regierungsunterfangen in Frage und provozierte mit der Forderung, das strategische Zwischenziel der Mitte-Links-Bündnisse und damit die Kooperation mit der SPD zu überdenken. Die Sozialdemokratie ließe sich nicht bewegen; sie sei einer der PDS entgegenstehenden politischen Richtung verpflichtet. Rotrote Koalitionen hätten nicht zur Abmilderung „neoliberaler" Politik geführt. Der Aufschrei in der Berliner PDS war groß, doch die sogenannten „Montagsdemonstrationen" gegen den „Sozialabbau" halfen der Partei vorübergehend, sich wieder mehr als Bewegungs- und Protestpartei zu profilieren – wenngleich diesem Unterfangen kein Erfolg beschieden war. Zudem konnte die PDS bei den Wahlen zum Europaparlament und zum Landtag in Thüringen im Juni 2004 Zugewinne verzeichnen. Sie hatte offensichtlich von einer wachsenden Unzufriedenheit mit der SPD profitiert.

Eine Aufgabe der Koalitionsoption war nicht zuletzt deshalb keine Alternative, sie sollte gerade jetzt als „immanenter Bestandteil" der PDS-Politik in eine Gesamtstrategie integriert werden. Die „Reformer" sahen die internen Querelen in der Causa „Mitregieren" vor allem als Vermittlungsproblem an, gegenüber der eigenen Basis wie gegenüber den Wählern. Ein Vorstandspapier vom Juni 2004 proklamierte, „Protest, Widerstand, Gestaltungs- und Veränderungswille" gehörten „im Handeln der PDS zusammen, und zwar auf allen Ebenen." Schließlich verschaffe Druck aus der Gesellschaft „Spielräume auch in der Regierung".[41] Die Partei müsse künftig besser auf die Koalitionen vorbereitet werden. Auf

---

41 PDS: sozial – solidarisch – friedlich – selbstbestimmt. Thesen zur Strategie der PDS, Manuskript, 22. Juni 2004.

dieser Basis rief Lothar Bisky im Juli dazu auf, offensiver rot-rote Bündnisse in den neuen Bundesländern anzustreben.

Beflügelt von neuerlichen Stimmenzuwächsen bei den Wahlen in Sachsen und Brandenburg klopfte der Potsdamer Parteitag Ende Oktober das sogenannte „strategische Dreieck" fest, das „Widerstand und Protest" im außerparlamentarischen Bereich, den „Anspruch auf Mit- und Umgestaltung" in den Parlamenten und an den Regierungen sowie „über den Kapitalismus hinausweisende Alternativen" miteinander verband.[42] Wer der „Reformer"-Strategie nicht anhing, kritisierte dieses Konstrukt als praxisfern. In der Tat waren die drei Ecken in der Berliner Koalition allenfalls lose verknüpft. Die PDS erlebte Anfang 2005 eine Konsolidierung. Wie ihre Zukunft ausgesehen hätte, wäre nicht mit der WASG eine neue linke Kraft am westlichen Horizont erschienen, bleibt Spekulation. Bald schon sollte für die Partei abermals ein neues Zeitalter anbrechen.

Die PDS hatte sich von einer Diktaturpartei zu einem Mitstreiter im demokratischen Wettbewerb gewandelt. Doch das war weniger eigenem Willen, sondern vor allem der Veränderung der Umstände geschuldet. Anfangs stemmte sie sich gegen die Wiedervereinigung, wollte sie die DDR, so gut es ging, als sozialistischen Staat bewahren – und hinkte den Ereignissen hinterher. Nicht die Postkommunisten selbst hatten sich erneuert, es waren vor allem die Bedingungen, die sie dazu zwangen. Die Partei „politikfähig" machen, akzeptabel für Bündnisse mit der SPD: Das waren die Motive der „Reformer". Mit dem neuen „System" indes haben sie keinen Frieden geschlossen, erst recht nicht die „Orthodoxen". Beide Richtungen strebten grundlegende gesellschaftliche Veränderungen an. Die ideologischen Streitigkeiten haben gezeigt: Kommunistische Positionen wurden vor allem als strategisch untauglich und für das Erscheinungsbild der Partei schädlich bekämpft. Daraus eine Hinwendung der „Reformer" zu Werten und Prinzipien des demokratischen Verfassungsstaates abzuleiten, wäre vermessen. Eine in weiten Teilen rückwärtsgewandte und zwischen den Flügeln lavierende Parteibasis stärkte zudem den Einfluss der „Orthodoxen". Die Entideologisierung der Programmatik ging im Wesentlichen von den Fraktio-

---

42 Für eine starke PDS: Sozial, mit aller Kraft!, in: Disput, 11/2004, S. 49-59.

nen in den ostdeutschen Landtagen aus, war aber auch dort oft von fundamentaloppositionellen Rückfällen durchbrochen, und sie hat die Partei insgesamt nicht erfassen können. Die Beteiligung der PDS an drei Landesregierungen wurde intern goutiert, die „pragmatische" Regierungspolitik weniger. Immer wieder warnten selbst „Reformer" davor, das strategische Fundament gesellschaftlicher Opposition aus den Augen zu verlieren.

Entstehung der WASG (2004-2005)

Ein 2003 von Michael Brie verfasstes Strategiepapier[1] hat Jahre später
zur Legendenbildung beigetragen. Um die Zukunft der PDS zu sichern,
empfahl er damals den Aufbau einer gesamtdeutschen linken „parteipolitischen
Formation" jenseits von SPD und Grünen. Brie nannte das
Projekt „PDS plus". Die Partei solle ein „programmatisches und personelles
Bündnis" unter anderem mit linken Gewerkschaftern anstreben.
Im Nachhinein sahen vor allem Journalisten die Entstehung der *Wahlalternative
Arbeit & soziale Gerechtigkeit* (WASG) als Teil dieses Plans.
Sie sei von langer Hand – und gleichsam im Geheimen – von der PDS
ins Leben gerufen worden. Tatsächlich aber entstand die WASG ohne
Zutun der Postkommunisten – die zu einem solchen Coup im Übrigen
weder strukturell noch personell in der Lage gewesen wären – hauptsächlich
als Folge einer schmerzhaften Abnabelung von der SPD. Auslöser,
wenigstens aber Katalysator dieser Entfremdung war die mit den
Sozialreformen der rot-grünen Bundesregierung verknüpfte „neoliberale"
Wende der Sozialdemokraten. Mit der „Agenda 2010" und der
„Hartz IV"-Gesetzgebung entfernte sich die SPD von einem Teil ihrer
Klientel und von den Gewerkschaften. In den Augen vieler war das „bewusste
Infragestellen überlieferter Gerechtigkeitsvorstellungen" ein
„Affront".[2] Manche Sozialdemokraten zogen sich in die innere Emigration
zurück, wenn sie nicht gar die Partei verließen.

Diese Erfahrung machten unter anderem Klaus Ernst und Thomas Händel,
viele Jahrzehnte Mitglieder in der SPD. Mit den Namen der beiden
IG Metall-Funktionäre ist einer der zwei Vorläufer der WASG verbunden,
die *Initiative Arbeit & soziale Gerechtigkeit* (ASG). Sie entsprang Anfang

---

1 Vgl. Michael Brie: Ist die PDS noch zu retten? Analyse und Perspektiven, Berlin
   2003 (= rls-standpunkte 2/2003).

2 Oliver Nachtwey: Im Westen was Neues. Die Entstehung der Wahlalternative Arbeit
   & soziale Gerechtigkeit, in: Tim Spier/Felix Butzlaff/Matthias Micus/Franz Walter
   (Hrsg.): Die Linkspartei. Zeitgemäße Idee oder Bündnis ohne Zukunft?, Wiesbaden
   2007, S. 155-184, hier S. 163.

2004 in Franken einem Zirkel langjähriger Gewerkschaftsaktivisten, verstärkt durch den Hamburger Ökonomieprofessor Herbert Schui. Der Gründungsaufruf[3] fand dank des Internet schnell einen großen Unterstützerkreis und machte aus der Enttäuschung der Initiatoren keinen Hehl. „Die SPD hat sich von ihren Grundsätzen verabschiedet", hieß es da, und sich „zur Hauptakteurin des Sozialabbaus und der Umverteilung von unten nach oben entwickelt." Das Papier lässt eine Tirade über politische Vergehen der Sozialdemokraten folgen und schließt mit den Worten: „Wir gehen diesen Weg nicht mehr mit." Viele fühlten sich von der SPD getäuscht und kehrten der Politik den Rücken, doch sei Nichtwählen keine Option. Eine neue Partei sollte entstehen.

In diese Richtung dachten auch die Initiatoren des zweiten WASG-Vorläufers, der *Wahlalternative*. Als „Sammelbecken gewerkschaftsorientierter Linksintellektueller"[4] war sie ein norddeutsches Produkt von Mitgliedern der Zeitschrift *Sozialismus*, der *Memorandumgruppe*, in der alternative Wirtschaftswissenschaftler zusammengefunden haben, sowie des Vorstandes der Gewerkschaft *Verdi*. Als prominentester Kopf fungierte in diesem Fall *Sozialismus*-Redakteur Joachim Bischoff, der früher dem PDS-Vorstand angehört und dort (zusammen mit Uwe-Jens Heuer) vergeblich versucht hatte, eine an der „Arbeiterbewegung" orientierte Bündnispolitik durchzusetzen. Ihr im Internet verbreiteter Aufruf „Für eine wahlpolitische Alternative"[5], ursprünglich verfasst von dem bereits 1999 aus der SPD ausgestiegenen *Verdi*-Funktionär Ralf Krämer, stieß ebenfalls auf breite Resonanz. Auch dieses, im Vergleich zum ASG-Appell viel ausgefeiltere Papier plädierte für den Aufbau einer Partei, gehe es doch „um die Frage, wie und mit welchen parlamentarischen Kräften die Anliegen der außerparlamentarischen Bewegung – die selbstverständlich die primäre Bedeutung für fortschrittliche politische Veränderungen hat – in staatliches Handeln umgesetzt werden können." Der „Neoliberalismus" müsse „auf seinem eigenen Terrain"

---

3 Initiative Arbeit & soziale Gerechtigkeit: Aufruf der Gründer, Manuskript o. D. (2004).

4 Helge Meves: Die Wahlalternative – Eine andere Politik ist möglich, in: Michael Brie (Hrsg.): Die Linkspartei. Ursprünge, Ziele, Erwartungen, Berlin 2005, S. 24-31, hier S. 24.

5 Wahlalternative: Für eine wahlpolitische Alternative 2006, Manuskript, 15. März 2004.

attackiert werden. Die *Wahlalternative* hatte gleich eine Strategie parat. Die Partei sollte den Kern einer breiten linken Sammlung bilden, „von Kommunisten über Sozialisten bis zu traditionellen Vertretern des Sozialstaats". Dies war durchaus kompatibel mit der PDS-Strategie, die immerhin die Formierung gesellschaftlichen Protests vorsah.

Keine zwei Monate nach dem ersten Geheimtreffen der ASG und der ersten Pressekonferenz der *Wahlalternative* im März 2004 kamen beide Initiativen überein, eine gemeinsame Organisation aufzubauen. Die eine Seite versprach sich viel von der anderen. Bereits im Juli vereinigten sich die Initiativen zu einem Verein namens WASG. Dieser Zusammenschluss war im Wesentlichen ein Werk der beiden Führungsgruppen. Er brach mit der linken Tradition eines von unten ausgehenden Organisationsaufbaus. Im November 2004 wählte die erste Bundesdelegiertenkonferenz des Vereins einen Vorstand, der ein buntes Spektrum widerspiegelte. Von der ASG kamen Ernst und Händel, von der *Wahlalternative* das ehemalige Mitglied des ATTAC-Rates, Sabine Lösing, der Geschäftsführer der Memorandumgruppe Axel Troost, der frühere Geschäftsführer der Grünen in Schleswig-Holstein, Björn Radke, und die Trotzkistin Christine Buchholz.

Dieser Vielfalt zum Trotz herrschte in den meisten programmatischen Fragen Einigkeit, speisten diese sich doch hauptsächlich aus einer gemeinsamen „anti-neoliberalen" Attitüde. Konform fielen auch die Einschätzungen aus, die Gewerkschaften hätten durch ihre Fokussierung auf betriebliche Interessenpolitik an gesellschaftlichem Einfluss verloren; die sozialen Bewegungen erreichten das politische System nicht; und der PDS sei es ebenfalls nicht gelungen, dem „Neoliberalismus" auf bundespolitischer Ebene etwas entgegenzusetzen – zumal die Sozialisten in der rot-roten Regierung in Berlin aus Sicht der WASG das genaue Gegenteil praktizierten, nämlich eine Politik des „Sozialabbaus". Die Gründung der WASG richtete sich damit ebenso gegen die PDS.

Uneinigkeit bestand bei den Gründervätern allerdings über das Organisationskonzept. Klaus Ernst präferierte eine reine Sozialstaatspartei. Demgegenüber vertraten die Protagonisten der *Wahlalternative*, ebenso der von dem Marxisten Wolfgang Abendroth und der Friedensbewegung geprägte Thomas Händel, das Konzept einer linken Sammlung, die sämtliche kapitalismuskritischen Strömungen auch außerhalb des Gewerkschaftsmilieus einschließen sollte. Diese Differenzen beeinflussten später die Auseinandersetzungen innerhalb der WASG. Die beiden Lager wollen wir „Sozialstaatsfraktion" bzw. „Strömungslinke" nennen. Diejenigen, die sich anfangs strikt gegen eine überhastete Parteigründung ausgesprochen hatten und der Bildung eines außerparlamentarischen Netzwerks Vorrang einräumten, waren allerdings in der Minderheit und wurden von den Ereignissen überrollt. Schon im Januar 2005 entstand die WASG in Göttingen als Partei, nachdem sich 96 Prozent der Vereinsmitglieder für diesen Schritt ausgesprochen hatten.

Auf dem Konvent präsentierte die WASG eine klassische Parteisatzung; von „grünen" organisationspolitischen Experimenten wollte man nichts wissen. Lediglich ein Bundesvorsitzender existierte nicht, stattdessen stand der vierköpfige „geschäftsführende Vorstand" des Vereins weiter an der Spitze. Das in Göttingen verabschiedete Gründungsprogramm[6] kam wie ein Forderungskatalog der Gewerkschaften daher. Ein neokeynesianistisch abgefedertes Sozialstaatskonzept bildete das Grundgerüst: Die Ausgaben des Staates sollten steigen, um öffentliche Investitionen und eine soziale Grundsicherung zu ermöglichen. Finanziert werden sollte das Ganze durch höhere Steuern für Unternehmen und Vermögende. Dies alles, argumentierte die WASG, stärke die Kaufkraft der Bürger, verringere die Arbeitslosigkeit, entlaste die Sozialkassen und bringe dadurch am Ende wieder mehr Geld für den Staat.

Die WASG verstand ihr Gründungsprogramm ausdrücklich nicht als Gegenentwurf zum Berliner Programm der SPD, sondern zu deren Regierungspolitik unter Gerhard Schröder. Die Positionen hatten einen „bewussten retro-normativen Bezug auf den Sozialstaat und die Politik der SPD in den 1960er und 1970er Jahren".[7] Hier wie in dem im Juli 2005 in Kassel verabschiedeten Wahlprogramm beschränkte sich die Partei auf die Formulierung politischer Nahziele. Generell fehlten verbindliche Aussagen, die auf eine Art Ideologie hindeuteten und die unterschiedlichen Strömungen hätten zusammenführen können. Die

---

6 Arbeit & soziale Gerechtigkeit – die Wahlalternative: Gründungsprogramm, Manuskript o. D. (2005).
7 Nachtwey (Anm. 2), S. 180.

WASG übte keine fundamentale Kritik am Kapitalismus und legte sich auch in der für viele Linke kardinalen Eigentumsfrage nicht fest. Mehrheitlich befürwortete sie einen Kurswechsel im Rahmen der gegebenen, grundsätzlich kapitalistischen Bedingungen. Zwar kamen im Laufe des Jahres 2005 Forderungen auf, der WASG ein prononcierteres linkes Profil zu geben, eine Weltanschauungspartei wollte damals aber kaum jemand haben. „Sozialstaat" statt „Sozialismus" – von den Visionen der PDS-Ideologen war die WASG also weit entfernt. Ihre Wortführer gingen daher auf Distanz, als es später um die Fusion ging, zumeist von dem unter dem Begriff „demokratischer Sozialismus" firmierenden strategisch-ideologischen Konzept der PDS.

Dennoch einte beide Parteien auf programmatischer Ebene der Kampf gegen den „Neoliberalismus". Die PDS wie die WASG verband mit diesem Begriff eine marktwirtschaftlich orientierte Politik auf Kosten sozialer Gerechtigkeit, die nicht nur die Unionsparteien und die FDP betrieben, sondern spätestens von der Kanzlerschaft Schröders an auch die SPD. Der „Fokus auf neoliberale Politik, der die Ursachen für nahezu alle wirtschaftlichen, sozialen und ökologischen Probleme der Welt zugesprochen werden, ist letztlich in Programmen ähnlich."[8] Doch anders als die PDS, deren Ideologen die Überwindung einer „neoliberalen Hegemonie" in der Gesellschaft proklamierten, hatte die WASG vor, den „Neoliberalismus" lediglich im parteipolitischen Raum zurückzudrängen. So herrschte in der WASG beim Oppositionsverständnis Konsens. Zumindest fürs Erste hatte sie sich auf eine Oppositionsrolle in einem demokratischen System festgelegt. Dagegen stand die PDS in gewisser Weise in Opposition zu eben diesem System, in dem sie eine Regierungsrolle einzunehmen beanspruchte. So schien die PDS paradoxerweise ideologisch „links" von der WASG zu stehen, gemessen an der politischen Praxis in den rot-roten Regierungen aber „rechts" von ihr.

Am heftigsten befehdet wurde die Regierungspolitik der PDS von der Berliner WASG. Der Landesverband hatte sich gegen die rot-rote Landesregierung formiert. Einige der Funktionäre wie Michael Prütz oder Rouzbeh Taheri kamen von der Berliner PDS, deren Kurs sie scharf

---

8 Horst Dietzel/Jana Hoffmann/Gerry Woop: Studie zum Vergleich der Parteiprogramme von PDS und WASG, Berlin 2005, S. 9.

kritisiert hatten. Mit der trotzkistischen *Sozialistischen Alternative – Voran* (SAV)[9], die eine Politik der kleinen Schritte ablehnte und auf einen revolutionären Umsturz der Verhältnisse setzte, fanden sie in diesem Punkt treffliche Mitstreiter. Noch ungefestigte Protestparteien, die wie die WASG obendrein die Tür offen hielten für Linke aller Art, waren stets anfällig für Unterwanderungsversuche. Der in Berlin hatte Erfolg. Aktivisten der SAV erklommen dort wichtige Positionen. Prominentes Beispiel war damals Lucy Redler, die spätere Spitzenkandidatin bei den Abgeordnetenhauswahlen im September 2006.

In ihrem 1999 beschlossenen Grundsatzprogramm verpflichtete sich die SAV zum „Aufbau einer revolutionären sozialistischen Massenpartei".[10] Sie grenzte sich sowohl vom „Stalinismus" (der SED) als auch „dem reformistischen Sozialismus" (der PDS) ab. Ihre avantgardistische Rolle in der WASG definierte sie wie folgt: „Der Aufbau der WASG als breiter Partei und der Aufbau der SAV als sozialistischer Organisation und Strömung innerhalb der WASG sind kein Widerspruch. Deshalb rufen wir dazu auf, in die WASG einzutreten, um eine breite Arbeiterpartei aufzubauen, und in die SAV einzutreten, um eine marxistische Organisation aufzubauen, die sozialistische Ideen und Praxis in der Arbeiterklasse verankern kann."[11] Auch in anderen Landesverbänden der WASG gaben sich linke Fundamentalisten ein Stelldichein, worauf wir noch zurückkommen. Der Fall Berlin sollte die Fusion mit der PDS später auf eine schwere Probe stellen.

Die Entstehung der WASG war ein Novum: Mit ihr hatte sich nach den Grünen erstmals in der Bundesrepublik eine Protestpartei linker Façon gebildet. Zwar keine reine SPD-Abspaltung, gelang es der WASG dennoch, nicht wenige Sozialdemokraten abzuwenden. Das war der PDS, obwohl sie es darauf angelegt hatte, in dieser Größenordnung weder im Westen noch im Osten gelungen. Mit der Fusion beider Parteien im Juni

---

9 Die SAV fungiert als deutsche Sektion der trotzkistischen Dachorganisation *Committee for a Workers' International* (CWI) mit Sitz in London. Nach Angaben der Jahresberichte des Bundesamtes für Verfassungsschutz schwankte die Mitgliederzahl der 1994 gegründeten Organisation in den letzten Jahren zwischen 300 und 400.

10 Grundsatzprogramm der SAV, Manuskript, 31. August 2002.

11 Resolution der SAV-Bundeskonferenz, Manuskript, 27. März 2005.

2007 kam schließlich ein weiterer einmaliger Vorgang zu einem Ende, der erste relevante linke Zusammenschluss in der deutschen Nachkriegsgeschichte nach der Zwangsvereinigung von KPD und SPD zur Vorläuferorganisation der PDS, der SED. Doch noch war ein steiniger Weg zu gehen.

Die WASG sah sich als Organisation aufrechter Sozialdemokraten. Einige ihrer Protagonisten hielten wenig von extremistischen Linken. Nach der Bundestagswahl 2002, schrieben Joachim Bischoff und Björn Radke, habe eine „Allianz linker Strömungen in der PDS die Mehrheit gestellt, die nicht durch überzeugende politisch-strategische Optionen eine Erneuerung zustande brachten."[12] Dies kam einer Absage an kommunistische Formationen wie der KPF gleich. Noch deutlicher trat die „Sozialstaatsfraktion" der WASG auf. Sie verurteilte „linken Radikalismus" als „menschenverachtend und zynisch"[13]. Diesen – im Eifer des späteren Fusionsgefechts entstandenen – Abgrenzungen zum Trotz: Die WASG war keine durch und durch (sozial)demokratische Partei. Die strategischen Pläne eines Teils von ihr implizierten gerade die Öffnung gegenüber linksextremistischen Gruppierungen.

---

12 Joachim Bischoff/Björn Radke: Eine unstrittige Bilanz?, Manuskript, Dezember 2005.

13 Klaus Ernst/Frank Firsching/Fritz Schmalzbauer: Zum Widerspruch zwischen Parteientwicklung und Linksradikalisierung, Manuskript, Februar 2006.

FUSION VON LINKSPARTEI UND WASG ZUR LINKEN (2005-2008)

1. Parforceritt zum Zusammenschluss

Die Geschichte der deutschen Linken ist nicht zuletzt eine Geschichte vielfältiger Fusionen und Spaltungen. Beginnend mit dem Zusammenschluss der SDAP und des ADAV zur SPD im Jahre 1875 schichtete sich das Spektrum so weit um, dass schließlich in der Zeit unmittelbar nach dem Ersten Weltkrieg SPD und KPD – die Rolle der USPD wird ausgeklammert – als Repräsentanten zweier unvereinbarer ideologischer Entwürfe die Willensbildung zu beeinflussen suchten. Nach dem Ende der nationalsozialistischen Herrschaft beschritten Sozialdemokratie und Kommunismus im geteilten Deutschland denkbar unterschiedliche Wege. Während sich die SPD im Westen schnell zu einer demokratischen Volkspartei (re-)etablierte, wurde sie in der sowjetisch besetzten Zone eliminiert – sowohl organisatorisch durch den erzwungenen Zusammenschluss mit der KPD als auch ideologisch. „Sozialdemokratismus" bekämpften die Machthaber der DDR-Diktatur als Apologie der bürgerlichen Demokratie. Demgegenüber spielten kommunistische Parteien in der freiheitlichen Bundesrepublik keine bedeutende Rolle. Kurt Schumachers markiges Verdikt – „rotlackierte Faschisten" trug dazu bei, dass die Nachkriegs-KPD ihren Widerstands-Bonus nicht in einen nachhaltigen politischen Erfolg ummünzen konnte und die „Erosion der Abgrenzung" (Wolfgang Rudzio) in den späteren Jahrzehnten in Grenzen blieb. Linksextremisten, die sich vom moskauhörigen Kommunismus der KPD/DKP abgrenzten, waren isolierter als dieser. Mit der Annäherung, Kooperation sowie schließlich der Fusion der „Ideologiepartei" PDS und der „Protestpartei" WASG hat jedoch das Spektrum links von der SPD – zumindest ein großer Teil von ihm – begonnen, sich zu konzentrieren, anstatt wie gewohnt zu zersplittern.

Anfangs war das Verhältnis zur WASG für die PDS allenfalls ein Randthema. Umgekehrt galt dasselbe. Man bedachte einander mit Skepsis und Ignoranz. Wer die WASG als Kind der PDS sah, wurde eines besseren belehrt. Der PDS war gleichwohl immer bewusst, allein regionale Verankerung sichere der Partei langfristig keine Überlebenschance. Trübe Aussichten hatten die PDS-Strategen, denn sie rechneten zu dieser Zeit gar mit einem weiteren Schwinden des nach der Niederlage bei der Bundestagswahl 2002 ohnehin schon minimalen bundespolitischen Einflusses. Zuvor hatte die Partei ihrem gesamtdeutschen Anspruch wenigstens durch ihre Präsenz im Bundestag mehr schlecht als recht Genüge leisten können. Alle sonstigen Versuche, die PDS im Westen für andere Milieus als das der alten radikalen Linken zu öffnen, hatten kaum gefruchtet. Ein Teufelskreislauf, denn genau aus diesem Grund waren die Wahlergebnisse in den alten Ländern stets so marginal, dass die PDS bei jeder Bundestagswahl vor der Fünf-Prozent-Hürde zittern musste. Die PDS kam im Westen über die Existenz einer Splitterpartei nicht hinaus.

André Brie beklagte frühzeitig die Abschottung der PDS gegenüber linken Diskursen und ihre fehlende gesellschaftliche Wirkung über das festgefügte Ost-Milieu hinaus. Dabei gebe es inzwischen ein „spürbar gewachsenes Wählerpotenzial links von der SPD", das die PDS „aus geschichtlichen und kulturellen Gründen"[1] aber nicht vollständig erreichen könne. Genau in diese Marktlücke stieß die WASG. Selbstbewusst verkündeten ihre Gründerväter, die Konkurrenz einer PDS nicht zu fürchten, die für einen Großteil ehemals sozialdemokratischer und grüner Wähler nicht in Frage komme. Lange Zeit war André Brie – sieht man von Oskar Lafontaines politischem Freund Gregor Gysi ab – der einzige, der für eine mehr oder weniger vorbehaltlose Öffnung der PDS gegenüber der WASG eintrat: ein Zeichen für die anfangs großen Berührungsängste. Brie war auch der erste in der PDS, der eine ganz pragmatische Rechnung aufmachte: In Deutschland sei kein Platz für zwei linke Parteien, die beide die Fünf-Prozent-Hürde bei Bundestagswahlen überwinden könnten.

---

1 André Brie: Thesen zur Perspektive der Linkspartei: offene Fragen, Probleme, Herausforderungen, in: Michael Brie (Hrsg.): Die Linkspartei. Ursprünge, Ziele, Erwartungen, Berlin 2005, S. 59–65, hier S. 59.

Mit einer gewissen Arroganz sah die PDS in der als „Westveranstaltung"
mit Politikvorstellungen aus den 70er Jahren abqualifizierten WASG
keine Bedrohung, wiewohl vereinzelt Warnungen vor einer ernsthaften
Konkurrenz auftauchten. Eine Zusammenarbeit wurde auf die Zeit
nach einer Bundestagswahl im Jahr 2006 verschoben. Es gab aber – von
den Kommunisten einmal abgesehen – keine klare Abgrenzung. Nur
wenige, wie der aus Westdeutschland stammende PDS-Wahlkampfchef
und spätere Fusionsbeauftragte Bodo Ramelow, sagten kategorisch, eine langfristige Kooperation mit der Wahlalternative komme nicht in
Frage. Offiziell vertrat der PDS-Vorstand eine unverbindliche und ab-
wartende Position: „Die PDS ist offen für einen Dialog mit der Wahlalternative. Notwendig wird er vielen Menschen erscheinen, die eine
weitere Zersplitterung der Kräfte befürchten."[2] Vorstellbar war allenfalls
eine Zusammenarbeit in bestimmten Schwerpunkten.

Die WASG war in ihrer Haltung gegenüber der PDS ebenso gespalten.
Während etwa Klaus Ernst eine Kooperation nicht grundsätzlich ablehnte, strich Axel Troost die Anti-Parteien-Attitüde der WASG heraus:
Sie sei ein breites Wahlbündnis, das gegen die herrschenden Parteien
antreten wolle. Einigkeit herrschte bei der in Aufbruchstimmung befindlichen WASG weitgehend darin, zunächst in Konkurrenz zur PDS in
die Wahlen zu gehen. In – rückblickend betrachtet – grandioser Selbst-
überschätzung rechnete etwa Vorstandsmitglied Thomas Händel damit,
bei der Wahl in Nordrhein-Westfalen aus dem Stand heraus in den
Landtag einzuziehen und später bei den Bundestagswahlen zehn Prozent einzufahren. Die WASG bestand ihre Feuertaufe allenfalls ausreichend. Ganze 2,2 Prozent der Stimmen bekam sie bei den Landtagswahlen. Die PDS hatte mit 0,9 Prozent noch schlechter abgeschnitten. Die
Wahlergebnisse führten beiden Parteien deutlich vor Augen: Mathema-
tisch gesehen ergibt eine Konkurrenzkandidatur wenig Sinn.

---

2 PDS ist offen für einen Dialog mit der Wahlalternative, in: PDS-Pressedienst vom
   26. November 2004.

Doch bis beide Parteien die „günstige Gelegenheit"[3] am Schopf packten und zu kooperieren begannen, bedurfte es erst eines Anstoßes von außen. Es war Ende Mai 2005 die überraschende Ankündigung Gerhard Schröders nach der Wahlniederlage der SPD in Nordrhein-Westfalen, die Bundestagswahl um ein Jahr vorziehen zu wollen. Von da an kamen PDS und WASG relativ schnell überein, gemeinsam in die Wahlen zu gehen. Allerdings war noch Tage nach Schröders Neuwahl-Ankündigung von Kooperationseifer nichts zu spüren. Das Eis brach erst, als der ebenfalls von seiner Partei frustrierte frühere SPD-Chef Oskar Lafontaine und dann Gregor Gysi den Hut in den Ring warfen und sich einem Linksbündnis zur Bundestagswahl als Spitzenkandidaten zur Verfügung stellten. In der Folge suchten beide Parteien hektisch nach Möglichkeiten einer Zusammenarbeit. Eine regelrechte Fusion vor der Wahl im September war schon aus zeitlichen Gründen nicht machbar. Ansonsten setzte das deutsche Wahlrecht Grenzen. Eine Listenverbindung nach Vorbild des italienischen *Olivenbaum*-Bündnisses, wie sie die WASG favorisierte, ist hierzulande ausgeschlossen.

So blieb nur das von der PDS immer schon praktizierte Modell offener Listen. Die WASG-Protagonisten lehnten diese Variante zunächst rundum ab, selbst wenn sie eine Fusion grundsätzlich befürworteten. Sie befürchteten eine Vereinnahmung durch die PDS. In der Tat hatte die WASG einen großen Vertrauensvorschuss zu leisten; nur sie ging ein Risiko ein. Schließlich kontrollierte die PDS den Prozess der Listenbesetzung, weshalb Reibereien nicht ausblieben. Sie allein legte das Wahlprogramm vor und bezahlte den Wahlkampf. Nicht zuletzt deshalb hieß die WASG die offenen Listen am Ende gut. So fand der zur Existenzfrage erhobene gesamtdeutsche Anspruch der „Ostpartei" PDS schnell mit der Einsicht der „Westpartei" WASG zusammen, nur mit einer (finanz-)starken Organisation das Schicksal der Kurzlebigkeit zu vermeiden, dem in Deutschland – abgesehen von den Grünen – bislang alle Protestparteien anheim gefallen waren. Zudem reifte bei der WASG die Einsicht, in den neuen Bundesländern an der PDS nicht vorbeizukommen. Nun lag

---

3 Oliver Nachtwey/Tim Spier: Günstige Gelegenheit? Die sozialen und politischen Entstehungshintergründe der Linkspartei, in: Tim Spier/Felix Butzlaff/Matthias Micus/Franz Walter (Hrsg.): Die Linkspartei. Zeitgemäße Idee oder Bündnis ohne Zukunft?, Wiesbaden 2007, S. 13-69.

es auf der Hand, Synergien zu nutzen. Erstaunlicherweise bot aber die Aussicht, endlich in den Gewerkschaften Fuß fassen zu können, der PDS kein Motiv, auf die WASG zuzugehen. Weder in der Strategie der „Reformer", noch in der Ideologie der KPF spielten die Gewerkschaften eine Rolle.

Die PDS hatte ebenso ihre Kröte zu schlucken. Die WASG machte zu Recht geltend, die Wähler in den alten Bundesländern würden vor PDS-Listen zurückschrecken. Sie stellte deshalb die Bedingung, die Partei solle sich einen anderen Namen geben – um die Neuartigkeit des Wahlprojektes zu demonstrieren. Dies wiederum verlangte den Sozialisten einiges ab. Nicht nur die KPF, sondern auch eine Reihe „Reformer" warnte eindringlich, ein Verzicht auf den alten Parteinamen käme einer Preisgabe der Parteiidentität gleich. Dies ließ erahnen, dass in der PDS der Widerstand gegen eine Erosion des sozialistischen Profils groß sein würde. Mitte Juli 2005 billigte ein Parteitag den Kompromiss, das Kürzel „PDS" nur als Zusatz zu dem neuen Namen „Linkspartei" zu verwenden, mit 75 Prozent. Kurz zuvor hatten die WASG-Mitglieder den Wahlpakt in einer Urabstimmung mit 82 Prozent abgesegnet. Die große Zustimmung überdeckte grundsätzliche Bedenken auf beiden Seiten. Bis dahin hatte der Wahlkalender die Schritte der Kooperation diktiert. Über Programmatik wurde in den Verhandlungen zwischen PDS und WASG kaum geredet, alle Differenzen dem „höheren Zweck" des Wahlerfolgs hintangestellt.

Nach dem fulminanten Erfolg bei der Bundestagswahl am 18. September 2005 kam der Fusionszug ins Rollen. Zugleich taten sich erste Gräben auf, ging es doch von nun an um Inhalte, um eine gemeinsame Programmatik. Was Linkspartei und WASG zunächst trennte, waren unterschiedliche Vorstellungen zur weiteren Vorgehensweise, selbst wenn beide Seiten bekundeten, den Annäherungsprozess ergebnisoffen gestalten zu wollen. Einflussreiche Politiker der PDS drängten zur Eile und gaben die Parole aus: erst den Zusammenschluss, dann die umfassende Klärung programmatischer Fragen. Alles andere führe zu einem verheerenden Streit. Dagegen verwies der WASG-Vorstand auf die eigene Beschlusslage und forderte mehrheitlich, sich zunächst inhaltlich zu verständigen: „Wir wollen die Vereinigung zu einer neuen Partei, allerdings beanspruchen wir Zeit für unumgängliche Klärungsprozesse. Bei einer überhasteten Vereinigung würden ungeklärte politische Probleme unter den Teppich gekehrt."[4]

Diese Sorge war berechtigt, schließlich hatte die Linkspartei bereits erste Pflöcke eingeschlagen. Parteichef Lothar Bisky stellte klar, an dem sozialistischen Transformationskonzept inklusive Regierungsbeteiligungen festhalten zu wollen: „Wir gehen als Partei des Demokratischen Sozialismus in den Parteibildungsprozess und wollen unsere Identität erweitern, nicht preisgeben."[5] „Reformer" Dietmar Bartsch assistierte, das Bekenntnis zum demokratischen Sozialismus sei unverzichtbar. Es sprach wenig dafür, dass die PDS vorhatte, ideologisch-programmatisch klein beizugeben. Die im Dezember 2005 von den Spitzen beider Parteien unterzeichnete und später von den Parteitagen gebilligte „Rahmenvereinbarung" stellte die Frage des „demokratischen Sozialismus" und der Regierungsbeteiligungen zwar der weiteren Diskussion anheim, doch folgende Passage kam einer Vorfestlegung auf die PDS-Ideologie gleich: „Zur Politik der neu gebildeten Partei sollen Widerstand und Protest ebenso zählen wie der Anspruch auf Mit- und Umgestaltung und die Entwicklung über den Kapitalismus hinausweisender gesellschaftlicher Alternativen."[6]

Eher als es der Linkspartei lieb sein konnte, begannen die Fusionsbefürworter mit einer Debatte über die Programmatik der künftigen Partei. Anfang März 2006 legte die „Steuerungsgruppe" beider Parteien – das Gremium war für die Koordination des Fusionsprozesses zuständig – erste „Programmatische Eckpunkte"[7] vor. Während der frühe Termin einer Konzession an die Bedenken der WASG gleichkam, trug das Papier inhaltlich die Handschrift der „Reformer" aus der Linkspartei. Mit deren Chef-Ideologen saß die geballte theoretische Kompetenz im Au-

---

4 Bundesvorstand der WASG: Agenda 2010 abgewählt – Schwarz-Gelb hat keine Mehrheit, Manuskript, 20. September 2005.

5 Lothar Bisky: Der Einigungsprozess dient keinem Selbstzweck, in: PDS-Pressedienst vom 9. Dezember 2005.

6 Kooperationsabkommen III. Rahmenvereinbarung zum Parteibildungsprozess zwischen Linkspartei.PDS und WASG, in: PDS-Pressedienst vom 4. November 2005.

7 Programmatische Eckpunkte auf dem Weg zu einer neuen Linkspartei in Deutschland. Diskussionsgrundlage der gemeinsamen Programmkommission von Linkspartei.PDS und WASG, in: PDS-Pressedienst vom 3. März 2006.

torenteam. In üblicher PDS-Diktion definierten die „Eckpunkte" den „demokratischen Sozialismus" als „transformatorischen Prozess, der in der heutigen Gesellschaft beginnt und zugleich über diese hinausweist." Von einer Politik innerhalb des parlamentarischen Systems – wie sie vor allem die „Sozialstaatsfraktion" der WASG vertrat – war keine Rede, dafür der strategische Ansatz der alten PDS deutlich erkennbar. Man wolle „gesellschaftlichen Protest zusammenführen", sehe aber auch in Regierungsbeteiligungen ein „Mittel gesellschaftlicher Umgestaltung". Über das Grundsatzprogramm der PDS hinaus gingen die „Eckpunkte" jedoch, indem sie sich entschieden gegen die „Privatisierungspolitik" wandten – ein offensichtlicher Widerspruch zur Politik der rot-roten Koalition im Bundesland Berlin.

Was die Fusion als solche betraf, verlief die entscheidende Konfliktlinie nicht zwischen den beiden Parteien, sondern innerhalb der WASG. „Reformer" der Linkspartei und die WASG arbeiteten zielstrebig auf den Zusammenschluss hin; Doppelmitgliedschaften wurden möglich. Die KPF war nun für einen Wahlpakt mit der WASG, deren gewerkschaftlicher Orientierung sie durchaus etwas abgewinnen konnte. Sie lehnte jedoch ein regelrechtes Zusammengehen beider Parteien anfangs strikt ab, weil sie eine weitere „Sozialdemokratisierung" der Linkspartei befürchtete. Später setzte die KPF dem Vorhaben keinen nennenswerten Widerstand mehr entgegen. So lief die Kooperation mit der Linkspartei in den meisten Bundesländern im Großen und Ganzen glatt. In Baden-Württemberg und Rheinland-Pfalz war die dort schwächere Ex-PDS nach einigem Hin und Her bereit, zugunsten der WASG auf eine Teilnahme bei den Landtagswahlen 2006 zu verzichten. Befürchtungen, die West-PDS werde der Kooperation mit der WASG geopfert, verflogen recht schnell.

Dagegen formierte sich in drei Landesverbänden der WASG – namentlich Berlin, Mecklenburg-Vorpommern und Sachsen-Anhalt – entschiedener Widerstand gegen das Projekt. Dort eroberten Fusionsgegner unter zum Teil fragwürdigen Umständen die Macht. Parteitage wurden in internem Streit abgebrochen, Vorstände gaben auf und traten zurück. In Berlin und Mecklenburg-Vorpommern waren die rot-roten Koalitionen dem Vorwurf des sozialen Kahlschlags ausgesetzt. Die Berliner WASG fuhr gegenüber der PDS schwere Geschütze auf und verlangte die Rücknahme von Regierungsbeschlüssen. Der WASG-Verband legte es zudem darauf an, bereits vereinbarte Schritte der Kooperation zu torpedieren und auf Bundesebene erst noch zu treffende Entscheidungen in seinem Sinne vorwegzunehmen. So lehnte ein Landesparteitag die oben erwähnte „Rahmenvereinbarung" mit der Begründung ab, diese schreibe bereits programmatische Positionen der Linkspartei fest.

Vor großen Problemen standen die Fusionsbefürworter, als die WASG-Verbände in Berlin und Mecklenburg-Vorpommern entgegen der geltenden Beschlusslage entschieden, in Konkurrenz zur Linkspartei in die Landtagswahlen zu gehen. Von diesem Kurs waren sie weder durch Gesprächsangebote noch durch Drohungen mit Parteiausschlüssen und anderen Sanktionen abzubringen. Auch das schlechte Abschneiden der WASG bei den Wahlen in den West-Ländern Baden-Württemberg und Rheinland-Pfalz im März 2006 belehrte die Fusionsgegner keines besseren. Obendrein barg deren Separatismus eine nicht unerhebliche Gefahr für die gemeinsame Bundestagsfraktion, dürfen doch laut Geschäftsordnung des Parlaments konkurrierende Parteien keine Fraktionsgemeinschaft bilden.

Natürlich steckten ideologische Motive hinter dieser Renitenz; die Regierungspolitik der PDS – die bei fast allen übrigen Beteiligten nicht gerade auf Gegenliebe stieß – bot nur einen wohlfeilen Anlass, die Fusion zu verhindern. Die Vorstände von Linkspartei und WASG waren mit dem Problem sichtlich überfordert. Zunächst schaute die Mehrheit des Bundesvorstandes der WASG monatelang zu. Erst im Februar 2006 kam eine Gegenbewegung in Gang, nämlich die auf Betreiben der Linkspartei angeschobene Initiative für eine Urabstimmung darüber, den Fusionsprozess nicht mehr wie ursprünglich vereinbart ergebnisoffen, sondern ergebnisorientiert zu führen. Die Berliner WASG reagierte darauf mit dem heuchlerischen Vorwurf, das Verfahren sei undemokratisch und von oben gesteuert. Dem Votum der Basis sprachen sie die Legitimation ab, dem Bundesparteitag der WASG, der dann im April für ein Zusammengehen mit der Linkspartei stimmte, das Entscheidungsrecht.

Tatsächlich hatten sich die Fusionsgegner selbst wenig um die innerparteiliche Demokratie geschert und ihren Konfrontationskurs ohne Rücksicht auf Verluste und Entscheidungen auf Bundesebene verfolgt. Sie betrieben eine Politik der vollendeten Tatsachen. Nach dem eindeutigen Ergebnis der Urabstimmung – 78,3 Prozent hatten für den Zusammenschluss votiert – änderte die Berliner WASG nochmals ihre Taktik. Vordergründig hieß es, man sei ebenfalls für die Vereinigung der Linken. Doch eigentliches Ziel der Berliner WASG war die Gründung einer linkssozialistischen Klassenkampfpartei. Ihre eigenen Kämpfe trug sie bezeichnenderweise hauptsächlich mit der Linkspartei aus, kaum mit anderen Parteien, obwohl doch die SPD in dieser Sicht ebenfalls an der „neoliberalen" Politik in der Bundeshauptstadt beteiligt war. Dass sich die „Berlin-Krise" später mit dem Zusammenschluss beider Parteien gleichsam in Luft auflöste, gibt Aufschluss über die Motive der SAV. Während andere Linksextremisten die neue Formation als wohlfeile Plattform begrüßten, gründeten die Sektierer der SAV – ideologisch rein – eine eigene Organisation. Etwa 200 der rund 800 Berliner WASG-Mitglieder traten am Ende der fusionierten Linken bei. Der Rest machte zu einem Gutteil in Spaltprodukten des im Abseits stehenden Landesverbandes mit.

Zunächst hatte der separatistische Kurs der Berliner WASG durchaus Auswirkungen auf die gesamte Partei. Nicht dass die Mehrheit der Fusionsbefürworter geschmolzen wäre, doch die Auseinandersetzungen führten zu einer zunehmenden Blockbildung, auch im Vorstand. Der Länderrat der WASG, das höchste Gremium zwischen den Parteitagen, stimmte Anfang März 2006 nur knapp gegen einen Dringlichkeitsantrag aus Schleswig-Holstein, den eigenständigen Wahlantritt der Berliner zu billigen; und ebenso knapp scheiterte die Verurteilung der Urabstimmung. Überraschend votierte dann der Bundesvorstand – in dem eigentlich kein einziger Fusionsgegner saß – dagegen, die Berliner WASG wieder von der Landtagswahl abzumelden. Namentlich Sabine Lösing, Thies Gleiss und Rainer Spilker hatten sich gegen Klaus Ernst, Oskar Lafontaine und den ebenfalls zur WASG gestoßenen ehemaligen baden-württembergischen SPD-Chef Ulrich Maurer positioniert, denen sie billige Verschwörungstheorien von einer linken Unterwanderung und Spaltungsszenarien vorwarfen. Im Gegenzug kritisierte Klaus Ernst die Entscheidung als fatal. Die Fusion der Parteien sei gefährdet. Immerhin habe sich der Bundesvorstand über die Vereinbarung mit der Linkspartei hinweggesetzt.

Der Dissens im Bundesvorstand geht auf die Anfänge der WASG zurück. Die aus der *Wahlalternative* stammenden Funktionäre votierten für einen Bewegungscharakter der Partei. Sie versuchten, die große Einheit der WASG zu bewahren und waren deshalb gegen administrative Maßnahmen mit Blick auf die „Berliner". Demgegenüber setzten Politiker der früheren ASG auf eine starke Führung; sie nahmen als *ultima ratio* die Spaltung der WASG in Kauf. Der Konflikt endete auf dem Ludwigshafener Parteitag Ende April 2006 mit dem Rücktritt der „Strömungslinken" im Bundesvorstand, unter ihnen Joachim Bischoff und Björn Radke. Die Delegierten hatten deren Antrag abgelehnt, der politisch-programmatischen Konsolidierung der WASG Vorrang vor einem offensiven Vorgehen gegenüber dem Berliner Landesverband einzuräumen. Stattdessen fand ein anderer Antrag relativ deutliche Zustimmung, der den Bundesvorstand ermächtigte, „alle Maßnahmen zu prüfen und gegebenenfalls zu ergreifen, um dem Willen des Bundesparteitages Geltung zu verschaffen."[8] Mitte Mai schließlich schritt der Bundesvorstand zur Tat; er entmachtete die Führungsgremien in Berlin und Mecklenburg-Vorpommern – eine Entscheidung, die das Landgericht Berlin kurz danach für nichtig erklärte.

Die Maßnahme war jedoch ganz im Sinne der Linkspartei. Auch sie stand dem Katz-und-Maus-Spiel der Berliner WASG – Mecklenburg-Vorpommern wurde ob der personellen Schwäche der dortigen WASG nicht als Problem angesehen – zunächst ratlos gegenüber. Immer wieder forderte sie die WASG-Führung um Klaus Ernst auf, einzugreifen, die Fusionsdebatte zu beenden und den Berliner Landesverband zum Verzicht auf eine Konkurrenzkandidatur zu zwingen. Von sich aus suchte die Linkspartei das Gespräch mit den Dissidenten; sie unterbreitete ihnen programmatische Angebote – erfolglos. Zusammen mit dem Bundesvorstand der WASG und der *Initiative Rixdorf*, in der die wenigen Fusionsbefürworter der Berliner WASG zusammenfanden, legte die

---

8 Initiativantrag zum Parteibildungsprozess und Konkurrenzkandidaturen, Manuskript, 29. April 2006.

Linkspartei „Inhaltliche Positionen für einen gemeinsamen Wahlkampf"[9] in Berlin vor. Das Papier werteten selbst die „Strömungslinken" in der WASG als Zeichen des Veränderungswillens der Linkspartei: „Im Rückblick auf die bisherige Regierungspolitik der SPD und der Linkspartei. PDS enthält diese programmatische Ausrichtung für den Wahlkampf in Berlin eine deutliche Korrektur und Selbstkritik."[10] Die Berliner WASG jedoch hatte die „Inhaltlichen Positionen" ohne viel Federlesens abblitzen lassen.

Der Einbruch der Linkspartei bei den Wahlen zum Berliner Abgeordnetenhaus im September 2006 blies den „Reformern" Wind ins Gesicht. Sie gerieten im weiteren Verhandlungsverlauf in die Defensive. Die Folge: Die beiden späteren Versionen der „Eckpunkte" erklärten den „demokratischen Sozialismus" zur Privatsache. Dies entfachte nicht nur bei den „Reformern" der Linkspartei einen Sturm der Entrüstung. Auch die Linksaußen-Fraktionen beider Parteien sprachen von „Rückschritt" und einem „Tiefpunkt" im Fusionsprozess. Um die ideologischen Gräben zu überbrücken, mussten Linksparteichef Lothar Bisky und die beiden Vorsitzenden der Linksfraktion im Bundestag, Gregor Gysi und Oskar Lafontaine, einspringen. Eindringlich warben sie dafür, im künftigen Programm ein klareres Bekenntnis der neuen Partei zum „demokratischen Sozialismus" zu formulieren.[11] Am Ende konnten sie durchsetzen, dass die Vorstände beider Parteien in der vierten Variante der „Eckpunkte" folgenden – auf dem Dortmunder Doppelparteitag im März 2007 so beschlossenen – Satz akzeptierten: „Die Ideen des „demokratischen Sozialismus" stellen zentrale Leitvorstellungen für die Entwicklung der politischen Ziele der Linken dar."[12] Mit dieser Formulierung – sie bietet ausreichend Interpretationsspielraum – hatte sich die

---

9 Inhaltliche Positionen für einen gemeinsamen Wahlkampf in Berlin, in: PDS-Pressedienst vom 14. April 2006.
10 Joachim Bischoff/Murat Cakir/Sabine Lösing/Björn Radke/Ulrike Zerhau: Erklärung von Mitgliedern des Bundesvorstandes, Manuskript, 6. April 2006.
11 Vgl. Lothar Bisky/Gregor Gysi/Oskar Lafontaine: Klarere Bestimmung der programmatischen Richtung. Antrag an die Parteivorstände von Linkspartei.PDS und WASG, Manuskript, 17. November 2006.
12 Programmatische Eckpunkte. Programmatisches Gründungsdokument der Partei DIE LINKE. Beschluss der Parteitage der WASG und der Linkspartei.PDS, in: Disput, 4/2007.

WASG zwischenzeitlich abgefunden. Die Kommunisten in beiden Parteien jedenfalls begrüßten die Formel.

Ein ähnliches Hin und Her gab es in Sachen Regierungsbeteiligung, wobei die von der rot-roten Koalition in Berlin geplante Privatisierung der Landesbank zum Lackmustest linker Politik schlechthin erhoben wurde. Oskar Lafontaine, der im Gegensatz zu den „Reformern" seinerzeit mit einer Machtbeteiligung im Bund liebäugelte, setzte die Linkspartei massiv unter Druck: Sollte die Bank verkauft werden, müsse die Ex-PDS raus aus der Berliner Koalition. Die „Reformer" befürchteten nun, die Tür zur SPD könnte zufallen. Doch das Vereinigungsprojekt gedachte auch die WASG nicht ernsthaft zu gefährden. Kurz vor den Dortmunder Parteitagen konnte Lafontaine der rot-roten Koalition in Berlin plötzlich Positives abgewinnen – schließlich wollte er trotz des wachsenden Ärgers in der ehemaligen PDS Chef der neuen LINKEN werden. In Dortmund argumentierten zahlreiche Anträge für „klare Kriterien" beim Mitregieren, was heftige Debatten auslöste. Die WASG verlangte unter anderem, die Privatisierung allen öffentlichen Eigentums zu verbieten und den Personalabbau im öffentlichen Dienst zu stoppen. Die Linkspartei wollte da nicht mitmachen; und so blieb es bei eher vagen Absichtserklärungen. Die „Eckpunkte" schrieben lediglich den Schutz der „öffentlichen Daseinsvorsorge" vor Privatisierungen fest. Harald Wolf in Berlin konnte mit diesem Beschluss gut leben.

In Dortmund liquidierten sich beide Organisationen formal, um als gemeinsame Formation neu entstehen zu können. „DIE LINKE" sollte sie heißen, „anmaßend und schön" – so jedenfalls kommentierte Gregor Gysi den neuerlichen Namenswechsel. Die Zustimmung zur Vereinigung war eindeutig. 97 Prozent der Linkspartei- und 88 Prozent der WASG-Delegierten votierten mit Ja. Die Parteien tagten in zwei benachbarten Sälen. Die Entscheidungen der einen Seite mussten von der anderen abgesegnet werden. Wer dabei war, hat ein Bild von einem zähen Ringen um Formulierungen und semantische Hintertürchen bekommen. Manch einer verlor in dem Hin und Her den Überblick. Das galt nicht nur für die Diskussion um Regierungsbeteiligungen, sondern auch bei einem weiteren heiklen Thema, den Auslandseinsätzen der Bundeswehr. Sie waren laut „Eckpunkte"-Entwurf „im Wesentlichen zu verneinen". Die Linkspartei verschärfte den Text, indem „im Wesentlichen" wegfiel. Der WASG war das zu wenig. Sie wollte Kampfeinsätze – selbst Friedensmissionen unter UN-Mandat – generell „ablehnen", wobei wiederum die Linkspartei nicht mitzog. Schließlich wurde „ablehnen" durch das weichere „verneinen" ersetzt – und fertig war der Kompromiss.

Auf offene Ohren sowohl der Linkspartei als auch der Kommunisten beider Seiten durfte die Rede Oskar Lafontaines gestoßen sein. Er bezeichnete die künftige LINKE als einzige Partei, die die Systemfrage stelle. Die „Eckpunkte" gaben sich insgesamt antikapitalistischer als die Ausführungen im Chemnitzer Programm der PDS. Statt von einer „Dominanz des Profits" war nun von „kapitalistischen Herrschaftsverhältnissen" die Rede. Radikaler fiel auch die Passage zum Eigentum aus: „Die Demokratisierung der Wirtschaft" erfordere, „die Verfügungsgewalt über alle Formen des Eigentums sozialen Maßstäben unterzuordnen." Zugleich blieb der Sozialismus als Ziel festgeschrieben. Die KPF begrüßte dies alles ausdrücklich, scheiterte aber mit dem Versuch, die Passage des Chemnitzer PDS-Programms, wonach die DDR als „antifaschistischer" Staat in „berechtigtem Gegensatz zur Weiterführung des Kapitalismus in Westdeutschland" gestanden habe, in die „Eckpunkte" zu bekommen. Das Papier erwähnt die DDR nicht; stattdessen findet sich die Formulierung wieder: „Wir lehnen jede Form von Diktatur ab und verurteilen den Stalinismus als verbrecherischen Missbrauch des Sozialismus." Offen blieb freilich, ob die neue Organisation nun eine „anti-neoliberale" Sammlungsbewegung oder eine sozialistische Richtungspartei sein sollte, wenngleich die Waage sich zur zweiten Seite hin neigte.

Das Ergebnis der Dortmunder Parteitage stieß jedenfalls quer durch beide Organisationen auf großen Zuspruch – bezeichnenderweise selbst auf Seiten der ideologischen Linksausleger. Die allgemeine Euphorie wurde zusätzlich geschürt durch den Ausgang der Landtagswahlen in Bremen im Mai 2007. Erstmals war DIE LINKE in ein westdeutsches Parlament eingezogen – wie zum Beweis für die Richtigkeit der großen Worte und der fast schon theatralischen Inszenierung auf dem Vereinigungsparteitag in Berlin einen Monat später. Zwischenzeitlich hatten Urabstimmungen in Noch-Linkspartei und Noch-WASG die Fusion mit 96,9 bzw. 83,9 Prozent Zuspruch besiegelt. Oskar Lafontaine gab kurz darauf seine Kandidatur zum Co-Vorsitz der neuen Partei bekannt, an der Seite von

Lothar Bisky. Der Optimismus kannte keine Grenzen: Bisky rechnete der LINKEN dauerhaft zweistellige Wahlergebnisse aus, Lafontaine sah die Partei schon als drittstärkste Kraft in ganz Deutschland.

Der Berliner Gründungsparteitag im Juni wählte Lafontaine mit 87,9 und Bisky mit 83,6 Prozent zur neuen Doppelspitze der gemeinsamen Partei. Organisatorisch war die Linkspartei der WASG weit entgegengekommen. Diese sicherte sich langfristige Privilegien in der LINKEN. Trotz des weit geringeren Mitgliederanteils stellt die WASG 42 Prozent der Delegierten und die Hälfte des neu gewählten Vorstandes. Programmatische oder strategische Entscheidungen fielen in Berlin nicht. Während Harald Wolf die „Regierungskritiker" beruhigen konnte, dass die Landesbank an einen Sparkassenverband und nicht an ein privates Kreditinstitut verkauft werde, fiel Lothar Bisky in Lafontaines Parolen ein und konstatierte wiederholt: „Wir stellen die Systemfrage!". „Freiheit durch Sozialismus!", rief Biskys neuer Kompagnon den Delegierten zu und erntete von allen Seiten minutenlangen Applaus. „Freiheit *und* Sozialismus" hatte es früher einmal bei den PDS-„Reformern" geheißen.

Der Zusammenschluss war nun vollendet. Er wurde hauptsächlich von den beiden Machtzentren in der PDS und der WASG durchgesetzt, die die „Reformer" auf der einen, die „Sozialstaatler" auf der anderen Seite dominierten.[13] Alles in allem hatte hauptsächlich die PDS die Fusion vorangetrieben, während in der WASG stets die Sorge mitschwang, vom großen Bruder im Osten schlicht einverleibt zu werden. Als die Fusion in eine Krise schlitterte, ging die PDS aber immer auf die WASG ein, versuchte zu vermitteln und gab vorübergehend auch strategisch-ideologisch nach. Dennoch war das programmatische Profil der PDS am Ende ausgeprägter als das der WASG, wozu Lafontaines Einsatz für einen „demokratischen Sozialismus" in der Endphase in erheblichem Maße beigetragen haben dürfte. Gegner der Fusion verstummten schnell. Bald war die Berliner WASG die einzige nennenswerte Kraft, die sich mit aller Macht dagegen stemmte. Paradoxerweise hat der Widerstand der Fusionsgegner den Effekt hervorgerufen, dass die „Sozial-

---

13 Vgl. dazu die ausführliche Analyse von Matthias Micus: Stärkung des Zentrums. Perspektiven, Risiken und Chancen des Fusionsprozesses von PDS und WASG, in: Spier/Butzlaff/ders./Walter (Anm. 3), S. 185-237.

staatsfraktion" der WASG und die PDS-„Reformer" den Prozess be-
schleunigten. Zuletzt ging es nur noch um das Wie, nicht mehr um das
Ob.

Der Zusammenschluss war aber auch eine Fraktionierung. Je mehr
Tempo der Fusionszug aufnahm, desto deutlicher formierten sich die
ideologischen Strömungen, um ihre jeweiligen Positionen in der neuen
Partei durchzusetzen. Denn nach wie vor sind die Programmfragen un-
geklärt; die „Eckpunkte" bildeten nur ein Provisorium. Anders als es bei
der PDS üblich war, arbeitete die dafür zuständige Kommission unter
Ausschluss der Öffentlichkeit. Selbst die Partei wurde über den Stand
der Programmverhandlungen im Unklaren gelassen. Die Erfolgsserie
der LINKEN bei den anschließenden Landtagswahlen in Hessen, Niedersachsen und Hamburg überdeckte nur die Fortsetzung der ideologischen Auseinandersetzungen. Neue, überraschende Allianzen entstanden, neue Fronten taten sich auf, und sie verliefen komplizierter, als es
früher in der PDS der Fall war.

2. Fronten und Allianzen

Vier Protagonisten ringen um die programmatische Lufthoheit in der
Partei. Auf Seiten der Ex-Linkspartei sind es erstens die „Reform"-Ideo-
logen, zweitens die „Pragmatiker". Auf Seiten der Ex-WASG ist – drittens – die „Sozialstaatsfraktion" relevant, die jedoch in den Auseinandersetzungen etwas unterging, während die „Strömungslinken" gar keine eigenständigen Akzente mehr setzten. Aus beiden Parteien und von
außerhalb kommend schlossen sich – viertens – orthodoxe Kommunisten, Trotzkisten und andere radikale Linke zu neuen Netzwerken zusammen. Eine Sonderrolle spielt Oskar Lafontaine. Als Chef der LIN-
KEN zettelte er durchaus eine interne „Kulturrevolution" an. In den
Reihen der früheren Linkspartei verbreitete sich zunehmend Unmut
über den neuen Chef an der Seite des alten. Im März 2007 räumte Gregor Gysi erstmals Unstimmigkeiten mit Lafontaine ein. Nicht nur an
seinen autoritären Führungsstil mussten sich die Genossen gewöhnen.
Lafontaines verbale Volten in Sachen Regierungsbeteiligung – im Januar

2008 strich er gemeinsam mit Gysi und Bisky wieder einmal die Erfolge der Koalition in Berlin heraus[14] – und „demokratischer Sozialismus" sind weniger seinen wechselnden Überzeugungen entsprungen, sondern dienten vor allem der Machtsicherung in der vereinigten Partei.

Lafontaine stand aus Sicht der „Reformer" und „Pragmatiker" für eine unerwünschte populistische Re-Ideologisierung der LINKEN. Einen Vorschuss von den Kommunisten hatte er schon bekommen. „Wir unterstützen Oskar Lafontaines Feststellung: Die Linke muss die Systemfrage stellen",[15] proklamierte beizeiten die KPF. Schon nach dem Debakel bei den Berliner Abgeordnetenhauswahlen hatten Lafontaine, die KPF und die „Sozialstaatsfraktion" der WASG ins selbe Horn gestoßen und nicht nur die rot-rote Koalition, sondern auch die – vermeintlich – „staatsferne" Ideologie der „Reformer" und deren Berufung auf „Freiheitsrechte" attackiert. „Es nützt den Hungernden nichts", sagte Lafontaine, „wenn sie ihre Meinung frei äußern dürfen." Von der kommunistischen Auffassung, hehre Ziele legitimierten weniger hehre Mittel, wich Lafontaine damit nicht allzu weit ab. Sahra Wagenknecht assistierte prompt, ein „Zuviel" an Demokratie sei für den Untergang der DDR verantwortlich gewesen.

Was der ehemalige SPD-Vorsitzende mit der Parole „Freiheit durch Sozialismus" meinte, führte er in einem in der *Frankfurter Allgemeinen Zeitung* veröffentlichten Aufsatz aus.[16] Den geneigten Leser ließ er wissen, dass DIE LINKE den „demokratischen Sozialismus" als „Gegenentwurf zum kapitalistischen Wirtschaftssystem" versteht, womit er weit über die ursprüngliche WASG-Programmatik hinausging. Lafontaine rückte auch insofern an Forderungen der Kommunisten heran, als er verlangte, „Schlüsselbereiche der Wirtschaft einer demokratischen und gesellschaftlichen Kontrolle zu unterwerfen" und dabei auf den Staat setzte. Dessen Aufgabe sei es, „wirtschaftliche Machtgruppen aufzulö-

---

14 Oskar Lafontaine/Lothar Bisky/Gregor Gysi: Information zur Politik in Berlin, Manuskript, Januar 2008.

15 Bundeskonferenz der Kommunistischen Plattform: Wir bleiben, was wir waren und sind: In der Partei DIE LINKE organisierte Kommunistinnen und Kommunisten, in: Mitteilungen der Kommunistischen Plattform, 12/2007, S. 2-4, hier S. 2.

16 Oskar Lafontaine: Freiheit durch Sozialismus, in: Frankfurter Allgemeine Zeitung vom 9. Juli 2007.

sen oder ihre Funktionen zu begrenzen". Ein „starker Staat" ermögliche „eine freie Gesellschaft", so wie „Machtkontrolle" die Voraussetzung für Demokratie sei – ein Affront gegenüber so manchem „Pragmatiker" in der LINKEN. Wie die alte PDS beklagte Lafontaine jedoch, die Demokratie habe sich vom Volk entfernt. Konform mit den „Reformern" ging er in seinem Appell: „Wir müssen mehr Demokratie wagen, vor allem mehr direkte Demokratie."

Der Machtmensch an der Spitze der LINKEN hat den „libertären" Anwandlungen der „Pragmatiker" nicht nur ideologisch den Kampf angesagt. In Brandenburg und Sachsen-Anhalt sorgte Lafontaine nachgerade für Aufruhr. In dem ersten Bundesland war schon 2006 Thomas Falkner aus dem Umfeld Lafontaines heraus unter Beschuss geraten; er sei als Fraktionsmitarbeiter untragbar. Falkner – später strategischer Kopf der LINKEN in Brandenburg – hatte Lafontaines Forderung nach einem „Systembruch" kritisiert. Auch Vorstandsmitglied Katja Kipping, in der „libertären" Strömung *Emanzipatorische Linke* führend tätig, fühlte sich von Lafontaine „gemobbt". Den Landesverband Sachsen-Anhalt versuchte der frühere SPD-Chef sogar persönlich – aber vergeblich – zur Raison zu bringen. Dort hatten die „Pragmatiker" der Linkspartei ein von Lafontaine in Einklang mit den Kommunisten verteufeltes programmatisches Anti-WASG-Papier auf einem Landesparteitag durchgesetzt. Der Fusionspartner, hieß es da, idealisiere mehrheitlich den traditionellen Sozialstaat, anstatt auf die Bürgergesellschaft und marktwirtschaftliche Mechanismen zu setzen.[17]

Die „Dessauer Erklärung"[18] der Fraktionsvorsitzenden war gegen Lafontaines zunehmende Kritik an der Regierungspolitik gerichtet. Das Papier strich die Errungenschaften von Rot-Rot in Berlin heraus. Ohne die Linkspartei hätte es keine Gemeinschaftsschule, keine Verbesserung bei den Wohnkosten für Arbeitslose und kein Sozialticket für die U-Bahn gegeben. DIE LINKE verharre immer „in einem Spannungsver-

17 Die Linkspartei.PDS Sachsen-Anhalt: Offen für Veränderung – offen für Dialog. Die neue Linke. Ein Beitrag zur Programmdebatte, Manuskript, 24. September 2006.
18 Dessauer Erklärung der Konferenz der Fraktionsvorsitzenden der Linkspartei.PDS, Manuskript, 16. Februar 2007.

hältnis zwischen ihrer grundlegenden Kritik am kapitalistischen System und dem Anspruch, praktische Veränderungen im Interesse der Menschen zu erreichen." Gregor Gysi leistete den „Pragmatikern" Argumentationshilfe. Das Engagement der Partei für eine soziale Ausrichtung der kapitalistischen Wirtschaftsordnung, schrieb Lafontaines Partner an der Spitze der Bundestagsfraktion, sei „eigentlich sozialdemokratische Politik", aber eben nur eine Seite der Medaille. Denn „diese Schritte sind notwendig, um überhaupt wieder gesellschaftliche Gestaltungsmacht zurückzugewinnen."[19] In ihrer Lafontaine-Kritik schlossen sich „Reformer" und „Pragmatiker" zusammen.

Konflikte entzündeten sich ebenso in ideologischer Hinsicht. Die „Reform"-Ideologen bemängelten, im „Erneuerungsprozess" träten „gegensätzliche Auffassungen über das Kapitalismusverständnis und den von ihr angestrebten demokratischen Sozialismus zutage."[20] Das war durchaus an die Adresse Lafontaines gerichtet, der in geistiger Verwandtschaft mit den marxistischen Traditionalisten antikapitalistische Positionen eingenommen – und in den „Eckpunkten" durchgesetzt hatte. Griff die WASG den „demokratischen" PDS-Sozialismus während des Fusionsprozesses noch „von rechts" an, tat es Lafontaine nun „von links". Die PDS war, was die Regierungspraxis in Berlin anlangte, tatsächlich näher an der Schröder-SPD als die WASG, deren Protagonisten nach der Fusion die „Bindung an ein traditionskommunistisches Milieu"[21] suchten und die Distanz zur SPD wachsen ließen. Oskar Lafontaine, Ulrich Maurer und Norman Paech standen nun zusammen mit Diether Dehm und Sahra Wagenknecht für einen regressiven Antikapitalismus – und damit gegen „Reformer" und „Pragmatiker" der alten PDS. In einem *Spiegel*-Interview warnte André Brie Ende Juli 2007 gar vor einer „Re-SEDisierung" der Partei. Er befürchtete, Lafontaine könne DIE LINKE in die Feindschaft zur SPD treiben.

---

19 Gregor Gysi: Ende der Geschichte? Über die Chancen eines modernen Sozialismus, Berlin 2007.

20 Dieter Klein/Michael Brie: Elementare Fragen neu bedenken, in: rls-standpunkte, 2/2007.

21 Ivo Bozic: Parteifusion: Die reaktionäre Linke kommt aus dem Westen, in: junge Welt vom 16. Juni 2007.

Der Schulterschluss altlinker Gewerkschafter aus der WASG mit den Kommunisten aus der PDS trieb besonders das *Forum Demokratischer Sozialismus* (FDS) um. Es war während der Krise nach dem Geraer Parteitag einer „reformerischen" Gegenbewegung entsprungen, die sich zunächst in den beiden Gruppierungen *Reformlinke* und dem *Forum 2. Erneuerung* manifestiert hatte. Während des Fusionsprozesses kam im FDS die jüngere Generation der Berliner „Regierungslinken" zusammen – Stefan Liebich etwa, Harald Wolf und Klaus Lederer –, die es sich hoch anrechnete, zugleich den Haushalt konsolidiert und den Armen billige U-Bahn-Fahrten verschafft zu haben. Das Forum beabsichtigte, die Ideologie der „Reformer" gegen die Widerstände aus WASG und Kommunisten durchzusetzen. Es plädierte für „soziale Menschenrechte" und „individuelle Freiheit", warb für das „strategische Dreieck" der PDS, warnte davor, dass die neue Partei zu einer „antikapitalistischen Sammlungsbewegung" verkommt, und forderte, linke Politik nicht auf die Oppositionsrolle zu reduzieren.[22] Die SPD, so hieß es, habe den „demokratischen Sozialismus" aufgegeben und durch eine „soziale Demokratie" ersetzt. Dies aber reiche nicht aus, schließlich gehe es um eine „Transformation der Gesellschaft."[23]

Das Insistieren auf Koalitionen mit der SPD sollte das FDS eigentlich nicht nur mit den „Pragmatikern", sondern auch mit dem auf eine Machtbeteiligung im Bund spekulierenden Lafontaine zusammenbringen, was aber, wie gesagt, nicht der Fall war. Eine Allianz aus „Pragmatikern" und „Sozialstaatlern" kam in der LINKEN jedenfalls nicht zustande, weil diese sich mit Lafontaine im Boot ideologisierten und damit in die entgegengesetzte Richtung entwickelten als jene. Die Ex-WASG entfernte sich augenscheinlich immer weiter von den PDS-„Reformern", die sie ursprünglich links, dann aber rechts stehen ließ. Im Fusionsprozess bauten die „Reformer" auf die Unterstützung der Kommunisten, als es noch darum ging, den „demokratischen Sozialismus" zu retten. Nach der Vereinigung rückten die Kommunisten auch ideologisch mit

---

22 Forum Demokratischer Sozialismus: DIE LINKE bejahen, die Gesellschaft verändern. Beschlussentwurf für eine Erklärung zur Geburtsstunde der neuen Partei, Manuskript, Juni 2007.

23 Forum Demokratischer Sozialismus: Stell dir vor, es ist Sozialismus, und keiner geht weg!, Manuskript, Februar 2007.

den „Sozialstaatlern" zusammen, um die Partei gegen „Reformer" und „Pragmatiker" in Stellung zu bringen. Diejenigen Kräfte, die sich gegenüber den drei letztgenannten Lagern von vornherein als „antikapitalistischer", „oppositioneller", „sozialistischer" oder „kommunistischer" verstanden haben, hatten sich schon während des Fusionsprozesses in zwei Strömungen formiert.

Die *Antikapitalistische Linke* (AKL) und die *Sozialistische Linke* (SL) decken sich weitgehend in ihren Zielen. Im Vergleich zur KPF sind sie ideologisch diffuser und weniger straff organisiert. Mitglieder der „orthodoxen" PDS-Gruppen traten vor allem in der AKL auf, Sahra Wagenknecht etwa oder Ulla Jelpke. Von der WASG kamen unter anderem Thies Gleiss und Sabine Lösing. Die AKL hatte sich der Durchsetzung „antikapitalistischer Positionen" im Programm der LINKEN verschrieben. Als die Fusion noch eine „Baustelle" war, befürchtete sie einen Pakt zwischen den ideologischen Gegnern in beiden Parteien: „Die schlechteste aller denkbaren Varianten bestünde in der Kombination eines regierungsorientierten Pragmatismus, entsprechend etwa der dominierenden Strömung der PDS-Berlin, mit dem Verzicht auf programmatischen Antikapitalismus und sozialistisches Ziel, wie von einzelnen Vertretern der WASG gefordert."[24]

Programmatisch vertrat die AKL fundamentalistische Positionen, etwa in der Verteidigungspolitik: Abschaffung der NATO, radikale Abrüstung, „Schließung aller Militärbasen in Deutschland", keine Auslandseinsätze der Bundeswehr, auch nicht mit UN-Mandat. Ansonsten wandte sie sich gegen Privatisierungen, und sie verfocht einen „konsequenten Antifaschismus". Es seien „die bestehenden Eigentums- und Machtverhältnisse, die faschistoiden Entwicklungen den Boden bereiten."[25] Die *Antikapitalistische Linke* trat wie die KPF als Bewahrerin des Chemnitzer PDS-Programms auf, vor allem solcher Einlassungen, die danach trachteten, die Entstehung der DDR mit hehren Motiven auszustatten. Eine eindeutig orthodox-kommunistische Ideologie legte die AKL jedoch nicht an den Tag. Sie plädierte zudem für eine „klare und offensive Opposi-

---

24 Für eine antikapitalistische Linke, Manuskript, März 2006.
25 Antikapitalistische Linke: Die Linke bewegen – Gesellschaft verändern! Abschlusserklärung der bundesweiten Konferenz in Erfurt, Manuskript, 10. März 2007.

tionsstrategie".[26] Der neoliberalen Politik sei nicht am Kabinettstisch, sondern nur auf der Straße und im Parlament zu begegnen.

Spätestens mit dem Vereinigungsparteitag eröffnete die KPF den ideologischen Kampf gegen das FDS, den Lafontaine ebenso führt. Die Plattform sorgte sich, dass das Forum, „ausgestattet mit beträchtlichen logistischen Möglichkeiten, im Rahmen der Programmdebatte alle Anstrengungen darauf richtet, die politische bzw. programmatische Linie der Partei zu dominieren."[27] Das FDS scheine sich, so mutmaßte die Plattform, „zu einer geballten Kraft zu entwickeln, die darauf hinarbeitet, in allen entscheidenden Eckpunkten für eine Regierungskoalition im Bund vorbereitet zu sein."[28] Deshalb forderte die KPF, alle „antikapitalistischen Kräfte" unter dem Dach der AKL zusammenzuführen. Unfreiwillig – und auch ungerechtfertigt – hatte die Plattform dem FDS implizit unterstellt, es leiste Lafontaines Gedankenspielen über ein Mitregieren im Bund Schützenhilfe.

Organisatorisch verstand sich die AKL zunächst als ein eher loser Zusammenschluss, der den verschiedensten innerparteilichen Strömungen und Plattformen ein „sozialistisches" Netzwerk anbot. Nach der Fusion fiel es ihr schwer, ihren künftigen Status und die Rolle in der Partei zu klären. Die „Koordination" der AKL – eine Führungsgruppe um die Bundestagsabgeordneten Sahra Wagenknecht, Nele Hirsch und Ulla Jelpke – wollte keinen formalisierten, mit innerparteilichen Privilegien ausgestatteten Zusammenschluss nach Vorbild der KPF. Diese beharrte zudem auf ihrer organisatorischen Eigenständigkeit unter „klarer Bewahrung unserer kommunistischen Identität" und wollte – trotz ihres Einsatzes für eine breite Front gegen das FDS – allenfalls ein „Bündnis in Sachfragen" zulassen. Andere, vor allem aus dem Westen kommende

---

26 Antikapitalistische Linke: Gemeinsam für eine antikapitalistische Politik. Presseerklärung zur Gründung der Partei DIE LINKE, Manuskript, 17. Juni 2007.

27 Bundeskoordinierungsrat der Kommunistischen Plattform: Zur Gründung der neuen Partei DIE LINKE, in: Mitteilungen der Kommunistischen Plattform, 8/2007, S. 1-5, hier S. 4.

28 Bundeskoordinierungsrat der Kommunistischen Plattform: Kommunistische Identität bewahren – Bündnisse praktizieren, in: Mitteilungen der Kommunistischen Plattform, 9/2007, S. 1-4, hier S. 4.

Mitglieder der AKL hielten das für eine Bankrotterklärung, konnten sich aber nicht durchsetzen.

Die *Sozialistische Linke* hatte sich im Sommer 2006 ausdrücklich als Gegenpol zur zunehmenden Fusionskritik gebildet. Sie teilte weitgehend die Positionen der AKL, vor allem was Regierungsbeteiligung, Eigentumsfrage und Militäreinsätze anbelangt, nicht aber die DDR-Apologetik der KPF. Auch die SL attackierte das FDS mit dem Vorwurf, den Begriff des „demokratischen Sozialismus" monopolisiert zu haben. Die politische Agenda der SL wies gleichwohl stark trotzkistisch inspirierte Züge auf. Sie sah sich in der „Tradition der sozialistischen Arbeiterbewegung" und wollte ein „linkssozialdemokratisches" und „reformkommunistisches" Spektrum mit „gewerkschaftlicher Orientierung" und einem Bezug zur „Arbeiterklasse" erreichen.[29] Anders als die AKL begann die SL – ebenso wie das FDS – recht schnell, Landesstrukturen aufzubauen. Die *Sozialistische Linke* ging hauptsächlich aus der alten WASG hervor und ist nicht zuletzt aus diesem Grund fest in den Gewerkschaften verwurzelt. Sie profiliert sich immer mehr als gewerkschaftlicher Flügel der vereinigten Partei.

Zwischenzeitlich absorbierte die SL einen Gutteil der „Strömungslinken". Ralf Krämer, Vorstandsmitglied der LINKEN, ist einer der Sprecher dieser Richtung. Auch Christine Buchholz und – aus der alten West-PDS kommend – Wolfgang Gehrcke und Ulla Lötzer übernahmen wichtige Funktionen in der SL. Die gewerkschaftsgestählte politische Kompetenz dieses Lagers ist höher einzuschätzen als die der AKL. Anders als deren Pauschalverdammungen ist die SL zu einer differenzierten Auseinandersetzung mit der rot-roten Koalition in Berlin in der Lage. Trotz einzelner Erfolge sei die Regierungsbeteiligung dort aber angesichts der wirtschaftlichen Rahmenbedingungen eine „strategische Falle",[30] bedeute sie doch die Abkoppelung von Gewerkschaften und „anti-neoliberalen" Protesten.

---

29 Sozialistische Linke: Realistisch und radikal, Manuskript, August 2006.
30 Sozialistische Linke Berlin: Es ist nicht alles Gold was glänzt... oder: Vorsicht strategische Falle, Manuskript, 6. Januar 2008.

Die SL ist nicht nur Heimat der Gewerkschaftslinken, sondern auch ausgewiesener Trotzkisten. Im April 2007, also unmittelbar vor dem Dortmunder Doppelparteitag, gab der *Linksruck*[31] seine Auflösung bekannt; er konstituierte sich von da an als Netzwerk namens *Marx 21* in der SL. Die etwa 400 Mitglieder zählende trotzkistische Organisation hatte zuvor – ganz anders als ihr Pendant SAV – nicht unwesentlich zum Gelingen des Fusionsprozesses beigetragen. Dem *Linksruck* ging es darum, „klassenkämpferische Positionen" zu stärken. Diejenigen wie Thomas Händel, die dem Konzept einer Sammlungsbewegung anhängen, begrüßten dies ausdrücklich. Andere in der WASG, Ulrich Maurer etwa, mahnten zumindest zur Gelassenheit. Vom *Linksruck* kommt im Übrigen Christine Buchholz, von März 2007 an eine der vier Vorsitzenden der WASG, seit Juni dann im engeren Vorstand der LINKEN. Buchholz macht keinen Hehl aus ihren Sympathien für die radikal-islamische *Hisbollah*.

Eine Phalanx aus den „orthodoxen" Kommunisten in der AKL und den Trotzkisten in der SL steht gleichwohl nicht ins Haus. Denn traditionell sind sich „Stalinisten" und „Linksabweichler" – so die jeweiligen Verbalinjurien – spinnefeind. Einen Vorgeschmack auf mögliche ideologische Grabenkämpfe aus K-Gruppen-Zeiten hatte schon die SAV gegeben, nannte sie die PDS doch das „Kind eines gescheiterten Systems",[32] dem der „Stallgeruch des Stalinismus"[33] anhafte. Von einer solchen Kritik, wie sie PDS-Gegner unter Demokraten kaum schärfer hätten formulieren können, fühlten sich vor allem die DDR-Apologeten der KPF getroffen. Sie wähnten damals gar eine unfreiwillige Allianz zwischen „Reformern" und SAV. Denn die Berliner WASG habe „für die regierungskritischen Teile der Berliner PDS-Mitgliedschaft nur ein müdes Lächeln übrig. Statt eines differenzierten Umgangs mit der PDS-Basis pflegen sie

---

31 Der *Linksruck* entstand 1993. Damals wollte sich der trotzkistische Dachverband *International Socialist Tendency* (IST) seiner deutschen Filiale *Sozialistische Arbeitergruppe* (SAG) entledigen. Er schickte junge Aktivisten an, die Jungsozialisten zu unterwandern. Dem *Linksruck*-Kommando gelang dies zwar nicht, wohl aber, die SAG-Führung zu entmachten.

32 Claus Ludwig: Zwischen Staatspartei, roten Socken und Regierungsbeteiligung, Manuskript, 7. Dezember 2005.

33 Sascha Stanicic: Perspektiven für die WASG und die Neuformierung der Linken, Manuskript, 1. April 2006.

die SED-Schelte und merken gar nicht, wie nahe sie in diesem Punkt so manchen PDS-Persönlichkeiten sind, die nichts lieber kappen würden als die Wurzeln ihrer Partei."[34]

Eher wohlwollende Beobachter der PDS neigten von jeher dazu, den Linksauslegern in der Partei keinen allzu großen Einfluss zuzuschreiben. Wer jedoch dachte, das „Westproblem" der PDS sei mit der Fusion erledigt, sah sich getäuscht. Der Zusammenschluss hat die Partei in den alten Bundesländern zwar personell gestärkt; sie krankte aber nach wie vor an den alten Problemen. Nach dem Vereinigungsparteitag vermeldete die Bundesgeschäftsstelle einen großen Mitgliederzulauf in den alten Bundesländern, darunter prominente Eintritte wie den des früheren hessischen DGB-Chefs Dieter Hooge. Austritte, die es im Westen vor allem aus Enttäuschung über die Vereinnahmung der WASG durch die PDS zuhauf gegeben hat, verschwieg sie.

Dabei bereiteten die Westverbände Lafontaine und den „Reformern" weiter Sorgen. Nicht nur die ebenfalls von Trotzkisten infiltrierte Bremer LINKE hatte mit heftigen Auseinandersetzungen um Führungsposten zu tun. Dort wählte die Basis beispielsweise Linksaußen Peter Erlanson anstelle des vom Vorstand favorisierten Axel Troost zum Spitzenkandidaten für die Landtagswahl. Machtkämpfe zwischen reformorientierten Kräften und linken Fundamentalisten gab es ferner in Niedersachsen, Hamburg und Rheinland-Pfalz. In Hessen kam zunächst Ex-DKPler Pit Metz anstelle des vom Bundesvorstand unterstützten Dieter Hooge auf Platz eins der Landesliste. Auf einem Landesparteitag verglich Metz den DDR-Schießbefehl mit dem Afghanistan-Einsatz der Bundeswehr. Er löste damit öffentliche Proteste aus. Auf Druck der Parteispitze musste er zugunsten des „Friedensaktivisten" Willi van Ooyen, einem Mitglied der von der DKP gesteuerten DFU, auf die Kandidatur verzichten. In Bayern setzte sich derweil an der Spitze des dortigen Verbandes mit der langjährigen PDS-Landeschefin Eva Bulling-Schröter (früher Aktivistin bei der DKP) eine Angehörige der AKL gegen Fritz

---

34 Vom Regieren und Opponieren – ein Positionspapier. Beschluss des Berliner Landessprecherrates der Kommunistischen Plattform, in: PDS-Pressedienst vom 10. Februar 2006.

Schmalzbauer durch (einem Gewerkschafter aus dem Kreis um Klaus Ernst), der danach trotzig im FDS mitwirkte.

In Niedersachsen – wo der bekennende Marxist Diether Dehm zum Landeschef aufgestiegen war – fiel nach der erfolgreichen Landtagswahl 2008 die frischgebackene DKP-Abgeordnete Christel Wegner negativ mit der Äußerung auf, man brauche die „Stasi" beim Aufbau einer neuen Gesellschaft zum Schutz vor „reaktionären Kräften". In ihrer ideologischen Verblendung rechtfertigte sie den Bau der Mauer. Er habe verhindert, „dass weiterhin Westdeutsche in die DDR konnten." Der Bundesvorstand der LINKEN reagierte scharf. Die Fraktionsführung in Niedersachsen forderte Wegner zum Mandatsverzicht auf. Sie lehnte ab und wurde schließlich einstimmig aus der Fraktion ausgeschlossen. Hätte die niedersächsische LINKE auch ohne die öffentliche Äußerung zu diesem Mittel gegriffen? Wohl kaum. Denn wie Wegner hatte sich auch in Hamburg mit Olaf Harms ein DKP-Funktionär angeschickt, mit einem Ticket der LINKEN ins Parlament einzuziehen, allerdings ohne Erfolg und deshalb ohne Folgen. Ulrich Maurer sagte, es gehe gar nicht um eine „DKP-Frage", sondern nur um inakzeptable Äußerungen. Abgrenzung sieht anders aus.

Dennoch: Der desolate Zustand der West-Verbände hat die Bundesführung hellhörig werden lassen. Bodo Ramelow sah „zerstörerische Kräfte" am Werk, und selbst Lafontaine wetterte über „linke Sektierer". Dabei goutierte er aber durchaus, dass in der Linksfraktion des Bundestages Leute, die früher in der DKP aktiv waren, außenpolitisch den Ton angeben: Sie fühlen Solidarität mit Kuba, singen nicht nur das Loblied auf die sozialen Rechte in China sondern auch auf die südamerikanischen Sozialisten Hugo Chávez und Evo Morales. Oskar Lafontaine stimmt allem zu und voll mit ein. Doch es bahnt sich ein Kulturkonflikt zwischen der Ost-LINKEN und der West-LINKEN an. Im Nachhinein haderten die Verbände der neuen Bundesländer nämlich mit den vielen Zugeständnissen an die WASG. Sie wehrten sich dagegen, ihre Listen zur Bundestagswahl 2009 für Kandidaten aus dem Westen zu öffnen, mit Erfolg: Im September 2007 korrigierte der Parteivorstand die Listenaufstellung. „Landsmannschaftliche Aspekte" sollten nun im Vordergrund stehen.

Die jüngsten Wahlerfolge der LINKEN haben es überkleistert: Die ideologischen Auseinandersetzungen der alten PDS halten in der neuen Partei unvermindert an. Zuerst hat die PDS die WASG vereinnahmt, nun vereinnahmt Lafontaine DIE LINKE. Die Fusion mit der WASG hat keineswegs zu einer Demokratisierung der PDS beigetragen, obwohl mit ihr ausgewiesene Sozialdemokraten in die Partei gelangten. Deren Orientierung an der „Arbeiterklasse" hat sie zu Verbündeten orthodoxer Kommunisten und radikal Linker werden lassen, mit Lafontaine als Agitator an der Spitze. Diese neue Phalanx wird „Reformer" und „Pragmatiker" der alten PDS sicherlich nicht in Richtung Demokratie bewegen. Um die Anerkennung des demokratischen Verfassungsstaates geht es bei den innerparteilichen Streitigkeiten ohnehin nicht.

WAHLEN 1990-2008

1. Bundestagswahlen

Wahlen hatten in der DDR bis zum Jahre 1990 nur eine Akklamations-
funktion. Nach der friedlichen Revolution kam es schnell zu Initiativen
für ein demokratisches Wahlverfahren.[1] Bei den ersten und letzten demokratischen Wahlen zur Volkskammer am 18. März 1990 erreichte die
PDS 16,4 Prozent der Stimmen, also jeden sechsten Wähler. Herkömmliche Muster des Wahlverhaltens wurden auf den Kopf gestellt. „Jeder
zweite CDU-Wähler, aber noch nicht einmal jeder dritte PDS-Wähler
stammte aus der Arbeiterschaft."[2] Am 6. Mai verbuchte die PDS bei den
Kommunalwahlen in der DDR nur mehr 14,0 Prozent, am 14. Oktober
schließlich, kurz nach der deutschen Einheit, in den neuen Bundesländern (sowie unter Berücksichtigung der Ergebnisse von Ost-Berlin bei
den Wahlen zum Abgeordnetenhaus am 2. Dezember 1990) lediglich
12,7 Prozent. Der Anteil der PDS ging damit kontinuierlich zurück.

Der Wahlvertrag vom 3. August für die Bundestagswahl 1990 sah einerseits eine Fünfprozentklausel für das gesamte Bundesgebiet vor, andererseits die Möglichkeit von Landeslistenverbindungen verschiedener
Parteien, sofern sie nicht gegeneinander antreten. Die erste Regelung
begünstigte die SPD, die so die PDS auszuschalten versuchte, die zweite
die Union, insbesondere die CSU, weil sie der nur im Osten antreten-
den, mit ihr eng zusammenarbeitenden DSU helfen konnte. Die Grünen, die PDS und die *Republikaner* riefen das Bundesverfassungsgericht
an und forderten die Streichung der landesweiten Sperrklausel.

---

1 Vgl. Hans Michael Kloth: Vom „Zettelfalten" zum freien Wählen. Die Demokratisierung der DDR 1989/90 und die „Wahlfrage", Berlin 2000.
2 Jürgen W. Falter: Wahlen 1990. Die demokratische Legitimation für die deutsche
 Einheit mit großen Überraschungen, in: Eckhard Jesse/Armin Mitter (Hrsg.): Die
 Gestaltung der deutschen Einheit. Geschichte – Politik – Gesellschaft, Bonn/Berlin
 1992, S. 170.

Das Bundesverfassungsgericht korrigierte am 29. September 1990 diese zwei wesentlichen Bestimmungen des Wahlvertrages.[3] Eine für den Osten und den Westen gesonderte Sperrklausel wurde ebenso als nötig erachtet wie die Möglichkeit von Listenverbindungen in den neuen Bundesländern. Da die erste gesamtdeutsche Wahl unter besonderen Bedingungen stattfinde, sei es nicht rechtens, die Fünfprozentklausel auf das gesamte Bundesgebiet zu beziehen. Die Listenverbindung miteinander nicht konkurrierender Parteien verstoße gegen die Chancengleichheit, könnten doch nur wenige Parteien im anderen Teil Deutschlands Partner finden. Diese Entscheidung nützte der PDS.

Obwohl sich die PDS, die mit „offenen Listen" angetreten war, auf denen Kandidaten aus dem Milieu der *Deutschen Kommunistischen Partei* (DKP) standen und solche aus dem Umfeld des *Kommunistischen Bundes* (KB), nach außen hin zur parlamentarischen Demokratie bekannte, hieß es in ihrem Wahlprogramm unzweideutig: „Ein Staat, der Notstandsgesetze, Berufsverbote, angebliche Antiterrorgesetze, Demonstrationsrechtsverschärfungen, Polizeiaufgaben- und Geheimdienstgesetze nötig hat, kann nicht unser Staat sein." Sie forderte die „Auflösung faschistischer Gruppen und Organisationen", an welche immer sie dabei gedacht haben mag.[4]

Als die PDS bei der ersten gesamtdeutschen Bundestagswahl am 2. Dezember 1990 in den neuen Bundesländern und im Osten Berlins nur 11,1 Prozent der Stimmen erreichte (Tabelle 1), war die Auffassung in der Politik und der Wissenschaft verbreitet, die Partei werde mehr oder weniger schnell in der Bedeutungslosigkeit versinken, zumal das Ergebnis im Wahlgebiet West mit 0,3 Prozent desaströs ausgefallen war. Insgesamt erzielte die Partei nur 2,4 Prozent. Mit dem Überspringen der Fünfprozenthürde im Wahlgebiet Ost gelang ihr der Einzug in den Bundestag.

---

3 Vgl. für Einzelheiten Eckhard Jesse: Die institutionellen Rahmenbedingungen der Bundestagswahl vom 2. Dezember 1990, in: Hans-Dieter Klingemann/Max Kaase (Hrsg.): Wahlen und Wähler. Analysen aus Anlass der Bundestagswahl 1990, Opladen 1994, S. 15-41.

4 Die Zitate sind entnommen dem Wahlprogramm der Linken Liste/PDS, abgedruckt in: Neues Deutschland vom 27. September 1990.

Tabelle 1: Wahlergebnisse der PDS bei den Bundestagswahlen 1990-2005 (in Prozent)

	Gesamt	Ost	West
1990	2,4	11,1	0,3
1994	4,4	19,8	0,9
1998	5,1	21,6	1,2
2002	4,0	16,9	1,1
2005	8,7	25,3	4,9

Quelle: Zusammenstellung nach den amtlichen Wahlstatistiken.

Das Wahlergebnis konnte die PDS nicht zufriedenstellen. Gegenüber der Volkskammerwahl hatte die Partei im Osten fast jeden dritten Wähler verloren. Gregor Gysi gewann in seinem Ostberliner Wahlkreis das einzige Direktmandat für die PDS. Und im Westen hatte sie das Ergebnis der DKP in den 80er Jahren erreicht. Insofern verdankte die PDS der Korrektur des Wahlgesetzes durch das Bundesverfassungsgericht ihre Repräsentanz im Bundestag. Als einer der wenigen Wissenschaftler urteilte Wolfgang G. Gibowski hellsichtig: „Der Wegfall der kommunistischen Bedrohung aus dem Osten könnte der Akzeptanz einer Partei wie der PDS förderlich sein."[5]

Die PDS erreichte bei der Bundestagswahl 1994 in den neuen Bundesländern einschließlich Ostberlin 19,8 Prozent, in den alten dagegen nur 0,9 Prozent der Stimmen. Mit einem Anteil von 4,4 Prozent und 30 Abgeordneten verdoppelte sie fast ihr Ergebnis von 1990. Sie war erneut im Bundestag vertreten – diesmal aufgrund der Alternativklausel (Gewinn von drei Direktmandaten). In Ostberlin gelang es der PDS sogar, vier Direktmandate zu erlangen (Gregor Gysi, Christa Luft, Stefan Heym, Manfred Müller). Damit verhalfen die Parteilosen Heym und Müller der PDS zum Einzug ins Parlament.

---

5 Wolfgang G. Gibowski: Demokratischer (Neu-)Beginn in der DDR. Dokumentation und Analyse zur Wahl vom 18. März 1990, in: Zeitschrift für Parlamentsfragen, 1/1990, S. 21.

Ihr Wahlprogramm stand unter dem Motto „Opposition gegen Sozialabbau und Rechtsruck".[6] Auf ihren „offenen Listen" traten neben Parteilosen (zum Beispiel früheren Mitgliedern aus den K-Gruppen) erneut DKP-Mitglieder an, insgesamt 22, allerdings auf keinem aussichts-
reichen Platz. Gregor Gysi, ein Sympathieträger im Osten, hatte vor der
Wahl erklärt: „Opposition ist, wenn sie denn ernsthaft praktiziert und
eben nicht als Probelauf für Regierungsverantwortung verstanden wird,
eine notwendige und durchaus folgenreiche Form der Einflussnahme,
insbesondere auf Gestaltung und Entwicklung der Demokratie. Veränderung beginnt mit so verstandener Opposition, die dann auch Widerstand bedeutet, und selten mit Regierung."[7]

Die PDS verdankte ihren Erfolg in den neuen Bundesländern einer
Reihe von Motiven. Wer Sympathie für das SED-Regime gehegt hatte,
sah in der Wahl der PDS eine geeignete Möglichkeit, sich seinen Frust
von der Seele zu wählen. Außerdem sprach die PDS solche Bürger an,
die die Partei als Repräsentantin des Ostens begrüßten und sich fremd
im eigenen Lande fühlten. Höhere Bildung begünstigte die Wahl der
Partei, ökonomische Not schwächte sie. Unter den Wählern der PDS
fanden sich mehr subjektive Vereinigungsverlierer als objektive. „Insofern sind die Motive der PDS-Wähler der Bundestagswahl 1994 in der
Tat durch eine Mischung aus Ideologie, Nostalgie und Protest gekennzeichnet."[8]

Die Strategie der PDS bei der Bundestagswahl 1998 war gewiss nicht
einfach. Einerseits strebte sie einen Wechsel der schwarz-gelben Koalition im Bund an, andererseits konnte just ein Votum für die PDS einen
solchen Wechsel verhindern. Zudem hatte es die Partei weiterhin nicht

---

6 Vgl. „Opposition gegen Sozialabbau und Rechtsruck". Wahlprogramm der PDS
   1994, abgedruckt in: PDS-Pressedienst vom 25. März 1994, S. 44-56.
7 Gregor Gysi: Regierung gibt es genug. Opposition nicht, in: Ebd., S. 57 f.
8 Jürgen W. Falter/Markus Klein: Die Wähler der PDS bei der Bundestagswahl 1994.
   Zwischen Ideologie, Nostalgie und Protest, in: Aus Politik und Zeitgeschichte, B
   34/1994, S. 34.

verstanden, im Westen einigermaßen salonfähig zu werden. So strich sie erneut ihre „ostdeutsche Kompetenz"[9] heraus.

Obwohl das Ergebnis im Westen kaum besser war als 1994, zog die PDS zum dritten Mal ins gesamtdeutsche Parlament ein, zum ersten Mal als Fraktion – dank der Überwindung der Fünfprozentklausel (5,1 Prozent). Sie wäre aufgrund ihrer vier Direktmandate (Gregor Gysi, Christa Luft, Manfred Müller, Petra Pau) auch sonst in den Bundestag gelangt. „Gysis bunte Truppe" erreichte in den neuen Bundesländern 21,6, in den alten 1,2 Prozent. Als Sprachrohr des Ostens musste die PDS in ihrer populistischen Argumentation auf den Westen keine Rücksichten nehmen, und im Wahlkampf warb sie ganz bewusst darum, künftig „ostdeutsche Erfahrungen" stärker in der Politik einzubeziehen. Am besten schnitt sie im Osten von Berlin ab (30,0 Prozent), am schlechtesten in Bayern (0,7 Prozent). Das niedrigste Ergebnis in einem neuen Bundesland (Sachsen: 20,0 Prozent) ist noch mehr als achtmal höher gewesen als das beste in einem alten (Bremen: 2,4 Prozent).

Die Ausgangsposition der PDS schien 2002 komfortabel zu sein. Zum ersten gab es im Bund eine rot-grüne Koalition. Zum zweiten hatte die Partei bei den Wahlen zwischen den beiden Bundestagswahlen 1998 und 2002 beständig zugelegt. Zum dritten gingen die Mechanismen der „Ausgrenzung" gegenüber der Partei zurück.[10] Ihr Wahlprogramm offenbarte ein dreifaches Selbstverständnis. Die Kernaussage „Deutschland braucht diese PDS, die gegen die Vorherrschaft des Großkapitals in Staat und Gesellschaft ankämpft, die das Engagement der Menschen will und die natürlichen Lebensgrundlagen verteidigt. Ihr gesellschaftliches Ziel ist der demokratische Sozialismus – eine Gesellschaft, in der die freie Entwicklung der Einzelnen zur Bedingung der freien Entwicklung aller wird. Es lohnt sich, mehr PDS in den Bundestag zu wählen: als Partei der sozialen Gerechtigkeit, als Friedens- und Antikriegspartei,

---

9 So Gero Neugebauer/Richard Stöss: Nach der Bundestagswahl 1998: Die PDS in stabiler Seitenlage?, in: Oskar Niedermayer (Hrsg.): Die Parteien nach der Bundestagswahl 1998, Opladen 1999, S. 124.
10 Dieses Argument zieht sich wie ein roter Faden durch das Werk von Gregor Gysi: Ein Blick zurück, ein Schritt nach vorn, Hamburg 2001.

als Partei, die Ostdeutschland als Zukunftschance begreift."[11] Alle drei Punkte kamen im Wahlkampf aufgrund unterschiedlicher Faktoren nicht so recht zur Geltung. Das Motto lautete: „Die PDS bleibt Opposition gegen die derzeit in Deutschland herrschende Politik."[12]

Das Wahlergebnis von 4,0 Prozent (16,9 Prozent im Osten, 1,1 im Westen) schockte die Genossen. Es entsprach einem Minus von 4,9 Punkten im Osten und einem Minus von 0,1 Punkten im Westen. Da die PDS – im Osten Berlins – nur zwei Direktmandate erreichen konnte (Gesine Lötzsch im Wahlkreis Berlin-Lichtenberg-Hohenschönhausen und Petra Pau im Wahlkreis Berlin-Marzahn-Hellersdorf), gelang ihr nicht der Wiedereinzug in den Bundestag.[13] Neben mittelfristigen (Beteiligung der PDS an der Regierung in den Ländern) spielten kurzfristige Faktoren für die schmerzhafte Niederlage eine Rolle.

Erstens: Der freiwillige Rücktritt Gregor Gysis Ende Juli 2002 vom Amt des Berliner Wirtschaftssenators als Reaktion auf die „Bonusmeilenaffäre" wurde in Sympathisantenkreisen vielfach so interpretiert, als sei der gewandte wie populäre Politiker von seiner Aufgabe überfordert und als distanziere er sich damit indirekt von seiner Partei. Die Führungsriege um die Parteivorsitzende Gabriele Zimmer, den Fraktionsvorsitzenden Roland Claus, Bundesgeschäftsführer Dietmar Bartsch und die stellvertretende Parteivorsitzende Petra Pau wirkte im Vergleich zum charismatischen Gysi blass, geradezu altbacken.

Zweitens: Die Flutkatastrophe im August, die insbesondere den Osten Deutschlands heimsuchte, löste in der gesamten Bevölkerung eine Welle der Hilfsbereitschaft aus. Die PDS, die in der Vergangenheit davon profitiert hatte, den Gegensatz von Ost und West zu kultivieren, war damit um ein wichtiges *Issue* gebracht worden. Die Solidarität zwischen

---

11 PDS (Hrsg.): Es geht auch anders: Nur Gerechtigkeit sichert Zukunft! Programm der PDS zur Bundestagswahl 2002, Berlin 2002, S. 4.

12 Gabi Zimmer/Roland Claus/Petra Pau/Dietmar Bartsch: „Die andere Politik wählen: PDS. Wahlaufruf zur Bundestagswahl 2002", in: PDS-Pressedienst vom 23. August 2002, S. 3.

13 Wegen der Verringerung der Wahlkreise (von 328 auf 299) erfolgte deren Neuzuschnitt. Auch mit dem Ergebnis von 1998 hätte die Partei nur zwei Wahlkreise gewonnen.

Ost und West schwächte die PDS, der das zupackende Krisenmanagement der Regierung Stimmen kostete.

Drittens: Die dezidierte Antikriegspolitik des Kanzlers Gerhard Schröder in der Irak-Frage trieb einen Teil potenzieller PDS-Wähler den Regierungsparteien zu. Die PDS konnte sich nun nicht mehr als die einzige Partei des „Friedens" gerieren. Aber nicht zuletzt damit versuchte sie ihre Existenzberechtigung zu beweisen.

Viertens: Durch ihre massive Kritik an der Union im Allgemeinen und dem Kanzlerkandidaten Edmund Stoiber im Besonderen polarisierte die PDS und begünstigte indirekt ein Votum für SPD und Grüne, weil diese eine realistische Alternative zur Union darstellten. Hingegen vermieden es die anderen Parteien (diesmal auch die Union, die einst eine Anti-„Rote Socken"-Kampagne initiiert hatte), vehement gegen die PDS zu Felde zu ziehen. Mehr ignoriert als befehdet, konnte sie ihr Stimmenreservoir nicht ausschöpfen.

Durch den Wechsel an der Spitze (wieder zu Lothar Bisky), durch das gute Ergebnis bei der Wahl zum Europäischen Parlament und durch die Erfolge bei den Wahlen 2004 in den neuen Bundesländern fasste die PDS wieder Tritt. Die vorgezogene Bundestagswahl 2005 stand für die in „Linkspartei" umbenannte PDS unter ebenso guten Vorzeichen wie die von 2002, wenn auch in einem anderen Sinne. Diesmal konnte die Partei ihre Chance erneut nutzen. Die äußeren Rahmenbedingungen (nicht nur im Osten des Landes verbreiteter Unmut über die von Gerhard Schröder in die Wege geleiteten Sozialreformen) begünstigten ihre Strategie.

Die Linkspartei steuerte mit dem populär-populistischen Tandem Gysi-Lafontaine einen massiven Anti-„Hartz IV"-Wahlkampf: „Hartz IV steht für Armut und Demütigung per Gesetz. Die Agenda 2010 steht für Wahlbetrug und Entsolidarisierung."[14] Sie wollte das Füllhorn sozialer Wohltaten großzügig ausschütten: Neben einem Mindestlohn von nicht weniger als 1.400 Euro pro Monat forderte sie unter anderem „gebüh-

---

14 Für eine neue soziale Idee. Die Linke.PDS, Wahlprogramm zu den Bundestagswahlen 2005, Berlin 2005, S. 5.

renfreie Kitaplätze für alle Kinder, uneingeschränkten Rechtsanspruch auf Bildung, Erziehung und Betreuung von Anfang an, keine Anrechnung der Kindergelder bei Beziehern von Arbeitslosengeld und Sozialhilfe, das Kindergeld soll von 154 auf 250 Euro erhöht werden. Ganztagsbetreuungsangebote für Kinder jeden Alters, damit beide Elternteile, aber auch Alleinstehende, erwerbstätig sein können."[15] Solche Versprechungen hinterließen Eindruck bei einem Teil der Wähler. Das Programm der Linkspartei war verhältnismäßig moderat formuliert – im Vergleich etwa zum Wahlmanifest der WASG: „Wir sind die Opposition gegen die herrschende, neoliberal bestimmte Politik."[16]

Insgesamt aber gab es kaum Unterschiede zur Linkspartei: Alles andere wäre verwunderlich gewesen, traten die Kandidaten der WASG wegen der Wahlrechtsbestimmungen doch auf den Listen der Linkspartei an. Oskar Lafontaine, neben Gysi der andere Spitzenkandidat, mobilisierte Wähler gerade im Westen. Auf dem Berliner Wahlparteitag der Linkspartei im August lief Lafontaine „zu Hochform auf, fast beschwörend bettete er das neue Linksbündnis in lange historische Linien ein und stellte sich selbst und alle Anwesenden in den Kontext der wichtigsten Entwicklungen und Wendepunkte in der Geschichte der Arbeiterbewegung; dies sei der Tag der zelebrierten Versöhnung der deutschen Linken. [...] Der anschließende Bruderkuss zwischen Ehrenvorsitzendem [Hans Modrow] und Spitzenkandidat wurde zum perfekt inszenierten Höhepunkt eines Parteitages, der am Ende in Begeisterung und Pathos an vergangene sozialistische Einheitsparteitage erinnerte."[17]

Das Ergebnis von 8,7 Prozent (mit drei Direktmandaten durch Gregor Gysi, Gesine Lötzsch und Petra Pau) wurde von der Partei mit Recht als großer Sieg gefeiert. Sie konnte ihr Resultat von 2002 mehr als verdoppeln. Im Westen des Landes erhielt sie beachtliche 4,9 Prozent (2002: 1,1 Prozent). Der populistische Wahlkampf insbesondere gegen „Hartz

---

15 Ebd., S. 16.
16 Wahlmanifest der WASG vom 3. Juli 2005, S. 8.
17 So Felix Butzlaff: Als David gegen Goliaths? Der Wahlkampf der Linkspartei zwischen Protest und Alternative, in: Tim Spier/ders./Matthias Micus/Franz Walter (Hrsg.): Die Linkspartei. Zeitgemäße Idee oder Bündnis ohne Zukunft?, Wiesbaden 2007, S. 271.

IV" zeitigte Früchte. Die Partei hatte nicht mehr einen der Kardinalfehler des Jahres 2002 gemacht: statt der rot-grünen Regierung die Oppositionsparteien CDU/CSU und FDP zu attackieren. Diesmal griff sie frontal die rot-grüne Politik an. Damit gelang es ihr, sich eine neue Wählerklientel zu erschließen. Sie konnte vor allem Wähler mit keiner so engen Bindung an die Partei gewinnen, vornehmlich solche aus einem anderen sozialstrukturellen Milieu (mit einem niedrigeren Bildungsniveau, einer starken gewerkschaftlichen Orientierung und höherer Arbeitslosigkeit).[18]

Bei einem Vergleich der Ergebnisse für die PDS in den Bundesländern bei den Bundestagswahlen 1990 bis 2005 (Tabelle 2) springen deren Erfolge ins Auge. Die Bundestagswahl 2002, die durch spezifische, für die PDS ungünstige Konstellationen geprägt war, einmal vernachlässigt: Die Partei hat von Wahl zu Wahl ihren Stimmenanteil in nahezu jedem Bundesland gesteigert. Mit Blick auf den Osten und den Westen ist von einer gespaltenen Wählerschaft zu sprechen. Erst bei der letzten Bundestagswahl konnte die PDS auch in den alten Bundesländern reüssieren. Zuvor lag ihr bestes Ergebnis bei 2,7 Prozent (Bremen 1998), jetzt erreichte sie dank Lafontaine im Saarland 18,5 Prozent (1990: 0,2 Prozent). In den ostdeutschen Ländern schnitt die Partei mit 8,3 Prozent am schlechtesten ab (Thüringen 1990), mit einem Anteil von 26,6 Prozent am besten (Brandenburg und Sachsen-Anhalt 2005).

---

18 Vgl. u.a. Katja Neller/S. Isabell Thaidigsmann: Gelungene Identitätserweiterung durch Namensänderung? „Treue" Wähler, Zu- und Abwanderer der Linkspartei bei der Bundestagswahl 2005, in: Frank Brettschneider/Oskar Niedermayer/Bernhard Weßels (Hrsg.): Die Bundestagswahl 2005. Analysen des Wahlkampfs und der Wahlergebnisse, Wiesbaden 2007, S. 421-453.

Tabelle 2: Wahlergebnisse der PDS in den Bundesländern bei den Bundestagswahlen
1990-2005 (in Prozent)

Wahljahr	1990	1994	1998	2002	2005
Baden-Württemberg	0,3	0,8	1,0	0,9	3,8
Bayern	0,2	0,5	0,7	0,7	3,4
Berlin	9,7	14,8	13,4	11,4	16,4
Ost	24,8	34,7	30,0	24,6	29,5
West	1,3	2,6	2,7	2,7	7,2
Brandenburg	11,0	19,3	20,3	17,2	26,6
Bremen	1,1	2,7	2,4	2,2	8,4
Hamburg	1,1	2,2	2,3	3,1	6,3
Hessen	0,4	1,1	1,5	1,3	5,3
Mecklenburg-Vorpommern	14,2	23,6	23,6	16,3	23,7
Niedersachsen	0,3	1,0	1,0	1,0	4,3
Nordrhein-Westfalen	0,3	1,0	1,2	1,2	5,2
Rheinland-Pfalz	0,2	0,6	1,0	1,0	5,6
Saarland	0,2	0,7	1,0	1,4	18,5
Sachsen	9,0	16,7	20,0	16,2	22,8
Sachsen-Anhalt	9,4	18,0	20,7	14,4	26,6
Schleswig-Holstein	0,3	1,1	1,5	1,3	4,6
Thüringen	8,3	17,2	21,2	17,0	26,1

Quelle: Zusammenstellung nach den amtlichen Wahlstatistiken.

2. Europawahlen

Bisher nahm die PDS an drei Wahlen zum Europäischen Parlament teil:
1994, 1999 und 2004. Dabei konnte sie ihren Anteil stets steigern (Tabelle 3). Die letzten beiden Male zog sie in das Parlament ein. Europawahlen gelten als „Nebenwahlen". Bei ihnen ist die Wahlbeteiligung

niedriger, und die Wähler sind eher zu Experimenten bereit. Die Erosion herkömmlicher Wählerbindungen schlägt besonders bei solchen Wahlen zu Buche. Bezeichnenderweise kommen die „sonstigen Parteien" bei Europawahlen erheblich besser weg. Der Bürger ist angesichts der als geringer betrachteten Relvanz der Wahl eher bereit, seine Stimme gleichsam zu „verschenken".

Tabelle 3: Wahlergebnisse der PDS bei den Wahlen zum Europäischen Parlament 1994-2004 (in Prozent)

	Gesamt	Ost	West
1994	4,7	20,6	0,6
1999	5,8	23,0	1,3
2004	6,1	25,1	1,7

Quelle: Zusammenstellung nach den amtlichen Wahlstatistiken.

Die Wahlen zum Europäischen Parlament 1994 waren für die Ostdeutschen die ersten Wahlen seit dem Vereinigungsjahr 1990, außer den Kommunalwahlen im Dezember 1993 in Brandenburg. Die PDS hatte in ihrem Wahlprogramm die Europäische Union abgelehnt und für eine „alternative Europapolitik" plädiert.[19] Hans Modrow, der letzte Ministerpräsident der nicht demokratisch legitimierten DDR, stand auf Platz 1, Leo Mayer, ein bekanntes DKP-Mitglied, auf Platz 8 der Liste. Auch wenn es nicht für den Einzug ins Parlament gereicht hatte: Mit einem Ergebnis von 4,7 Prozent schnitten die Postkommunisten überraschend gut ab.

Die PDS stellte sich 1999 in ihrem Europawahlprogramm als „europäische sozialistische Partei" vor, votierte für eine umfassende Demokratisierung der EU, für ein solidarisches Zusammenleben in der Gesellschaft und hielt an ihrem Ziel fest, „die NATO aufzulösen".[20] Gleich

---

19 Vgl. „Europa braucht Frieden, Arbeit und Demokratie". Wahlen zum Europäischen Parlament 2004. Politische Positionen der PDS, Berlin 1994.

20 Vgl. Europawahlprogramm der Partei des Demokratischen Sozialismus. Für einen Kurswechsel in Europa. Das Europa des 21. Jahrhunderts braucht Frieden, Arbeit und Demokratie, Berlin 1999 (Zitate: S. 1, 43).

anderen Parteien stand das Thema „Europa" nicht im Vordergrund. Die PDS, auf deren offener Bundesliste neben einem Mitglied der *Kommunistischen Partei Großbritanniens* und der *Partei der italienischen Kommunisten* erneut Leo Mayer aus dem DKP-Vorstand kandidiert hatte, konnte ihren Stimmenanteil auf 5,8 Prozent steigern und mit sechs Abgeordneten in das Europäische Parlament einziehen (neben der Spitzenkandidatin Sylvia-Yvonne Kaufmann u.a. Hans Modrow und André Brie). Die PDS schloss sich im Parlament der *Konföderaten Fraktion der Vereinigten Europäischen Linken/Nordische Grüne Linke* an, zu der die kommunistischen Parteien aus Frankreich und Italien gehörten.

Für die PDS hatten die Wahlen zum Europäischen Parlament 2004 nach dem schlechten Abschneiden bei der Bundestagswahl 2002 und vor den Landtagswahlen in den neuen Ländern im Herbst des Jahres „entscheidende, in gewisser Hinsicht existenzielle Bedeutung".[21] Die Partei, erneut mit der Spitzenkandidatin Sylvia-Yvonne Kaufmann, plädierte in ihrem Wahlprogramm für einen „Politikwechsel in Europa".[22] Tatsächlich ging es der PDS vor allem um den Kampf gegen die „Hartz IV"-Reformen. Durch das „zentrale Textplakat ,Es reicht! Für eine bessere Politik'" rückte die Partei „in die Nähe zu den populistischen Slogans rechtsextremer Parteien."[23]

Das Wahlergebnis rief bei der Partei große Genugtuung hervor, ließ sie geradezu triumphieren: Mit 6,1 Prozent habe sie sich als bundespolitische Kraft zurückgemeldet. Allerdings war die PDS mit 25,1 Prozent in den neuen Ländern eine „Ostpartei" geblieben (West: 1,7 Prozent). Sahra Wagenknecht, Aushängeschild der *Kommunistischen Plattform* und vehemente EU-Kritikerin aus antikapitalistischer Motivation, gelangte erstmals ins Europaparlament. Die KPF opponierte gegen die Interpretation, die PDS sei wegen des neuen Parteiprogramms so stark geworden. Sie habe vielmehr dort gewonnen, wo sie als Oppositions-

---

21 Zitiert nach Oskar Niedermayer: Die Wahl zum Europäischen Parlament vom 13. Juni 2004 in Deutschland: Ein schwarzer Tag für die SPD, in: Zeitschrift für Parlamentsfragen, 1/2005, S. 7.
22 Vgl. PDS-Wahlprogramm für die Wahl zum Europäischen Parlament am 13. Juni 2004, Berlin 2004.
23 Niedermayer (Anm. 21), S. 8.

kraft den sozialen Interessen ihrer Wähler Nachdruck verleihe. „Wir halten Regierungsbeteiligungen nicht für einen Unwert an sich. Aber wir sind gegen Koalitionen, die uns unglaubwürdig machen. Nicht, weil wir so die jeweils nächsten Wahlergebnisse gefährden, sondern um der zig Millionen willen, die eine eng mit außerparlamentarischem Widerstand verbundene parlamentarische Lobby gegen Kapitalwillkür und deren politische Exekutoren benötigen."[24]

Wer die drei Europawahlen in den einzelnen Ländern zueinander in Beziehung setzt (Tabelle 4), sieht überall eine aufsteigende Tendenz, bis auf Mecklenburg-Vorpommern und Berlin, in deren Regierungen die PDS beteiligt war bzw. ist. Am besten schnitt die PDS in den neuen Ländern in Brandenburg mit 30,9 Prozent ab (2004), am schlechtesten in Sachsen mit 16,6 Prozent (1994). Die Extremwerte für die alten Bundesländer liegen bei 3,5 Prozent in Bremen (2004) und 0,4 Prozent in Rheinland-Pfalz und im Saarland (jeweils 1994). Wie die Zahlen illustrieren, deutete noch Mitte 2004 wenig auf eine „Explosion" der Ergebnisse in den alten Bundesländern hin.

Tabelle 4: Wahlergebnisse der PDS in den Bundesländern bei den Wahlen zum Europäischen Parlament 1994-2004 (in Prozent)

Wahljahr	1994	1999	2004
Baden-Württemberg	0,5	1,1	1,1
Bayern	0,4	0,7	0,9
Berlin	15,9	16,7	14,4
Ost	40,1	41,0	33,5
West	2,3	3,6	3,5
Brandenburg	22,6	25,8	30,9
Bremen	2,1	2,6	3,7
Hamburg	1,4	3,3	2,8
Hessen	0,8	1,6	2,1

---

24 Die Kommunistische Plattform der PDS zu den Wahlergebnissen, in: PDS-Pressedienst vom 24. Juni 2004, S. 15.

Mecklenburg-Vorpommern	27,3	24,3	21,7
Niedersachsen	0,7	1,2	1,8
Nordrhein-Westfalen	0,6	1,3	2,1
Rheinland-Pfalz	0,4	0,8	1,2
Saarland	0,4	1,0	2,0
Sachsen	16,6	21,0	23,5
Sachsen-Anhalt	18,9	20,9	23,7
Schleswig-Holstein	0,7	1,4	1,8
Thüringen	16,9	20,6	25,3

Quelle: Zusammenstellung nach den amtlichen Wahlstatistiken.

3. Landtagswahlen in den neuen Bundesländern

Der Ausgang der ersten Landtagswahlen gab der PDS zu Optimismus keinen Anlass (Tabelle 5). Im Vergleich zu den Volkskammer- und Kommunalwahlen desselben Jahres war der Stimmenanteil rückläufig. Der Stern, der bei den Kommunalwahlen im Dezember 1993 in Brandenburg und bei den Wahlen zum Europäischen Parlament im Juni 1994 für die Partei aufging, gewann bei den Landtagswahlen 1994, in den neuen Bundesländern an Strahlkraft. Die PDS konnte sich gegenüber den ersten demokratischen Landtagswahlen des Jahres 1990 steigern, zum Teil beträchtlich – in Sachsen-Anhalt um 7,7 Prozentpunkte, in Mecklenburg-Vorpommern um 7,0, in Thüringen um 6,9, in Sachsen um 6,3 und in Brandenburg um 5,3.

Tabelle 5: Wahlergebnisse der PDS bei den Landtagswahlen in den neuen Bundesländern einschließlich Berlin seit 1990 (in Prozent)

Brandenburg
1990:   13,4
1994:   18,7
1999:   23,3
2004:   28,0

Mecklenburg-Vorpommern
1990:   15,7
1994:   22,7
1998:   24,4
2002:   16,4
2006:   16,8 – 0,5 (WASG)

Sachsen
1990.   10,2
1994:   16,5
1999:   22,2
2004:   23,6

Sachsen-Anhalt
1990:   12,0
1994:   19,9
1998:   19,6
2002:   20,4
2006:   24,1

Thüringen
1990:   9,7
1994:   16,6
1999:   21,3
2004:   26,1

Berlin

	Gesamt	Ost	West
1990:	9,2	23,6	1,1
1995:	14,6	36,3	2,1
1999:	17,7	39,5	4,2
2001:	22,6	47,6	6,9
2006:	13,4 – 2,9 (WASG)	28,1 – 3,3 (WASG)	4,2 – 2,7 (WASG)

Quelle: Zusammenstellung nach den amtlichen Wahlstatistiken.

Auch bei der dritten Landtagswahlserie 1998/99 blieb diese Tendenz unverändert: Die PDS gewann erneut in beträchtlichem Umfang Stimmenanteile dazu, ihr Ergebnis stagnierte nur in Sachsen-Anhalt. Die Wählerschaft war von der vorherigen Tolerierungspolitik der Partei enttäuscht. Die vierte Serie der Landtagswahlen (2002/2004) zeigte abermals deutliche PDS-Gewinne: Opposition bekam ihr gut. In Mecklenburg-Vorpommern wurde sie für ihre als enttäuschend empfundene Regierungspolitik „abgestraft". Das Ergebnis glich einem Desaster. Die PDS verlor 8,0 Punkte, damit also jeden dritten Wähler, obwohl sie im Land gut verankert war.[25] Noch beim Bundesparteitag in Rostock (März 2002) proklamierte die PDS das Ziel von „25 Prozent + X" für Mecklenburg-Vorpommern. Die Verluste lagen wegen des „Entzauberungseffektes" etwas über denen bei der Bundestagswahl am gleichen Tag. In Sachsen-Anhalt stagnierte die Partei (wegen der erneuten Tolerierung der Regierung). Die fünfte Serie der Landtagswahlen in den neuen Bundesländern endet vollständig erst 2009. Die beiden Ergebnisse von 2006 passen abermals in das hinlänglich bekannte Schema: Obwohl die Problemlösungskompetenz der PDS nicht als groß gilt, nützt ihr Opposition (Sachsen-Anhalt); Regierungsbeteiligung schadet ihr (Mecklenburg-Vorpommern), auch wenn die Partei nicht zuletzt wegen des Einbruchs 2002 ihren Stimmenanteil halten konnte.

Die Gründe für den Erfolg der PDS bei den ostdeutschen Landtagswahlen waren und sind vielfältiger Natur: Bei einem Systemwechsel von einer Diktatur zu einem demokratischen Verfassungsstaat fühlt sich immer eine Reihe von Personen dem früheren System verbunden – sei es aus politischer Überzeugung, sei es wegen des Verlustes der Privilegien. Für diese Klientel war der Kommunismus an sich gut, nur in der Praxis „deformiert". Die eigene wirtschaftliche Lage spielt dabei weniger eine Rolle. Aber es gab auch die heterogene Gruppe derjenigen, die aus Enttäuschung über den Verlauf der Wiedervereinigung für die PDS votierte. Die einen konnten aufgrund der gewaltigen Umstrukturierung wirtschaftlich nicht Fuß fassen und führten dies auf das „Plattmachen" durch den Westen zurück, die anderen empfanden sich als Menschen zweiter Klasse und sahen ihr Leben als entwertet an. Die PDS profitierte damit von einem durch die SED verursachten Umstand. Wegen des

---

25 Vgl. (vor allem mit Blick auf Rostock) Lothar Probst: Die PDS – von der Staats- zur Regierungspartei. Eine Studie aus Mecklenburg-Vorpommern, Hamburg 2000; Steffen Schoon: Zwischen „Ostkompetenz" und Entzauberung. Die PDS und ihre Wähler in Mecklenburg-Vorpommern zwischen 1990 und 1998, in: Deutschland Archiv, 5/2001, S. 777-784.

nicht nur ökonomischen Bankrotts der SED-Diktatur mussten die Einschnitte so tief sein. Die demokratischen Parteien verstanden es zudem nicht hinreichend, den Bürgern plausibel zu machen, dass weniger sie für das als unzureichend empfundene Tempo des Aufschwungs verantwortlich sind. Zudem verletzte westliche Arroganz das Selbstwertgefühl Ostdeutscher. Und manche Fehler waren in dem abrupten Einigungsprozess wohl unvermeidlich. Die Unzufriedenheit kam der PDS zugute, der perzipierten Ostpartei.

Die Kehrseite der Akzeptanz der PDS durch Medien und Konkurrenten (bis hin zur Regierungsverantwortung) lag in der Entzauberung der Partei. So gilt *cum grano salis* das Paradoxon, dass die Befürworter einer „Ausgrenzung" der PDS diese stärkten, weil sich selbst Kritiker aus den Reihen der Ostdeutschen mit der PDS solidarisierten. Wer hingegen eine Einbeziehung der PDS in den politischen Diskurs wünschte, schwächte sie dadurch (in der Regel ungewollt).

In den neuen Bundesländern, stärker als in den alten, mehren sich die Symptome für ein Anwachsen der Parteienverdrossenheit (sinkende Wahlbeteiligung; Verluste für die Volksparteien; Anwachsen radikaler Kräfte; Gewinne für kleinere Gruppen außerhalb des etablierten Politikbetriebes). Auch der Rückgang der ohnehin geringen Zahl der Parteimitglieder muss beunruhigen. Vor allem schlägt die Unzufriedenheit mit der größten Regierungspartei oft nicht positiv bei der größten demokratischen Oppositionspartei des Landes zu Buche. Vereinfacht ausgedrückt: Dadurch profitiert nicht mehr die „Opposition im System", sondern die „Opposition zum System". Um einige Sachverhalte zu konkretisieren: In Sachsen-Anhalt lag die Wahlbeteiligung bei der Landtagswahl im Jahre 2006 bei 44,4 Prozent; in Sachsen verfügen PDS und NPD seit 2004 über mehr als ein Drittel der Mandate; dort (50,9 Prozent) und in Brandenburg (51,3 Prozent) kommen die beiden Volksparteien CDU und SPD zusammen gerade einmal auf eine knappe absolute Mehrheit; in Sachsen (seit 2004) und Mecklenburg-Vorpommern (seit 2006) ist mit der NPD eine aggressiv-demagogische Rechtsaußenpartei im Parlament vertreten. Durch deren Existenz wird die PDS, bei der „Antifaschismus" im Mittelpunkt des Agi(ti)erens steht, nicht geschwächt, sondern aufgewertet.

Berlin als Bundesland mit einem Ost- und einem Westteil verdient eine gesonderte Betrachtung. In einer vereinten Stadt gibt es ein gespaltenes Wahlverhalten. Im Westteil wurde 2001 und 2006 siebenmal weniger PDS gewählt als im Osten, davor war die Diskrepanz noch weitaus größer. Hatte die PDS 1990 9,2 Prozent erreicht (Ost: 23,6 Prozent; West: 1,3 Prozent), 1995 14,6 (Ost: 36,3 Prozent; West: 2,1 Prozent), 1999 17,7 Prozent (Ost: 39,5 Prozent; West: 4,2 Prozent), so erhielt sie 2001 22,6 Prozent (Ost: 47,6 Prozent; West: 6,9 Prozent). Dabei bekam sie im Osten mehr als die SPD, CDU, Grüne und FDP zusammen. Dies mutet schon deshalb sensationell an, weil Westberliner in die östlichen Stadtteile gezogen sind. Die Ergebnisse im Westteil der Stadt apostrophierte die Führungsspitze als „Durchbruch der PDS im Westen", die im Osten als „Aufschrei, der nicht überhört werden darf".[26]

Der Dämpfer kam bei der Abgeordnetenhauswahl 2006. Die Regierungspartei PDS hatte den rigorosen Sparkurs des Seniorpartners SPD im Kern mitgetragen. Die Vermutung, ein beträchtlicher Teil der PDS-Wählerschaft würde „die Partei für ihren pragmatischen Regierungskurs als handzahmer Sparpartner der SPD abstrafen",[27] traf zu. Die PDS konnte die hochgespannten, weil hochgezüchteten Erwartungen vieler ihrer Wähler nicht erfüllen. Als Linkspartei sah sie sich der Konkurrenz der WASG ausgesetzt, deren Berliner Landesverband den Regierungskurs der Postkommunisten heftig abgelehnt hatte. Die von trotzkistischen Splittergruppen wie *Linksruck* und *Sozialistische Alternative – Voran* (SAV) stark beeinflusste Organisation unter ihrer Spitzenkandidatin Lucy Redler, einer bekennenden Trotzkistin, trat im Wahlkampf 2006 fundamentalistisch auf und bezichtigte die Linkspartei des Verrats an sozialistischen Prinzipien. Der Berliner Verfassungsschutzbericht registrierte: „Bei den Wahlen zum Abgeordnetenhaus und zu den Bezirksverordnetenversammlungen ermöglichten die offenen Wahllisten der WASG, dass auch Extremisten für diese kandidieren konnten. Ver-

---

26 Vgl. den Artikel: Nach der Berlin-Wahl: Freude über hervorragendes Ergebnis. Zimmer, Pau, Gysi und Bartsch zum Erfolg der PDS, in: PDS-Pressedienst vom 26. Oktober 2001, S. 2.

27 So Oskar Niedermayer/Richard Stöss: Die Berliner Abgeordnetenhauswahl vom 17. September 2006: Ein „Weiter so" trotz herber Verluste des Koalitionspartners, in: Zeitschrift für Parlamentsfragen, 1/2007, S. 90.

treten waren in der Folge neben Aktivisten der SAV auch Mitglieder der linksextremistischen ‚Gruppe Arbeitermacht' (GAM), der ‚Deutschen Kommunistischen Partei' (DKP) – u.a. deren Landesvorsitzender – sowie Mitglieder des militanten autonomen Spektrums."[28] Obwohl der Wahlausgang für die Linkspartei mit einem Stimmenrückgang von 9,2 Punkten auf 13,4 Prozent wie ein Schock wirkte, ging sie auf die Einladung der SPD zu einer neuen Koalition ein.

Wie der Blick auf die Wahlergebnisse erhellt, ist die PDS mittlerweile in vier von fünf Bundesländern die zweitstärkste Partei – in Thüringen fast, in Sachsen mehr als doppelt so stark wie die SPD (und zwar schon seit 1999). In Mecklenburg-Vorpommern wäre sie es ohne die Regierungsbeteiligung zwischen 1998 und 2006 ebenso gewesen. Denn bei den ersten drei Wahlgängen 1990, 1994, 1998/99 schnitt die PDS nirgends so gut ab wie in dem norddeutschen Küstenland. In allen Ländern mit einer opponierenden PDS weisen die Resultate von Wahl zu Wahl nach oben, nicht dagegen in Berlin und Mecklenburg-Vorpommern. Offenkundig hatte sie die Erwartungen nicht erfüllt. In diesen Ländern musste sich die Regierungspartei PDS bei den Wahlen im Jahre 2006 mit einer auch ihr gegenüber kritisch agierenden WASG auseinandersetzen.

4. Landtagswahlen in den alten Bundesländern

Der Erfolgskurs der PDS in den neuen Bundesländern fand keine Parallele in der „alten" Bundesrepublik. Da die Partei im Westen nicht Fuß zu fassen vermochte, verzichtete sie, den eigenen Misserfolg antizipierend, auf eine Teilnahme an den meisten Wahlen. So sollte nicht der Eindruck aufkommen, sie sei ohne jeglichen Rückhalt bei der Bevölkerung, war doch die Befürchtung groß, ein katastrophal schlechtes Abschneiden könne eine Art Abschreckungseffekt bei potenziellen Anhängern hervorrufen.

---

28 Verfassungsschutzbericht Berlin 2006, Berlin 2007, S. 81.

Bei der Bürgerschaftswahl in Hamburg 1991 trat die PDS das erste Mal im Westen an – gegen die *Alternative Liste*, eine linksradikale Absplitterung von den Grünen, und gegen die DKP. Dies war innerhalb der Partei umstritten, das Engagement im Wahlkampf daher nicht weit gediehen. Wolfgang Gehrcke versuchte die Kritik abzufedern: „Unsere Kandidatur richtet sich nicht gegen andere ebenfalls kandidierende Linkskräfte, bei denen wir viel Gemeinsames mit unserer Situation sehen. Wir wollen einen Wahlkampf mit klaren inhaltlichen Vorstellungen gegen rechts führen und eine prinzipielle Systemkritik zur Grundlage unserer Aussagen machen. Wir wollen in unserem Wahlkampf einen Beitrag zur Verschiebung des politischen Klimas nach links leisten, was nicht nur uns selbst zugute kommen wird, sondern auch allen anderen Linkskräften in Hamburg."[29] Das Ergebnis lag mit 0,5 Prozent (Tabelle 6) deutlich unter dem der Bundestagswahl 1990 (1,1 Prozent). Die DKP hatte lediglich 0,1 Prozent erreicht.

Tabelle 6: Wahlergebnisse der PDS bei den Landtagswahlen in den alten Bundesländern seit 1990 (in Prozent)*

Baden-Württemberg
1992:   -
1996:   -
2001:   -
2006:   3,1 (WASG)

Bayern
1990:   -
1994:   -
1998:   -
2003:   -

---

29 Vgl. Wolfgang Gehrcke: Linke Szene noch nicht auf dem Tiefpunkt, in: Neues Deutschland vom 5. Juni 1991.

Bremen

1991: -
1995: 2,4
1999: 2,9
2003: 1,7
2007: 8,4

Hamburg

1991: 0,5
1993: -
1997: 0,7
2001: 0,4
2004: -
2008: 6,4

Hessen

1991: -
1995: -
1999: -
2003: -
2008: 5,1

Niedersachsen

1990: -
1994: -
1998: -
2003: 0,5
2008: 7,1

Nordrhein-Westfalen

1990: -
1995: -
2000: 1,1
2005: 0,9 – 2,2 (WASG)

Rheinland-Pfalz

1991: -
1996: -
2001: -
2006: 2,5 (WASG)

Saarland
1990:   -
1994:   -
1999:   0,8
2004:   2,3

Schleswig-Holstein
1992:   -
1996:   -
2000:   1,4
2005:   0,8

*Quelle: Zusammenstellung nach den amtlichen Wahlstatistiken. *Seit 2007: DIE LINKE.*

Vier Jahre vergingen, ehe die PDS einen neuen Anlauf im Westen zu unternehmen wagte. „Von Bremen aus will die PDS den Westen Deutschlands erobern"[30] – so und ähnlich lauteten viele Zeitungsschlagzeilen 1995. Die Partei hatte im Wahlkampf zur Bürgerschaftswahl am 14. Mai keine Mittel und Wege gescheut. Alle Landtagsfraktionen aus den neuen Bundesländern waren zur wählerwirksamen Unterstützung nach Bremen gereist. Auch die Gruppe der PDS im Bundestag hatte die Bremer Genossen bei ihren Wahlkampfaktivitäten nachhaltig unterstützt. Wie der eigene „Abschlussbericht des Wahlbüros Bremen" festhielt, war die PDS im Wahlkampf nicht verfemt. „Beschimpfungen oder Provokationen gab es durchweg nicht."[31] Doch erreichte die PDS nur 2,4 Prozent (Bundestagswahl 1994: 2,7 Prozent). Mit dem Scheitern der PDS in ihren „Hochburgen" schien die Westausdehnung zu Grabe getragen worden sein. Die PDS blieb eine ostdeutsche Regionalpartei – ohne Chance in den alten Bundesländern.

Die weiteren Kandidaturen in Hamburg und Bremen waren nicht besonders vielversprechend, in Hamburg sogar abschreckend. Die „Lebenswelt des Hamburger Szene-Milieus war ‚links' geprägt, meist links-

---

30 René Wagner: Von Bremen aus will die PDS den Westen Deutschlands erobern, in: Frankfurter Allgemeine Zeitung vom 23. März 1995.
31 Der „Abschlussbericht des Wahlbüros Bremen" wird zitiert nach: PDS-Pressedienst vom 30. Juni 1995, S. 15.

sozialistisch, häufig linksradikal."[32] Hier hatte es die Bundespartei der PDS im Westen mit Chaoten zu tun. Während die Hamburger PDS 1993 nicht unter eigenem Namen angetreten war (stattdessen mit anderen linksextremistischen Gruppierungen, u.a. der *Marxistisch-Leninistischen Partei Deutschlands*, als *Linke Alternative – Wehrt Euch*, ein Wahldesaster erlebt hatte), tat sie dies 1997: „Wir kandidieren zu diesen Wahlen zusammen mit anderen fortschrittlichen Kräften als PDS mit einer offenen Liste, damit dem Widerstand gegen die neoliberale Kahlschlagpolitik die Stimme gegeben werden kann. Wir wollen mit Perspektive auf grundlegende Gesellschaftsveränderung Handlungsalternativen zum Sparterror aufzeigen und zu deren Realisierung beitragen."[33] In einer Presseerklärung des Parteivorstandes hieß es, er erkenne keine Möglichkeit, „den Wahlkampf zur Bürgerschaft politisch, personell und materiell zu unterstützen. Wir sehen uns in der Verpflichtung, innerhalb des Landesverbandes jene Kräfte zu stärken, die in Übereinstimmung mit den programmatischen Zielen der PDS stehen und die in Hamburg PDS-Politik für die Bürgerinnen und Bürger machen wollen."[34] Hier war die PDS mit Antidemokraten in den eigenen Reihen konfrontiert. Bei der Hamburger Bürgerschaftswahl 2001 war dies nicht anders. Der Parteivorstand der PDS unterstützte nicht die als sektiererisch angesehene Hamburger PDS, sondern den *REGENBOGEN*, ein Bündnis linksalternativer Kräfte. Die PDS erreichte wegen dessen Kandidatur nur 0,4 Prozent und damit 0,3 Punkte weniger als 1997. Im Jahre 2004 trat die Hamburger PDS nicht zur Wahl an und unterstützte diesmal selbst den *REGENBOGEN*.

Etwas besser sah es in Bremen aus. Die PDS erreichte bei der Bürgerschaftswahl 1999 mit 2,9 Prozent ihr bis dahin bestes Ergebnis in den alten Bundesländern. Die PDS, auf deren Listen auch Personen aus den Reihen der DKP kandidiert hatten, firmierte in ihrem Wahlprogramm als „eine linke sozialistische Partei, die oppositionelle und system- und

---

32 So, nicht zuletzt mit Blick auf die Grünen, Joachim Raschke: Die Grünen. Wie sie wurden, was sie sind, Köln 1993, S. 318.
33 Dieser Beschluss der PDS-Landesversammlung ist abgedruckt in: PDS-Pressedienst vom 7. Mai 1997, S. 2.
34 Keine Möglichkeit zur Unterstützung im Hamburger Wahlkampf. Pressemitteilung des Parteivorstandes, in: Ebd., S. 2.

kapitalismuskritische Inhalte glaubwürdig vermitteln kann."[35] Lothar Bisky sah in dem Ergebnis einen Achtungserfolg, weil die PDS, die „einzige Antikriegspartei",[36] zum ersten Mal in einem westlichen Bundesland besser als die FDP abgeschnitten hatte. Die Partei setzte weiter auf Bremen: Der seinerzeitige Bundesgeschäftsführer Uwe Hiksch erklärte im Februar 2003 die Bedeutung der Wahl in der Hansestadt: „Hier will die PDS in einer gemeinsamen Aktion der verschiedenen Landesverbände zeigen, dass es auch in Westdeutschland gelingen kann, einen deutlichen Ausbau der regionalen und kommunalen Basis zu schaffen."[37] Doch das Ergebnis musste enttäuschen: Mit 1,7 Prozent schnitt sie 2003 so schlecht ab wie nie zuvor – trotz der massiven Kritik an der SPD und den Grünen, die „zum größten Angriff auf die Sozialsysteme geblasen haben, den das Land je gesehen hat."[38]

In den anderen Ländern im Westen fielen die Ergebnisse niederschmetternd aus. So war der Stimmenanteil von 0,5 Prozent bei den niedersächsischen Landtagswahlen 2003 ein Schlag ins Kontor. Obwohl die SPD herbe Verluste hinnehmen musste, konnte die PDS davon nicht profitieren. Die Partei stellte fest: „Die Wahlen in Niedersachsen haben […] deutlich gemacht, dass die PDS in Westdeutschland nur Erfolge haben kann, wenn sie vor Ort eine breitere soziale Basis hat und regional politisch verankert ist. Das Ergebnis hat bestätigt, dass eine Kandidatur ohne ausreichende regionale Verankerung auf Landesebene problematisch ist."[39] Mit anderen Worten: Die Wahlabstinenz der PDS 1994 und 1998 in Niedersachsen war nach Auffassung der PDS richtig. Im Saarland hatte sie 1999 nur enttäuschende 0,9 Prozent der Stimmen erreicht; 2004 schnitt sie mit 2,3 Prozent deutlich besser ab – gemessen an ihren deprimierend niedrigen Ergebnissen im Westen recht gut. Im

35 Vier Jahre Große Koalition in Bremen – Zeit für eine linke, sozialistische Opposition. Präambel des Wahlprogramms der PDS Bremen, in: PDS-Pressedienst vom 4. Juni 1999.

36 Achtungserfolg in Bremen. Lothar Bisky zum Ergebnis der Bürgerschaftswahl am 6. Juni, in: PDS-Pressedienst vom 11. Juni 1999.

37 Wahlen in Bremen werden wichtige Weichenstellung für PDS in Westdeutschland, http://sozialisten.de/presse/presseerklaerungen/view (12. Juni 2004).

38 Programm der PDS zur Bürgerschaftswahl am 25. Mai 2003, S. 3.

39 Ergebnis von Hessen und Niedersachsen stellt Zäsur dar, in: PDS-Pressedienst vom 7. Februar 2003, S. 7.

Wahlkampf spielte die Kritik an „Hartz IV" die entscheidende Rolle. Die PDS stellte ihr bestes Ergebnis in einem westdeutschen Flächenland als ermutigend heraus, wobei sie zuvor nur je einmal in Niedersachsen, in Nordrhein-Westfalen und Schleswig-Holstein angetreten war. Hatte die PDS bei der schleswig-holsteinischen Landtagswahl im Jahre 2000 immerhin 1,4 Prozent der Stimmen erreicht, so kam sie im Frühjahr 2005 trotz der sie begünstigenden Stimmung gegen „Hartz IV" nur auf 0,8 Prozent.

Im Vorfeld der nordrhein-westfälischen Landtagswahl 2000 wurde der PDS-Bundesparteitag, wie erwähnt, zum ersten Mal im Westen abgehalten, in Münster. Die PDS erklärte sich in ihrem Wahlprogramm als „sozial gerecht", „solidarisch", „oppositionell", „demokratisch", „antimilitaristisch", „antifaschistisch" und „antirassistisch".[40] Während vor Ort die Partei Enttäuschung über das magere Wahlergebnisse von 1,1 Prozent erkennen ließ, erklärte der Bundesvorstand überaus milde: „Die PDS hat sich bei den Wahlen [...] als stabil erwiesen, in einer innerparteilich schwierigen Situation als handlungsfähig gezeigt und ordentliche Resultate erreicht."[41] Im Jahr 2005 musste die Partei in Nordrhein-Westfalen gegen die WASG antreten. Hieß es bei ihr, „eine andere Politik ist möglich", tauschte die PDS „andere" durch „bessere" aus. Beide Parteien stellten auf Protest gegen die „Hartz IV"-Gesetzgebung ab. Eine direkte Bezugnahme auf die linke Konkurrenz vermieden die Postkommunisten. Die WASG konnte *ad hoc* in allen 128 Wahlkreisen kandidieren, die PDS nur in 116. Hatte die WASG 2,2 Prozent der Stimmen erhalten, so war die PDS mit 0,9 Prozent unter der für die Parteienfinanzierung bedeutsamen Grenze von 1,0 Prozent geblieben. Damit wurde der PDS ihre Schwäche im Westen einmal mehr vor Augen geführt. Wichtiger als ihr Abschneiden bei dieser Wahl war für beide Parteien der Umstand, dass Gerhard Schröder wegen des Endes der letzten rot-grünen Regierung auf Landesebene Neuwahlen in die Wege zu leiten suchte. „Wenn Bundeskanzler Schröder und SPD-Parteichef Müntefering von ihrem Neuwahl-Coup erhofft hatten, die Entstehung

---

40 Sozial – gerecht – solidarisch. Landtagswahlprogramm der PDS Nordrhein-Westfalen, S. 1.
41 Zu den Wahlen in Nordrhein-Westfalen und Thüringen. Erklärung des Parteivorstandes der PDS vom 16. Mai, in: PDS-Pressedienst vom 19. Mai 2000, S. 3.

einer Linkspartei in der kurzen Wahlvorlaufzeit zu vereiteln, so lagen sie gründlich daneben. Die Neuwahlentscheidung bewirkte das glatte Gegenteil."[42] Sie führte zu einer zügigen Verständigung zwischen PDS und WASG. Um sich gegenseitig keine Stimmen wegzunehmen, wurde ein Zusammenschluss ins Auge gefasst und innerhalb von zwei Jahren umgesetzt. Beide Seiten profitierten davon.

Bei den Landtagswahlen im Jahre 2006 in den alten Bundesländern trat nicht die PDS an, sondern die WASG, auf deren Listen auch Kandidaten der PDS (und ebenso der DKP) standen. Die PDS finanzierte die Wahlkämpfe und gab die Richtung vor. Gregor Gysi und Oskar Lafontaine traten bei Wahlveranstaltungen auf, um den mangelnden Bekanntheitsgrad der einheimischen Kandidaten zu kompensieren. Der Kampf gegen den „Neoliberalismus" und für „soziale Gerechtigkeit" dominierte.[43] Obwohl von Unstimmigkeiten zwischen WASG und PDS in den Wahlkämpfen nichts zu spüren war, reichte es weder in Rheinland-Pfalz (2,6 Prozent) mit Norbert Kepp, einem langjährigen SPD-Mitglied an der Spitze, noch in Baden-Württemberg (3,1 Prozent), wo die Partei keinen Spitzenkandidaten präsentieren wollte, zum Einzug in das Landesparlament. Damit lagen die Ergebnisse unter denen der Linkspartei bei der Bundestagswahl 2005, in Rheinland-Pfalz klar, in Baden-Württemberg knapp. Gleichwohl: Der Aufwärtstrend war offenkundig geworden.

Kurz vor dem Vereinigungsparteitag fanden am 13. Mai 2007 in Bremen Wahlen zur Bürgerschaft statt, also ausgerechnet in dem westlichen Bundesland mit den besten PDS-Ergebnissen. Die WASG hatte zugunsten der Linkspartei auf eine Kandidatur verzichtet. In ihrem umfassenden Wahlprogramm, das auf dem Titelblatt ein Zitat von Rosa Luxemburg enthielt („Entfremdet und entwürdigt ist nicht nur der, der kein

---

42 Frank Decker/Florian Hartleb: Populismus auf schwierigem Terrain. Die rechten und linken Herausfordererparteien in der Bundesrepublik, in: Frank Decker (Hrsg.): Populismus. Gefahr für die Demokratie oder nützliches Korrektiv?, Wiesbaden 2006, S. 209.

43 Vgl. Florian Hartleb: Ein schlafender Riese? Die „erweiterte PDS" in den Landtagswahlkämpfen Baden-Württemberg und Rheinland-Pfalz, in: Josef Schmid/Udo Zolleis (Hrsg.): Wahlkampf im Südwesten. Parteien, Kampagnen und Landtagswahlen 2006 in Baden-Württemberg und Rheinland-Pfalz, Berlin 2007, S. 147-161.

Brot hat, sondern auch der, der keinen Anteil an den großen Gütern der Menschheit hat"), diagnostizierte die Partei: „Die Massenarbeitslosigkeit geht mit Verarmung, Verschuldung und sozialer Ausgrenzung einher. Gleichzeitig wächst bei vielen Menschen die Angst vor dem Verlust des noch vorhandenen Arbeitsplatzes, vor dem Abrutschen an den gesellschaftlichen Rand und vor Altersarmut. Weil die Reallöhne stagnieren oder gar sinken, reicht oft selbst eine Vollerwerbstätigkeit nicht mehr aus, um ein Leben oberhalb der Armutsschwelle zu führen. Der Wohlfahrtsstaat wird ersetzt durch behördliche Kontrolle, Disziplinierung und Herabwürdigung der Bedürftigen."[44] Die Partei plädierte daher für ein „armutsfestes Grundeinkommen". Im Wahlkampf wurde ausschließlich der Name „DIE LINKE" verwendet. Mit 8,4 Prozent der Stimmen zog die Partei zum ersten Mal in ein westdeutsches Landesparlament ein. Lothar Bisky sprach davon, die „chinesische Mauer" sei nun „durchlässig" geworden, Bodo Ramelow, stellvertretender Fraktionsvorsitzender im Bundestag, von einem „Meilenstein". Geschäftsführer Dietmar Bartsch meinte: „Die Linke ist auf dem Weg, auch im Westen eine verlässliche Größe zu werden."[45] Hubert Kleinert, einst ein führender Kopf bei den Grünen, erinnerte daran, auch die Grünen hätten 1979 ihren Erfolgskurs in Bremen begonnen.[46] Hingegen gab es Stimmen in der Partei, die es als problematisch ansahen, aus dem Bremer Ergebnis automatisch auf Erfolge in anderen westdeutschen Bundesländern zu schließen.[47]

Am 27. Januar 2008 passierte die Sensation: DIE LINKE zog sowohl in Hessen (5,1 Prozent) als auch in Niedersachsen (7,1 Prozent) in das Landesparlament ein. Im eher ländlich geprägten, gleichwohl keineswegs strukturschwachen Niedersachsen konnte sich die dort stark von der PDS und ehemaligen Repräsentanten kommunistischer Sekten bestimmte Partei unter ihrer weithin unbekannt gebliebenen Spitzenkandidatin Kreszentia Flauger in einem wenig spektakulären Wahlkampf

---

44 DIE LINKE: Wahlprogramm Bremer Bürgerschaftswahl 2007, Bremen 2007, S. 5.
45 Zitate nach: http://www.spiegel.de/politik/deutschland/0,1518,482868,00.html (13. Februar 2008).
46 Vgl. Hubert Kleinert: Volksparteien, hört die Signale!, in: http://www.spiegel.de/ politik/deutschland/ 0,1518,482705-2,00.html (13. Februar 2008).
47 Vgl. Bernd Hüttner/Norbert Schepers: Die Bürgerschaftswahlen in Bremen 2007: DIE LINKE im Westen angekommen?, in: rls-standpunkte, 11/2007, S. 1-8.

nicht sonderlich in Szene setzen, zumal der eher linke SPD-Spitzenkandidat Wolfgang Jüttner Forderungen der Konkurrenz besetzt hatte (wie Lernmittelfreiheit und ein gebührenfreies Studium). Der schillernde Landesvorsitzende Diether Dehm genoss durch seine Bespitzelung Wolf Biermanns selbst im linken Lager keinen besonders guten Ruf. In Hessen waren die Angebots- und Gelegenheitsstrukturen mit der stärkeren Verankerung im gewerkschaftlichen Umfeld und mehr Reformkräften sowie einem größeren urbanen Milieu für die Partei besser. Der parteilose Spitzenkandidat Willi van Ooyen, der aus den Reihen der *Deutschen Friedensunion* stammte, hatte das Ex-DKP-Mitglied Pit Metz abgelöst, das mit einem abenteuerlichen Vergleich untragbar geworden war. Die hessische Konstellation brachte DIE LINKE in eine doppelte Zangenbewegung. Zum einen stellte die SPD-Spitzenkandidatin Andrea Ypsilanti vom linken Flügel der SPD mit ihrer Unterschriftenaktion ausgerechnet den „Mindestlohn" in den Vordergrund. Damit wurde das Thema der LINKEN okkupiert. Zum anderen drängte die Kampagne des Ministerpräsidenten Roland Koch gegen die Gewaltkriminalität die spezifischen Themen der Partei (z.B. Bekämpfung der Kinder- und Altersarmut) stark ins Hintertreffen. Der Komplex der sozialen Sicherheit polarisierte ebenso wie jener der inneren Sicherheit. CDU und SPD konnten dadurch die eigene Anhängerschaft mobilisieren. Zu allem Überfluss warnte der Wahlkreiskandidat Karl-Klaus Sielaff vor Altkommunisten und Anarchisten in der eigenen Partei. Gleichwohl gelang der LINKEN ein solcher Erfolg – trotz nicht hoher Problemlösungskompetenz, vom Bereich „soziale Gerechtigkeit" abgesehen. Sie bekam vor allem Stimmen aus dem Lager der einstigen SPD- und aus dem der Nichtwählerschaft. Besonders bei den Arbeitern und den Arbeitslosen schnitt sie gut ab.[48]

In Hamburg wiederholte sich am 24. Februar 2008 der Erfolg der LINKEN. Sie hatte unter ihrer Spitzenkandidatin Dora Heyenn, einer früheren SPD-Landtagsabgeordneten, einen „Politikwechsel in Hamburg" proklamiert und der „neoliberalen Politik", insbesondere der „Hartz IV"-Gesetzgebung, den Kampf angesagt. „Die Kandidatur unserer Partei DIE LINKE.Hamburg gibt dem Widerstand eine parlamentarische

---

48 Vgl. Viola Neu: Landtagswahlen in Hessen und Niedersachsen am 27. Januar 2008, Berlin 2008.

Stimme – in der Bürgerschaft – und in den Bezirken."[49] Da das Ergebnis mit 6,4 Prozent (offenkundig wegen der Querelen um das DKP-Mitglied Christel Wegner, das in den niedersächsischen Landtag eingezogen war) schwächer als erwartet ausfiel, blieb dem dortigen DKP-Bezirksvorsitzenden Olaf Harms, nominiert auf dem zehnten Platz der Liste, der Einzug in die Bürgerschaft verwehrt. Auch in Hamburg gingen die Erfolge der Partei stark auf Nichtwähler und ehemalige SPD-Anhänger zurück. Die sozialstrukturellen Merkmale der Wählerschaft der LINKEN wichen von denen in Hessen und in Niedersachsen nicht sonderlich ab.

Wer die Wahlergebnisse der Partei in den alten Ländern Revue passieren lässt, kommt zu folgendem Befund: Sie hat in den Stadtstaaten Bremen und Hamburg, in denen sie sich aufgrund des großstädtischen Milieus die größten Aussichten versprach, an vier von fünf (Bremen) bzw. von sechs (Hamburg) Wahlgängen teilgenommen. In Niedersachsen kandidierte sie ebenso zweimal wie in Nordrhein-Westfalen, im Saarland und in Schleswig-Holstein. In Baden-Württemberg und in Rheinland-Pfalz stellte sich im Jahr 2006 die WASG zur Wahl. In Hessen hatte die PDS vor der Vereinigung mit der WASG an keiner Wahl teilgenommen. In Bayern wird sie das erste Mal im Herbst 2008 um die Stimmen der Wähler werben. Im Jahr 2003 hatte sie, das deprimierende Ergebnis von Niedersachsen vor Augen, auf ihrem Landesparteitag mit 28 gegen 21 Stimmen einen Wahlverzicht beschlossen. Nach der Wahl versicherte sie vollmundig, sie werde dem von der Regierung wie von der Opposition betriebenen „Sozialkahlschlag entschiedenen Widerstand entgegensetzen".[50]

Die PDS hatte im Westen partielle Unterstützung vor allem von „systemfeindlich" eingestellten jungen Leuten gefunden, war doch das dortige Erscheinungsbild einer zum Teil militant-antikapitalistisch wirkenden Partei weithin ein anderes, radikaleres als im Osten. Vor dem Zusammengehen mit der WASG fühlte sich die Partei im Westen isoliert

---

49 Hier ist DIE LINKE. Wahlprogramm Bürgerschaftswahl 2008, Hamburg 2008, S. 6 f.
50 Reformen ohne soziale Gerechtigkeit vertreiben SPD-Wähler, in: PDS-Pressedienst vom 26. September 2003, S. 1.

und war es weithin auch. Das ist nun durch das Überwinden der Fünfprozenthürde in den Stadtstaaten Bremen und Hamburg und den Flächenstaaten Hessen und Niedersachsen anders geworden. Die Partei
dringt in ein ihr bisher verschlossen gebliebenes Wählerreservoir vor.
Die Verbindung mit der WASG federt die kulturelle Fremdheit der PDS
im Westen ab. Der neue Name – DIE LINKE – ist zwar eine Anmaßung,
aber strategisch geschickt gewählt. Der Erfolg gibt der Partei Recht.
Manche ihrer Wähler sehen die Partei als eine Art „bessere" Sozialdemokratie.

5. Wählerschaft der Partei

Wie empirische Untersuchungen zeigen, waren die – überdurchschnitt-
lich besser (aus-)gebildeten – PDS-Wähler keineswegs wirtschaftlich
schlechter gestellt als die Wählerschaft insgesamt. Viele von ihnen gehörten in der DDR zu den Privilegierten, hatten danach ihr gesellschaftliches Ansehen eingebüßt. Sie haben sich materiell objektiv ver-
bessert, subjektiv aber verschlechtert. Obwohl die Wähler der Partei
keine hohe Problemlösungskompetenz zuschrieben (mit Ausnahme des
Themas der „sozialen Gerechtigkeit"), fand und findet sie Anklang. Die
„Mobilisierung des *Wir-im-Osten*-Gefühls"[51] ist der PDS gelungen –
eine Paradoxie insofern, als gerade die SED wegen ihrer desaströsen
Hinterlassenschaft für das starke Ausmaß an Veränderungen im Kern
die Verantwortung übernehmen muss.

Durch die verbreitete Kritik an der „Hartz IV"-Gesetzgebung hat sich
die Wählerschaft der PDS erweitert, auch im Westen. Damit ist ein sozialstruktureller Wandel einhergegangen. Die Zahl der Wähler mit eher
niedriger Bildung stieg kontinuierlich: Arbeiter und Arbeitslose. Hatte
die PDS zuvor kaum „Modernisierungsverlierer" gewinnen können, so
liegt deren Quote bei ihr nun überproportional hoch. Die ideologische
Selbsteinstufung ihrer „neuen" Wählerschaft weicht jedoch nicht von

---

51 So Tilman Fichter: Kein Auslaufmodell, in: Die Neue Gesellschaft/Frankfurter Hef-
te, 8/1994, S. 714 (Hervorhebung im Original).

jener der früheren Wählerschaft ab – mit Blick auf das linke Selbstverständnis und das höhere Ausmaß an Demokratieunzufriedenheit. „Wie schon die PDS-Wähler in der Vergangenheit, so zeichnen sich auch die Linkspartei.PDS-Wähler von 2005 durch eine dezidiert ‚linke' ideologische Selbsteinschätzung, eine Verortung am sozialstaatlichen Pol der sozio-ökonomischen Konfliktlinie und eine vergleichsweise geringe Systemakzeptanz aus." Oskar Niedermayer schlussfolgert aus seiner Erhebung mittelfristig eine stabile Stärke der LINKEN: „Um sowohl ihre traditionellen als auch die neu hinzugekommenen Wählerschichten bei künftigen Wahlen für die Partei zu mobilisieren, muss die Linkspartei.PDS somit keinen Spagat mit unterschiedlicher politischer Ansprache der beiden Wählersegmente vollbringen."[52] Die Verbesserung der ökonomischen Lage muss bei stark links eingestellten Personen nicht zu einer Verbesserung der Perzeption führen.

Für die Hälfte (48 Prozent) der deutschen Wähler galt die PDS im Jahre 2002 mittlerweile als eine demokratische Partei wie andere im Bundestag vertretene Parteien auch.[53] Im Osten lag die Quote bei 75 Prozent, im Westen immerhin bei 42 Prozent. Ende des Jahres 2007 meinten 34 Prozent, ein Einzug der Partei auch in westdeutsche Landesparlamente sei an der Zeit.[54] Das Meinungsklima hat sich geändert. Offenkundig gilt sie im Osten Deutschlands vielfach als eine „normale Partei", im Westen durch die Verbindung mit der WASG und dem neuen Namen nun teilweise ebenso, jedenfalls nicht mehr als akute Bedrohung der Demokratie, sondern eher als eine Kraft, die soziale Gerechtigkeit auf ihre Fahnen schreibt.

Die (für die Bundestagswahlen 1994 und 1998 nicht erhobene) repräsentative Wahlstatistik, die aufgrund von Unterscheidungsaufdrucken bei den Stimmzetteln das tatsächliche Wahlergebnis ermittelt, ist einmalig in der Welt und liefert interessante Aufschlüsse über die Stimm-

52 So Oskar Niedermayer: Die Wählerschaft der Linkspartei.PDS 2005: sozialstruktureller Wandel bei gleich bleibender politischer Positionierung, in: Zeitschrift für Parlamentsfragen, 3/2006, S. 537 f.
53 Vgl. Infratest dimap: Wahl zum 15. Deutschen Bundestag am 22. September 2002, Berlin 2002, S. 114.
54 Vgl. Neu (Anm. 48), S. 3.

abgabe der PDS-Wähler nach Alter und Geschlecht, auch wenn diese beiden Faktoren für das Wahlverhalten nicht zentral bestimmend sind. Die folgenden Angaben stützen sich ausschließlich auf die Zahlen des Statistischen Bundesamtes.[55]

Die Partei wurde stärker von Männern als von Frauen gewählt (Tabelle 7). Diese Tendenz hat sich von Wahl zu Wahl leicht verstärkt. Die Überrepräsentation von Männern bei Parteien, die eher als radikal gelten, ist ein aus der Wahlforschung hinlänglich bekanntes Phänomen. Bei den Präferenzen in den Altersgruppen (Tabelle 8) fällt eine gewisse Überalterung der PDS-Wählerschaft auf, wenngleich die Gruppe der über 60-jährigen Frauen leicht unterrepräsentiert war. Rentner sind nicht mit Arbeitslosigkeit konfrontiert. Hingegen dominierten die 45- bis 59-Jährigen in der PDS-Wählerschaft. Dieses Charakteristikum wurde von Wahl zu Wahl deutlicher, die Wählerschaft damit älter. Die PDS bekam in erheblich stärkerem Maße von „gelernten DDR-Bürgern" ihre Stimme. Der Zulauf von jüngeren Menschen war eher unterdurchschnittlich. Die Kombination von Erst- und Zweitstimmen bei der PDS-Wählerschaft im Zeitablauf wies ein hohes Maß an Kontinuität auf (Tabelle 9). Nach wie vor gaben etwa 75 Prozent der PDS-Zweitstimmenwähler auch ihre Erststimme der Partei. Bei den Grünen (Bundestagswahl 2005: 34,7) und den Liberalen (Bundestagswahl 2005: 29,0 Prozent) lag der Anteil deutlich darunter. Das zeigte die mangelnde Affinität der PDS-Wähler zu anderen Parteien. Selbst die SPD erhielt nicht einmal jede fünfte Erststimme eines Zweitstimmenwählers der PDS.

---

55 Vgl. auch Hans Rattinger: Das Wahlverhalten bei der ersten gesamtdeutschen Bundestagswahl nach Alter und Geschlecht. Ergebnisse der repräsentativen Wahlstatistik, in: Zeitschrift für Parlamentsfragen, 2/1992, S. 266-280; Eckhard Jesse: Die Bundestagswahlen von 1990 und 2002 im Spiegel der repräsentativen Wahlstatistik, in: Zeitschrift für Parlamentsfragen, 4/2003, S. 645-656; ders.: Die Bundestagswahl 2005 im Spiegel der repräsentativen Wahlstatistik, in: Zeitschrift für Parlamentsfragen, 3/2006, S. 513-523.

Tabelle 7: Stimmabgabe der Männer und Frauen bei den Bundestagswahlen 1990, 2002 und 2005 für die PDS (in Prozent der Zweitstimmen)

	1990*	2002	2005
Männer	2,8	4,3	9,9
Frauen	2,5	3,7	7,6
Insgesamt	2,6	4,0	8,7

*Quelle: Zusammenstellung nach der repräsentativen Wahlstatistik des Statistischen Bundesamtes. *Ohne Stimmen der Briefwähler. Lesehinweis: Die PDS erreichte 2002 3,7 Prozent der Stimmen bei den Frauen.*

Tabelle 8: Stimmabgabe der Männer und Frauen nach dem Alter bei den Bundestagswahlen 1990, 2002 und 2005 für die PDS (in Prozent der Zweitstimmen)

	1990*			2002			2005		
	M	F	Zus.	M	F	Zus.	M	F	Zus.
18-24	2,7	2,3	2,5	4,0	3,4	3,7	7,9	7,6	7,8
25-34	2,8	2,8	2,8	3,4	3,1	3,3	7,8	7,1	7,4
35-44	3,0	2,7	2,9	3,9	3,8	3,9	9,3	8,1	8,7
45-59	2,8	2,5	2,6	5,0	4,4	4,7	12,6	9,6	11,1
ab 60	2,9	2,2	2,5	4,5	3,5	3,9	9,2	6,2	7,5
Insgesamt	2,8	2,5	2,6	4,3	3,7	4,0	9,9	7,6	8,7

*Quelle: Zusammenstellung nach der repräsentativen Wahlstatistik des Statistischen Bundesamtes. *Ohne Stimmen der Briefwähler. Lesehinweis: Die PDS erreichte 1990 bei den 35- bis 44-jährigen Männern 3,0 Prozent der Stimmen.*

Tabelle 9: Kombination der Erst- und Zweitstimmen bei den Bundestagswahlen 1990, 2002 und 2005

Zweitstimmen	Erststimmen				
= 100	CDU/ CSU	SPD	FDP	B 90/ Grüne	PDS
1990*					
PDS	3,5	9,8	1,8	6,1	75,6
2002					
PDS	3,3	19,6	1,6	3,2	70,9
2005					
PDS	3,9	17,3	1,5	2,8	72,1

*Quelle: Zusammenstellung nach der repräsentativen Wahlstatistik des Statistischen Bundesamtes. *Ohne Stimmen der Briefwähler. Lesehinweis: Von den Wählern, die 2002 mit der Zweitstimme die PDS wählten, gaben 3,2 Prozent ihre Erststimme den Grünen.*

Wer zusätzlich einen Ost-West-Faktor einbezieht, findet erstaunliche Unterschiede zwischen alten und neuen Bundesländern. Bei den Westdeutschen wählten die Männer überproportional (2005: 6,1 gegenüber 3,8 Prozent bei den Frauen) stärker die Linkspartei als die Ostdeutschen (2005: 26,2 gegenüber 24,4 Prozent bei den Frauen). Eine als radikal geltende Partei zieht eben, wie erwähnt, weitaus stärker Männer als Frauen an. Im Osten firmiert die Wahl der Partei weithin als Normalität. Ferner wies die Wählerschaft der PDS dort ein höheres Alter auf als im Westen. Nach den Daten für die Bundestagswahl 2002 schnitt die Partei hier mit zunehmendem Alter umso schlechter ab (18-24 Jahre: 1,6 Prozent; 25-34 Jahre: 1,4 Prozent; 35-44 Jahre: 1,3 Prozent; 45-59 Jahre: 1,3 Prozent ab 60 Jahre: 0,6 Prozent), im Osten hingegen umso besser (11,8 Prozent; 12,7 Prozent; 16,1 Prozent; 18,8 Prozent; 19,0 Prozent). Allerdings hatte sich bei der Wahl 2005 das gegenläufige Wahlverhalten nach dem Alter durch die Erschließung eines neuen Wählermilieus etwas nivelliert. Der Grund für die Abweichungen ist derselbe wie beim Geschlecht: Eine als radikal geltende Partei übt oft auf jüngere Wähler Attraktivität aus, schreckt ältere ab. Die Extremwerte bei der Bundestagswahl 2005 lauteten mit Blick auf Geschlecht, Alter und

Wahlgebiet wie folgt: Votierten 30,8 Prozent der 45- bis 59-jährigen Männer im Osten für die PDS, so gaben ihr nur 2,3 Prozent der über 60-jährigen Frauen im Westen die Stimme. Schließlich ist das Stimmensplitting mit Blick auf die PDS im Wahlgebiet Ost und im Wahlgebiet West höchst unterschiedlich: Votierten in den neuen Bundesländern 80,3 Prozent der Zweitstimmenwähler auch mit der Erststimme für die PDS, waren es in den alten Bundesländern hingegen nur 62,2 Prozent. Der Hauptgrund ist klar: Die Kandidaten der PDS hatten im Westen nicht den Hauch einer Chance auf ein Direktmandat.

Die Geschichte der PDS, der Linkspartei und der LINKEN ist bisher die Geschichte ihres Erfolgs. Der kühnste Optimist innerhalb der Partei hätte dies 1990 nicht erwartet. Allerdings: Vielleicht wird die von den etablierten Kräften enttäuschte Wählerschaft, die nun bei der LINKEN ist, wie Flugsand sein. DIE LINKE ist längst nicht mehr so eine Milieupartei, wie es die PDS war. In der Tat steht der Osten für eine weitaus geringere Parteiidentifikation und ein höheres Maß an Wechselbereitschaft. Aber der Westen könnte dem Osten bald folgen. Und mit der Abschwächung der Ostidentität bei der LINKEN könnte der Osten dem Westen folgen.

Wie steht es um das Demokratieverständnis der PDS-Wählerschaft? Die Meinungen dazu sind in der Literatur geteilt. Der Wahlforscher Harald Schoen hebt das größere Ausmaß an Unzufriedenheit der PDS-Wähler mit dem Transformationsprozess hervor. „Zudem bewerten die Anhänger der PDS das DDR-System deutlich positiver als die Wähler der übrigen Parteien in den neuen Ländern. Ideologie (und teils auch Nostalgie) spielen bei der Wahl der PDS mithin eine wichtige Rolle." Steht der nachfolgende Satz nicht in einem eklatanten Spannungsverhältnis zu den vorhergehenden Ausführungen? „Extremistische Einstellungen, d.h. eine Ablehnung von Demokratie und Toleranz, lassen sich bei den ostdeutschen Wählern der PDS jedoch keineswegs häufiger nachweisen als bei den Anhängern anderer Parteien."[56] Die diffusen Ressentiments vieler PDS-Wähler gegenüber der repräsentativen De-

---

56 Harald Schoen: Die Wahl extremistischer Parteien, in: Jürgen W. Falter/ders. (Hrsg.): Handbuch Wahlforschung, Wiesbaden 2005, S. 416.

mokratie sind bekannt. Die empirischen Untersuchungen,[57] sofern sie überhaupt erfolgen, sprechen eine deutliche Sprache. „Unter den Befragten zeichnet sich die Wählerschaft der PDS durch ein fast geschlossenes sozialistisches Weltbild aus. Nur eine Minderheit steht dem ideologischen Fundament fern."[58] Und an anderer Stelle heißt es: „Der Sozialismus hat die Züge einer säkularen Religion. Das Einstellungspotenzial ist größer als die tatsächliche Wählerschaft."[59] Durch die Zunahme der Protestwählerschaft bei der LINKEN schwand die Quote der Systemgegner unter den Anhängern allerdings.

---

57 Die empirische Wahlforschung konzentriert sich auf das rechtsextremistische Einstellungspotenzial, spart oft das linksextremistische aus.

58 Viola Neu: Das Janusgesicht der PDS. Wähler und Partei zwischen Demokratie und Extremismus, Baden-Baden 2004, S. 250.

59 Ebd., S. 259. Etwas anders setzt die Akzente Jörg Jacobs: Gegen die bestehende Ordnung? Die Wähler der PDS in vergleichender Perspektive, in: Zeitschrift für Parlamentsfragen, 2/2004, S. 299-241.

PDS und DIE LINKE im Parteiensystem

1. Isolation der PDS

Die DDR brach überraschend und abrupt zusammen. Einerseits profitierte die Bevölkerung von den Aufweichungstendenzen im realen Sozialismus der Sowjetunion, andererseits förderte die friedliche Revolution in der DDR – es fiel kein einziger Schuss – das Ende des „sozialistischen Lagers". Mit dem Fall der Mauer war nicht nur die Entmachtung der SED-Diktatur besiegelt, sondern auch die des Sowjetkommunismus. Die SED fasste wohl eine „chinesische Lösung" ins Auge, schreckte davor aber zurück. Sie ließ die friedliche Revolution zu. Egon Krenz sprach in seiner Antrittsrede als Generalsekretär der SED im Oktober 1989 von einer „Wende", um ihr die Spitze zu nehmen. Der Versuch scheiterte. Die entkräftete SED wollte in den Übergangswirren das Heft des Handelns in der Hand behalten, doch blieb sie mehr Getriebene als Treibende. Egon Krenz war bald abgehalftert, Gregor Gysi sein Nachfolger (wenn auch nicht mehr als Generalsekretär).

Zwar zielten die Kräfte der SED wie die der Oppositionellen auf Gewaltlosigkeit. Allerdings deckten sich die Motive nicht. Strebten die einen den Dialog an, um ihre Macht durch größere Flexibilität zu sichern, so wollten die anderen diese Macht brechen, auch wenn sie einen strikten Legalitätskurs einschlugen. Als schließlich der Rubikon überschritten war (wohl nach Öffnung der Mauer), wussten die einen: Ein Einsatz von Gewalt würde ihre Position in der „neuen" Gesellschaft stark schwächen, so dass sie in realistischer Einschätzung der Erfolgsaussichten schon deshalb davon absahen. Die anderen wiederum hielten es weder für sinnvoll noch für nötig, Gewalt zu propagieren oder gar anzuwenden. So hatten Leute wie Hans Modrow einerseits zwar das Ende der SED und der diktatorischen DDR beschleunigt, andererseits aber – das ist die Kehrseite – den Start der aus der SED hervorgegangenen PDS in der demokratischen Bundesrepublik Deutschland ermöglicht.

Die Frage nach dem Zusammenhang zwischen der Art der Entmachtung der SED und den späteren Erfolgen der PDS ist nicht einfach zu klären. Allerdings trifft die verbreitete Auffassung nur bedingt zu, die Erfolge der PDS seien weitgehend auf Fehler, Fehlgriffe und Fehlentscheidungen nach 1989 zurückzuführen. Schließlich ist die SED durch den Verlauf der Revolution in gewisser Weise „rehabilitiert" worden. Das musste Konsequenzen für die spätere Zeit haben. Die Paradoxie liegt gleichwohl darin, dass wohl nur so – in einem schleichenden Übergang – überhaupt Aussicht bestand, die SED von den Schalthebeln der Macht zu entfernen. Ein stärkerer Bruch mit der kommunistischen Vergangenheit wäre 1989 nötig, jedoch kaum möglich gewesen. Folgende Faktoren begünstigten trotz der für sie insgesamt ungünstigen „Großwetterlage" die Rahmenbedingungen der PDS.

1. Durch den fließenden Übergang zur parlamentarischen Demokratie, den die SED wohl be-, aber schließlich keineswegs verhindert hat, kann ihr die Verteidigung des Machtmonopols um jeden Preis bis zum bitteren Ende nicht vorgehalten werden. Da die SED sich das Wort von der fälligen „Wende" zu eigen machte und Reformen in eigener Sache verlangte, galt sie mitunter als reformfähig. Allerdings wollte die SED an ihrem Machtmonopol zunächst festhalten.

2. Die PDS behauptete, auch von ihr seien Rufe nach Veränderung ausgegangen. Bekanntermaßen versuchte sich ein Teil der SED an die Spitze der Demonstranten zu stellen. In der Folge trafen sich die Repräsentanten aus den Reihen der PDS mit denen der Bürgerbewegung in dem Wunsch nach einem „dritten Weg",[1] obwohl prinzipielle Unterschiede zwischen ihnen bestanden.[2] Daher sehen manche die PDS ebenso als Teil der Revolution an.

---

1 Vgl. Dirk Rochtus: Zwischen Realität und Utopie. Das Konzept des „dritten Weges" in der DDR 1989/90, Leipzig 1999; Christof Geisel: Auf der Suche nach einem dritten Weg. Das politische Selbstverständnis der DDR-Opposition in den 80-er Jahren, Berlin 2005.

2 Vgl. Rainer Land/Ralf Possekel: Fremde Welten. Die gegensätzliche Deutung der DDR durch SED-Reformer und Bürgerbewegungen in den 80er Jahren, Berlin 1998; Markus Trömmer: Der verhaltene Gang in die deutsche Einheit. Das Verhältnis zwischen den Oppositionsgruppen und der (SED-)PDS im letzten Jahr der DDR, Frankfurt a.M. 2002.

3. Durch den friedlichen Verlauf und den gleitenden Übergang von der Diktatur zur Demokratie[3] setzte eine Fixierung auf die Staatssicherheit als die Inkarnation des Bösen ein. Dabei geriet teilweise in Vergessenheit: Die Staatssicherheit war der Befehlsempfänger der Partei. Diese ist folglich nicht in gleichem Maße delegitimiert wie jene. Wer weiß noch, dass die SED den „Volkszorn" auf die „Stasi" – als eine Art Sündenbock – zu leiten suchte?

4. Ein Elitenwechsel ist in vielen gesellschaftlichen Bereichen ausgeblieben. Wer früher „oben" stand, wurde nicht zwangsläufig abgesetzt, und wer bestimmte Qualifikationen heute nicht besitzt (etwa deshalb, weil er sich damals nicht zu politischen Konzessionen bereit fand), war erneut „der Dumme". Ein Gefühl der Ohnmacht bemächtigte sich vieler. Die PDS als Nachfolgepartei der SED war durch ihre Mitglieder, die überwiegend nicht mehr im Arbeitsprozess standen, in gesellschaftlichen Vorfeldorganisationen nach wie vor gut verankert, etwa in der *Volkssolidarität*, bei Mieterinitiativen und Sportvereinen. Sie konnte sich als Kämpfer gegen West-„Kolonisatoren" gerieren.

Im Februar 1990 hieß die SED PDS. Sie musste seinerzeit davon ausgehen: Eine Regierungsbeteiligung scheidet für sie in absehbarer Zeit aus. Die Versuche, die PDS – trotz vereinzelter Initiativen – zu verbieten, entfalteten keine Relevanz. Gleichwohl: Vor und auch noch nach der Volkskammerwahl am 18. März 1990 war die PDS isoliert. Großer Konsens bestand bei den anderen Parteien in einem Punkt: Eine Koalition mit der PDS kommt nicht in Frage. Die SPD, eine Neugründung aus der Zeit der friedlichen Revolution zunächst unter dem Namen SDP und damit ohne „Blöckflöten"-Image, bestritt mit anderen oppositionellen Kräften den Monopolanspruch der SED und begriff sich als dezidierter Gegner der PDS. Eine Koalition auf Bundes- oder Landesebene zog die SPD nicht in Betracht, nicht einmal die Aufnahme ehemaliger Mitglieder der Staatspartei in die eigenen Reihen, allenfalls in exzeptionellen Fällen. Vielleicht hätte die im Osten mitgliedsarme Partei die scharfe Abgrenzung gegenüber der PDS mit der großzügigen Integration ehe-

---

3 Vgl. u.a. Konrad H. Jarausch/Martin Sabrow (Hrsg.): Weg in den Untergang. Der innere Zerfall der DDR, Göttingen 1999.

maliger, geläuterter SED-Mitglieder verbinden können, um eine „Blutzufuhr" zu begünstigen.

Die Grünen, die mit den Bürgerrechtlern vom *Bündnis 90* eng zusammenarbeiteten und sich später mit ihm vereinigten, hielten denselben Abstand zur PDS. Für die Union und die FDP war die entschiedene Ablehnung der Partei von vornherein klar. Sie integrierten nicht nur die Mitglieder der Ost-CDU und der Ost-Liberalen, sondern auch die der *Demokratischen Bauernpartei Deutschlands* (DBD) und der *National-Demokratischen Partei Deutschlands* (NDPD). Die Repräsentanten der PDS galten seinerzeit als eine Art „Schmuddelkinder".

2. Vom „Magdeburger Modell" zum „Schweriner Modell"

Im Juni 1994 kam in einem ostdeutschen Bundesland eine Konstellation zustande, die vier Jahre zuvor keiner erwartet hatte – das so genannte „Magdeburger Modell". Die SPD stellte – entgegen ihren Versprechungen vor der Wahl – in Sachsen-Anhalt mit dem Bündnis 90/Die Grünen die Regierung, toleriert durch die PDS. Möglicherweise ging für SPD und Grüne deswegen die Bundestagswahl 1994 verloren. Union und FDP untergruben die Glaubwürdigkeit vor allem der SPD wählerwirksam. Die SPD erklärte ihr Vorgehen in Sachsen-Anhalt mit dem folgenden Argument: SPD (34,0 Prozent) und Bündnis 90/Die Grünen (5,1 Prozent) besäßen mehr Mandate als die CDU (34,4 Prozent). Ein schon vor der Wahl vereinbartes Bündnis der beiden Parteien sei vertretbar, weil es dazu nicht der Stimmen der PDS bedürfe (19,9 Prozent). Diese Entscheidung schlug in der Öffentlichkeit und bei den Parteien hohe Wellen.

In der vom SPD-Vorsitzenden Rudolf Scharping und von führenden SPD-Politikern der neuen Länder unterzeichneten „Dresdner Erklärung" vom 11. August 1994 – also vor der Bundestagswahl – wurde eigens jede Zusammenarbeit mit der PDS ausgeschlossen. „Die PDS ist ein politischer Konkurrent und Gegner der SPD. Eine Zusammenarbeit mit ihr kommt für uns nicht in Frage."[4] Nach der Bundestagswahl – am 5. Dezember 1994 – wiederholte der Parteivorstand der SPD unter dem Vorsitz Scharpings diese Erklärung: „Koalitionen auf Landes- oder Bundesebene mit der PDS kommen nicht in Betracht. Wo die SPD an der Regierung beteiligt ist, ist die PDS in der Opposition, wo die SPD selber in der Opposition ist, gibt es keine Koalition in der Opposition."[5] Kritiker wandten demgegenüber ein, die Koalition in Sachsen-Anhalt regiere faktisch mit den Stimmen der PDS. Die CDU leitete beim Landesverfassungsgericht in Dessau ein Organstreitverfahren ein, um der PDS den Status einer Oppositionspartei abzuerkennen. Das Landesverfassungsgericht gab diesem Antrag im Mai 1997 nicht statt.

Nach der Bundestagswahl 1994 und den Landtagswahlen in Mecklenburg-Vorpommern am gleichen Tage war ein über das „Magdeburger Modell" hinausgehendes „Schweriner Modell" im Gespräch. Der dortige SPD-Landesvorsitzende Harald Ringstorff wollte und sollte mit Hilfe der PDS zum Ministerpräsidenten gewählt werden, doch die SPD-Spitze mit Rudolf Scharping und Johannes Rau bezog dagegen vehement Position. Ein solche Strategie hätte die aktive Inanspruchnahme der PDS bedeutet, wäre damit also ein Verstoß gegen die bisherigen Prinzipien der SPD gewesen und gegen die noch druckfrische Dresdner Erklärung. Mit dem personellen Revirement auf dem Mannheimer SPD-Parteitag im Herbst 1995 – Oskar Lafontaine bootete den glücklosen Rudolf Scharping durch eine fulminante Rede aus – wurde zumindest ein vorsichtiger Kurswechsel in der Koalitionsfrage eingeleitet. Lafontaine hatte bald danach das missverständliche Wort von der „linken Mehrheit"[6] in den Mund genommen.

Der Landesvorsitzende Ringstorff in Mecklenburg-Vorpommern unternahm 1996 einen Vorstoß zur Aufkündigung der großen Koalition mit der CDU, nachdem es Konflikte bei der Sanierung der Werften gegeben hatte. Von der SPD-Spitze im Bund „zurückgepfiffen", musste er sich fügen. Der nordrhein-westfälische Ministerpräsident und stellver-

4 Dresdner Erklärung, in: Presseservice der SPD vom 11. August 1994, S. 2.

5 Zitiert nach: Presseservice der SPD vom 5. Dezember 1994, S. 4.

6 „Eine Mehrheit für das linke Lager". Interview mit SPD-Chef Oskar Lafontaine über die Perspektiven seiner Partei, in: Der Spiegel vom 20. November 1995.

tretender Parteivorsitzende Johannes Rau hatte mit dem Rücktritt von allen Ämtern gedroht. Beim Parteitag der SPD in Mecklenburg-Vorpommern Ende des Jahres 1996 machte Ringstorff allerdings deutlich, die Partei werde 1998 den Partner nach sachlichen Kriterien aussuchen, was im Klartext nur heißen konnte, auf diese Weise einer Koalition mit der PDS den Weg zu ebnen. Ähnlich wie Ringstorff argumentierte mehrfach der damalige thüringische SPD-Landesvorsitzende Richard Dewes.[7]

War die PDS kurz nach der Einheit Deutschlands im linksdemokratischen Umfeld isolierter als die DKP Mitte der achtziger Jahre, so hatte sich dies inzwischen geändert. „Seit Mitte der 1990er Jahre versucht die PDS, ihre Legitimität durch Koalitionsoptionen in den ostdeutschen Bundesländern abzusichern – zum beträchtlichen Verdruss von Teilen des eigenen Lagers."[8] Der PDS war zwar noch nicht der „Durchbruch" in die Mehrheitskultur geglückt, sie firmierte aber keineswegs mehr als „Buhmann" wie Anfang der neunziger Jahre. Das zeigte eine Reihe von Initiativen und Erklärungen zu Ende des Jahres 1996 und zu Anfang des Jahres 1997 aus dem Umfeld der SPD.[9]

Obwohl kein akuter Handlungsbedarf bestand, startete der stellvertretende SPD-Vorsitzende Wolfgang Thierse eine interne, jedoch sofort publik gewordene Initiative über das Verhältnis der SPD zur PDS. Sie entfachte eine innerparteiliche Kontroverse. Das Strategiepapier Thierses („Gesichtspunkte für eine Verständigung der ostdeutschen Sozialdemokratien zum Thema ‚Umgang mit der PDS'") vom 15. Dezember 1996 anlässlich des Treffens der ostdeutschen Landesvorsitzenden stellte die folgenden Punkte heraus: Bundespolitische Verantwortung kön-

---

7 Vgl. die Beispiele bei Gerhard Hirscher: Kooperationsformen der Oppositionsparteien. Strategien und Positionen von SPD und Bündnis 90/Die Grünen und ihr Verhältnis zur PDS, München 1997, S. 23-26.

8 Michael Koß/Dan Hough: Zurück in die Zukunft? Die Linkspartei.PDS und die Verlockungen des Populismus, in: Uwe Jun/Henry Kreikenbom/Viola Neu (Hrsg.): Kleine Parteien im Aufwind. Zur Veränderung der deutschen Parteienlandschaft, Frankfurt a.M. 2006, S. 180.

9 Vgl. Axel Brückom: Jenseits des Magdeburger Modells, in: Uwe Backes/Eckhard Jesse (Hrsg.): Jahrbuch Extremismus & Demokratie, Bd. 9, Baden-Baden 1997, S. 174-187.

ne die PDS nicht übernehmen, da sie regionale Interessen vertrete. In den Ländern des Ostens sehe das anders aus: „Die SPD kann [...] in Ostdeutschland einer Zusammenarbeit mit der PDS nicht ausweichen, wenn und insofern sie damit den politischen Auftrag ihrer Wählerinnen und Wähler erfüllt." Das sei „ein selbstverständliches Gebot der Demokratie."[10] Thierse empfahl der SPD in der Frage einer Zusammenarbeit mit der PDS (Absprache, Tolerierung, Koalition), zwei Grundsätze zu beachten: Erstens sollten Stellungnahmen möglichst erst nach dem Wahlergebnis erfolgen. So würde man potenzielle Wähler nicht abschrecken und vorzeitige Handlungsoptionen vermeiden. Zweitens sollten die Stellungnahmen, sofern unumgänglich, „geradezu zwingend argumentativ auf die jeweils eigene Landessituation abstellen und sich der kritischen Beurteilung anders gelagerter und begründeter Entscheidungen in einem anderen Bundesland oder gar auf Bundesebene enthalten."[11]

Rolf Schwanitz, Sprecher der „Querschnittsgruppe Deutsche Einheit" der SPD-Bundestagsfraktion, konterte wenige Tage später vehement: Die Öffnung der SPD für Koalitionen mit der PDS in den Ländern wäre eine politische Umorientierung der Partei von grundsätzlicher Natur: „Die Frage nach Koalitionen der SPD mit der PDS auf Landesebene hängt nicht in erster Linie von den machtstrategischen Möglichkeiten und Bedürfnissen, sondern von der Koalitionsfähigkeit der PDS für demokratische Parteien selbst ab. Deshalb muss diese Frage zunächst eine Frage nach dem Zustand der PDS sein."[12] Für den Fall, dass die SPD Koalitionen in den neuen Bundesländern mit der PDS ins Auge fasst, malte Schwanitz ein nicht eben optimistisches Szenario aus – „massenhafte Parteiaustritte bis hin zur Spaltung einzelner Landesverbände lägen durchaus im Bereich des Möglichen."[13] Martin Gutzeit, Stephan Hilsberg und Markus Meckel, drei Sozialdemokraten „der ers-

---

10 SPD kann Zusammenarbeit mit der PDS im Osten nicht ausweichen. Das Strategiepapier des Vizevorsitzenden Thierse, in: Frankfurter Rundschau vom 19. Dezember 1996.
11 Ebd.
12 Rolf Schwanitz: Entgegnungen zum Strategiepapier „Gesichtspunkte für eine Verständigung der ostdeutschen Sozialdemokraten zum Thema Umgang mit der PDS", o. O. o. J., S. 2.
13 Ebd., S. 3.

ten Stunde" in Ostdeutschland, pflichteten Schwanitz in einer Erklärung bei: Koalitionen mit der PDS würden die SPD zerreißen und ihr nichts nützen.[14] Hingegen votierten bis auf den Sachsen Karl-Heinz Kunckel alle anderen ostdeutschen SPD-Landesvorsitzenden – Steffen Reiche aus Brandenburg, Harald Ringstorff aus Mecklenburg-Vorpommern, Rüdiger Fikentscher aus Sachsen-Anhalt und Richard Dewes aus Thüringen – in einem Brief an den Fraktionsvorsitzenden Rudolf Scharping für Thierses Strategiepapier.

Eine „Erfurter Erklärung" linker Schriftsteller und Wissenschaftler hatte sich kurz vorher klar für ein Bündnis von SPD, Grünen und PDS ausgesprochen, damit die jetzige Regierung abgelöst werden könne. Der Appell an die drei Parteien bezog sich sogar auf den Bund und ging damit über das bisher erörterte Szenario hinaus: „Sie dürfen der Verantwortung nicht ausweichen, sobald die Mehrheit für den Wechsel möglich wird."[15] Die Zusammensetzung der Unterzeichner reichte von westdeutschen Marxisten wie Elmar Altvater über ehemalige DDR-Oppositionelle wie Hans-Jürgen Fischbeck und West-Linksintellektuelle wie Erika Runge bis zum PDS-Bundestagsabgeordneten Gerhard Zwerenz.[16] Zu den Erstunterzeichnern gehörte ebenfalls eine Reihe von SPD-Mitgliedern (u.a. Peter von Oertzen).

Zwei im Kern unterschiedliche Positionen standen sich innerhalb der SPD gegenüber. Die einen wollten in den Bundesländern eine Kooperation mit der PDS – sei es aus gewisser Nähe zu ihr, sei es aus machtstrategischen Überlegungen; die anderen lehnten eine wie auch immer geartete Bündnispolitik mit der PDS ab – sei es aus grundsätzlicher Ablehnung der als antidemokratisch empfundenen Position der PDS, sei es aus machtpolitischem Kalkül. Klar war: Die Gewichte würden sich bei weiteren Stimmengewinnen schnell zugunsten der Befürworter einer Zusammenarbeit verlagern. Wie Rolf Schwanitz plausibel gemacht

---

14 Vgl. den Artikel: „Ost-SPD-Gründer warnen vor Bündnis mit der PDS", in: Süddeutsche Zeitung vom 8. Januar 1997.

15 „Erfurter Erklärung: Bis hierher und nicht weiter. Verantwortung für die soziale Demokratie", Berlin/Erfurt, 9. Januar 1997, S. 3.

16 Diese „Erfurter Erklärung" rief eine „Berliner Antwort" hervor – verfasst u.a. von zuvor der CDU beigetretenen Bürgerrechtlern wie Vera Lengsfeld und Ehrhart Neubert.

hatte, war es der „wohl schwerste Mangel"[17] von Thierses Strategiepapier, die Frage nach Freiheit und Demokratie mit Blick auf die
PDS zu vernachlässigen. Hingegen behauptete der frühere SPD-Volks-
kammerabgeordnete Dankward Brinksmeier: „Sowohl SPD- als auch
PDS-Mitglieder und DIE GRÜNEN sind gegen die Ersetzung der Polit-
bürodiktatur durch den vom Großkapital beherrschten unsozialen
Ameisenstaat."[18] Mit dem Parteivorsitzenden Lafontaine schwand die
Abgrenzungspolitik gegenüber der PDS allmählich. Immerhin schloss
er eine Kooperation auf Bundesebene aus.

Bei den Grünen gab es wie bei der SPD mindestens zwei Strömungen.
Während für die damalige Parteisprecherin Gunda Röstel „die PDS
nicht demokratiefähig" war und „Bündnisse mit der PDS auch auf Landesebene derzeit nicht ins Auge zu fassen"[19] waren, sah dies der zweite
Parteisprecher, Jürgen Trittin, ganz anders. Für ihn bot ein Bündnis mit
der PDS eine realistische Machtoption.[20] Vor allem den Repräsentanten
aus den Reihen der Bürgerbewegung erschien eine Kooperation mit der
PDS nicht erstrebenswert. Allerdings geriet diese Position allmählich
ins Hintertreffen. Die Union und die FDP blieben bei ihrer strikten
Abgrenzung – in der Sache fest, in der Form bei der CDU moderater als
zuvor.

Nicht nur bei der SPD und den Grünen herrschte in dieser Frage Uneinigkeit. In abgeschwächtem Maße galt das ebenso für die PDS. Während sich die „Reformer" um Lothar Bisky und Gregor Gysi gegenüber
einem Bündnis mit der SPD (und den Grünen) aufgeschlossen zeigten,
lehnten andere Strömungen eine Kooperation ab. Wie bereits vor dem
Schweriner Parteitag der PDS 1997 klar erkennbar, dominierte mittlerweile längst die Position der Koalitionsbefürworter. Wenn mit der SPD
eine Regierung möglich sei, willige die Partei ein. Allerdings, so Gysi,
biedere sich die PDS nicht bei den Konkurrenten an. Man strebe eine

---

17 Schwanitz (Anm. 12), S. 2.
18 Dankward Brinksmeier: Purismus allein genügt nicht. Barbe, Hilsberg und Usch-
   ner, in: Neue Gesellschaft, 4/1997, S. 361.
19 Zitiert nach Marco Carini: Grüne weisen PDS-Avance zurück, in: junge Welt vom
   20. Januar 1997.
20 Vgl. für Einzelheiten Hirscher (Anm. 7), insbes. S. 14-19, S. 29-32.

Regierungsbeteiligung nicht um jeden Preis an, z.B. nicht um den Preis des Sozialabbaus. Zu Recht befürchtete Gysi keine nennenswerten Austritte bei einer Regierungsbeteiligung.[21]

Petra Sitte, seinerzeit die Fraktionsvorsitzende der PDS in Sachsen-Anhalt, war mit Blick auf die Tolerierungspolitik der PDS in diesem Bundesland recht skeptisch. Mehr als Schadensbegrenzung sei bei dem „Magdeburger Modell" nicht möglich. „Wir haben bloß aus Scheiße Bonbons gemacht, die oft nur saure Drops sind."[22] Es gab in der PDS freilich ebenso Repräsentanten, die eine Tolerierung im Vergleich zu einer Koalition bevorzugten. So könne man die Leistungen der Regierung auf das eigene Konto zuschreiben lassen, müsse für ihre Fehler bzw. unpopuläre Maßnahmen jedoch keine direkte Verantwortung übernehmen. Sahra Wagenknecht, führende Vertreterin der *Kommunistischen Plattform*, repräsentierte deutlich eine Minderheitenposition: Akzeptiere die PDS die Bedingungen des parlamentarischen Getriebes, so verändere sie sich – nicht zum eigenen Vorteil. Sie würde die konservative Hegemonie stärken, keineswegs schwächen.[23] Die PDS-Führung, die einen demokratischen Ritterschlag anstrebte, ging über diese Position hinweg.

Der 27. September 1998 ist für das vereinigte Deutschland ein historisches Datum. Er sorgte für einen innenpolitisch bedeutsamen Einschnitt. Dies gilt in doppelter Hinsicht. Dabei ist das eine Ereignis groß kommentiert, das andere kaum bemerkt worden. Kann das eine – der erste ungefilterte Regierungswechsel nach fast 50 Jahren – als ein Zeichen der Reife gelten, so trifft dies auf das zweite nicht zu. Nach den Landtagswahlen in Mecklenburg-Vorpommern wurde das erste Mal eine Koalition mit einer im Kern extremistischen Partei gebildet. Keine zehn Jahre nach der friedlichen Revolution in der DDR kam die antiwestlich orientierte PDS in Mecklenburg-Vorpommern als Juniorpart-

21 Vgl. Gregor Gysi: 1998 kann der Wandel beginnen, in: Neues Deutschland vom 20. Januar 1997.

22 Zitiert nach dem Artikel: „Aus Scheiße Bonbons machen", in: junge Welt vom 18./19. Januar 1997.

23 Vgl. Sahra Wagenknecht: Vorauseilender Gehorsam, in: Neues Deutschland vom 20. August 1996; dies.: PDS darf keine Ost-SPD werden, in: Neues Deutschland vom 22. August 1996.

ner der SPD an die Regierung. Wer 1990 ein Bündnis der PDS vorher-
gesagt hätte, wäre nicht ernst genommen worden. Der dortige PDS-
Vorsitzende Helmut Holter – er propagierte eigens die „Systemopposi-
tion" – wurde Minister, eine Partei, die mit den zentralen Prinzipien des
demokratischen Verfassungsstaates auf Kriegsfuß steht, in die direkte
politische Verantwortung gebracht (über den Bundesrat indirekt auch
im Bund). Kaum jemand nahm davon Kenntnis, bedingt durch den
„großen Wechsel" im Bund. Zuvor hatte sich die SPD-Regierung in
Sachsen-Anhalt nach den Landtagswahlen im Frühjahr 1998 weiter von
der PDS tolerieren lassen. Schon das erste „Magdeburger Modell" war
auf weit größeren Protest gestoßen als ihr Koalitionsengagement 1998
in Mecklenburg-Vorpommern. Das gilt nicht nur für SPD und Grüne,
sondern auch für Union und FDP. Die Etablierung der PDS im Osten
zog eine Abschwächung der Kritik an ihr nach.[24]

Gregor Gysi registrierte nach der Bundestagswahl einen nicht nur at-
mosphärischen Wandel im Verhalten der anderen Parteien gegenüber
der PDS, weil „die Ausgrenzungs- und Ablehnungsstrategie offensichtlich erfolglos gewesen war."[25] Die FDP sei aufgrund ihrer libertären
politischen Kultur bereits vorher offener gewesen. Einen Grund für den
Wandel sah Gysi darin, „mittels der PDS zu veränderten Konstellationen in den neuen Bundesländern zu gelangen. [...] Einen Koalitionspartner auf Landesebene kann man auch auf Bundesebene nicht wie
einen Feind behandeln."[26] Die PDS war zwar nicht mehr geächtet, aber
gleichwohl noch nicht geachtet.

24 Vgl. Axel Brückom: Von Magdeburg nach Schwerin, in: Uwe Backes/Eckhard Jesse
    (Hrsg.): Jahrbuch Extremismus & Demokratie, Bd. 11, Baden-Baden 1999, S. 167-
    179.
25 So Gregor Gysi: Ein Blick zurück, ein Schritt nach vorn, Hamburg 2001, S. 112.
26 Ebd., S. 113.

3. Vom „Berliner Modell" zum „Wiesbadener Modell"?

Die PDS arbeitete beständig am Ziel, als „demokratische Partei" Reputation zu finden. Mit der Koalition in Schwerin, die bei manchen Krächen im Einzelnen überwiegend reibungslos funktionierte, war ihr ein weiterer Schritt auf diesem Wege geglückt. Das galt jedenfalls für die SPD und die Grünen, während die Union und die FDP die Partei der Postkommunisten weiterhin schroff ablehnten, wenngleich weniger emotional als zuvor. Im Westen des Landes sah es mit der Anerkennungswürdigkeit der PDS nicht so gut aus. Gleichwohl glaubte Lothar Bisky, die PDS werde bis zum Jahre 2010 in einem westdeutschen Landesparlament vertreten sein.[27] Wie wir heute wissen, war das aus Sicht der Partei eine zu pessimistische Vermutung.

Nach dem Parteitag in Münster vom April 2000, der in vieler Hinsicht „Politikunfähigkeit" der Partei erkennen ließ, gingen SPD und Grüne vorübergehend verstärkt auf Distanz zu ihr. „Die These, die PDS sei nun eine normale demokratische Partei, die auch im Westen angekommen und somit allseits koalitionsfähig sei, konnte nach solchen Darbietungen und einer derart demonstrativen Zerrissenheit bis hin zur Führungslosigkeit natürlich nicht mehr ohne weiteres aufrecht erhalten werden."[28] Obwohl es um die Westausdehnung der PDS schlecht bestellt war, traf sich Bundeskanzler Gerhard Schröder im Kanzleramt mit dem PDS-Vorsitzenden und stellvertretenden Ministerpräsidenten in Mecklenburg-Vorpommern, Helmut Holter. Er machte Konzessionen, um dessen Plazet im Bundesrat für die Steuerreform der Bundesregierung einzuholen. „In der Öffentlichkeit erschien das Verhältnis von SPD und PDS unverkrampft wie selten zuvor."[29] Gleichwohl überraschte die weitere Entwicklung im Land Berlin.

---

27 Vgl. den Artikel: Bisky: PDS bis 2010 in einem West-Parlament, in: Süddeutsche Zeitung vom 4. Januar 2000.

28 So Gerhard Hirscher: Jenseits der „Neuen Mitte". Die Annäherung der PDS an die SPD seit der Bundestagswahl 1998, München 2001, S. 32.

29 Ebd., S. 42.

In Berlin wurde im Jahre 2001 die große Koalition gestürzt. Der Juniorpartner SPD nahm dubiose Bankgeschäfte des CDU-Fraktionsvorsitzenden Klaus Landowsky zum Anlass, die Koalition aufzukündigen. Die SPD wählte gemeinsam mit den Grünen und der PDS den Regierenden Bürgermeister Eberhard Diepgen ab. Sein Nachfolger wurde Klaus Wowereit – mit den Stimmen der PDS. Die von ihr tolerierte rot-grüne Minderheitsregierung befürwortete schnelle Neuwahlen, um den Regierungswechsel legitimieren zu können. Die PDS sah den Wahlkampf in Berlin als Herausforderung für die gesamte Partei an. Mit der Kandidatur Gregor Gysis für das Amt des Regierenden Bürgermeisters trat die Partei selbstbewusst auf. Er sprach auf dem Außerordentlichen Parteitag der Berliner PDS davon, die innere Einheit Berlins (und damit auch Deutschlands) anzustreben, im Ostteil die 40- und im Westteil die Fünf-Prozent-Marke zu überwinden. Die PDS werde eine Koalition mit der SPD nicht ablehnen.[30] Im Vorfeld der Wahl distanzierte sich der PDS-Parteivorstand vom Mauerbau.

Die Neuwahl endete mit einer Erdrutschniederlage für die CDU (sie büßte 17,0 Prozentpunkte der Stimmen ein). Ein „Ampel"-Bündnis (rot-gelb-grün) scheiterte in Koalitionsverhandlungen. Damit beraubte sich die SPD faktisch der Chance, eine solche Koalitionskonstellation für die Bundestagswahl in Erwägung zu ziehen. So kam es zu einer rot-(dunkel-)roten Koalition: ausgerechnet in Berlin, der „Frontstadt" des Kalten Krieges. Die Haltung der SPD fiel wenig konsequent aus. Sie hatte vor der Wahl eigens erklärt, für eine Koalition unter einem Regierenden Bürgermeister Gregor Gysi nicht zur Verfügung zu stehen. Wenn ein Juniorpartner PDS als koalitionsfähig gilt, muss das ebenso für den Fall gelten, die SPD rangiere hinter der PDS. Immerhin hatte die SPD vor der Wahl ein Bündnis mit der PDS keineswegs kategorisch ausgeschlossen.

Nun war die PDS halb im Westen „angekommen". Allerdings sahen Teile der Partei neben den Chancen das einer solchen Strategie innewohnende Risiko. So wies die *Kommunistische Plattform* nachdrücklich

---

30 Vgl. Brücken bauen. Rede von Gregor Gysi, Spitzenkandidat für die Abgeordnetenhauswahl auf dem Außerordentlichen Parteitag der PDS Berlin am 14. Juli, in: PDS-Pressedienst vom 20. Juli 2001.

auf die Gefahr einer Regierungsbeteiligung für das Abschneiden der Partei hin. „Regierungsbeteiligungen sind nicht umsonst zu haben. Sie entzaubern wirklich. Die Schere zwischen Wahlversprechen und politischem Handeln danach wird immer größer. Die eigenen Wurzeln werden zunehmend verleugnet."[31] Und Stefan Bollinger brachte kurz nach der Regierungsbildung im Land Berlin aufgrund des wenig berauschenden Wahlergebnisses in Sachsen-Anhalt – eine schwarz-gelbe Koalition unter Wolfgang Böhmer hatte die von der PDS tolerierte SPD abgelöst – eine existenzielle Gefahr für eine mitregierende PDS zur Sprache: „Politikfähigkeit heißt nicht nur Bereitschaft zur Verantwortungsübernahme, sondern auch Verantwortung vor den Wählern und den eigenen sozialen Prinzipien. Möglicherweise wird die Berliner Koalition platzen müssen, wenn die PDS wieder in den Bundestag will – mit einer mehr oder minder reinen sozialen Weste."[32]

Wie bereits 1994 und 1998 stellte 2002 die Landtagswahl in Sachsen-Anhalt in gewisser Weise den Probelauf für den Bund dar. 1994 nützte die Tolerierung der rot-grünen Regierung durch die PDS der Union und der FDP im Bund; 1998, bei der Anti-Kohl-Wahl, war die Tolerierung durch die PDS für die Sozialdemokratie kein Nachteil; 2002 schien mit dem Sieg von Schwarz-Gelb in Sachsen-Anhalt ein derartiges Koalitionsmodell für Berlin präjudiziert zu sein, doch kam es zur Fortsetzung der rot-grünen Regierung, weil die PDS nicht in den Bundestag eingezogen war.

Im Land Berlin regierte die PDS unverdrossen weiter, so manche „Kröte schluckend". Sie setzte die Koalition nach ihrem Wahldesaster 2006 fort. Die rot-(dunkel-)rote Koalition in Mecklenburg-Vorpommern hatte acht Jahre ebenso leidlich funktioniert. Sie endete 2006, da die SPD ein Bündnis mit der CDU bevorzugte. Die PDS hätte sich gegen

---

31 „Zu den Bundestagswahlen. Erklärung der Bundeskonferenz der KPF vom 7. September", in: PDS-Pressedienst vom 6. September 2002, S. 9.

32 Stefan Bollinger: Das Kapital schlägt zurück – und die PDS mittendrin. Nicht nur Sachsen-Anhalt zwingt zum Neuorientieren, in: Disput 5/2002, S. 10.

eine Weiterführung nicht gesträubt. Die „Erosion der Abgrenzung"[33] zwischen der SPD und der PDS war damit weit vorangeschritten.

Freilich: Im Westen konnte die PDS der SPD schon wegen ihrer mageren Ergebnisse weit unter fünf Prozent der Stimmen keine Avancen machen. SPD und Grüne mussten nicht über den Fall des Falles nachdenken. Durch die Verbindung der PDS mit der WASG kehrte schlagartig ein Wandel ein. Bei der Bundestagswahl 2005 verbesserte die Linkspartei ihr Ergebnis fulminant. Sie gewann im Westen fast fünfmal so viel Wähler wie 2002, machte auf diese Weise eine schwarz-gelbe wie eine rot-grüne Koalition unmöglich.

Und bei der hessischen Landtagswahl überwand sie im Januar 2008 knapp die Fünfprozenthürde. So reichte es auch dort weder zu einer schwarz-gelben noch zu einer rot-grünen Regierungsmehrheit. Da die FDP nicht mit der SPD und den Grünen eine Koalition bilden wollte, rückte die Spitzenkandidatin Andrea Ypsilanti, der Rückendeckung ihres Bundesvorsitzenden Kurt Beck sicher, von den energisch und mehrfach vorgetragenen Versprechen vor der Wahl ab, sich nicht durch DIE LINKE tolerieren zu lassen. Ein „Wiesbadener Modell" schien Wirklichkeit zu werden. Das Neue lag in dem Umstand, dass der SPD-Vorsitzende den erst von ihm aufgestellten Grundsatz, eine Koalition der SPD mit der LINKEN in den alten Bundesländern verbiete sich, über Bord warf. Jedem Landesverband sei die Wahl des Koalitionspartners nun freigestellt.

Doch blieb wegen der knappen Mehrheiten ein Anlauf für das Experiment aus – eine SPD-Abgeordnete, Dagmar Metzger, wollte Ypsilanti nicht zur Ministerpräsidentin wählen. Allerdings erklärte die Spitzenkandidatin, aufgeschoben sei nicht aufgehoben. Da die SPD zudem eine Koalition mit der CDU eigens ausschloss, konnte bzw. musste Roland Koch seine Amtsgeschäfte ohne parlamentarische Mehrheit geschäftsführend fortsetzen. Es gibt also weiterhin kein westdeutsches Bundes-

---

33 So schon vor zwei Jahrzehnten Wolfgang Rudzio: Die Erosion der Abgrenzung. Zum Verhältnis zwischen der demokratischen Linken und Kommunisten in der Bundesrepublik Deutschland, Opladen 1988.

land mit einer von den Postkommunisten tolerierten oder unterstützten Regierung – bis jetzt.

4. DIE LINKE im fluiden Fünfparteiensystem

„Seit die Linkspartei das deutsche Parteiengefüge durcheinandergeschüttelt hat, geht es in der Berliner Politik zu wie auf einer Singleparty: Nichts muss passieren, aber alles ist möglich. Die FDP blinzelt der SPD zu, die Grünen flirten mit der Union, und auch die beiden kleinen Parteien bandeln miteinander an, weil sie wissen, dass der Weg an die Macht wohl nur gemeinsam zu schaffen ist.“[34] So bildhaft umschrieb der *Spiegel* die neue Lage. In der Tat ist Bewegung in das deutsche Parteiensystem geraten. Sprach nach der deutschen Einheit zunächst viel für Kontinuität, weist die Entwicklung heute auf Diskontinuität hin. Im Parteiensystem ist gegenüber der Zeit vor der deutschen Einheit ein struktureller Wandel eingekehrt – nicht zuletzt mit Blick auf die Existenz einer fünften Partei, der LINKEN. Darauf deutet auch der Ausgang der jüngsten Wahlen in Hessen und Niedersachsen (jeweils am 27. Januar 2008) sowie in Hamburg (24. Februar 2008) hin. In allen drei Ländern zog die Partei in die Parlamente ein. Als „fünftes Rad am Wagen" machte sie die Mehrheitsbildung einer herkömmlichen Zweierkoalition unmöglich – jedenfalls in Hessen und Hamburg.

Die Wählerschaft in Deutschland ist, wie nicht nur die drei Wahlen des Jahres 2008 zeigen, flexibler geworden – u.a. bedingt durch die Erosion der traditionellen Milieus. Die Auffächerung des Parteiensystems ist eine Folge davon. Die großen Parteien verlieren – zumal unter den Bedingungen einer Großen Koalition im Bund – bei sinkender Wahlbeteiligung an Stimmen, die kleinen legen zu. Wir bekommen – nach einem Dreiparteiensystem in den sechziger und siebziger Jahren, nach einem Vierparteiensystem in den achtziger Jahren – ein „fluides Fünfparteien-

---

34 Petra Bornhöft/René Pfister: Politische Singleparty, in: Der Spiegel vom 17. März 2008.

system",[35] wenn nicht gar ein stabiles, obwohl in dem einen oder anderen Bundesland nur vier Parteien in das Parlament einziehen (wie in Hamburg) oder gar sechs (wie in Sachsen). Das ist offenkundig keine bloße Momentaufnahme, selbst wenn die LINKE im Westen weniger als Milieupartei mit einem festen Wählerstamm agiert. Die Rückentwicklung zu einem Vierparteiensystem ist wahrscheinlicher als die Herausbildung eines um eine Rechtsaußenpartei erweiterten Sechsparteiensystems. Die Last der leidvollen Vergangenheit dürfte dem Aufkommen einer Rechts(außen)partei, anders als in den meisten westeuropäischen Ländern, auf absehbare Zeit im Wege stehen.

Herkömmliche Zweierkonstellationen (schwarz-gelb versus rot-grün) könnten damit selbst auf Länderebene im Westen schwieriger, wenn nicht gar unmöglich werden. Wer eine große Koalition (wegen der Gefahr des Stillstandes) und eine Minderheitsregierung (wegen der Gefahr der Labilität und der fehlenden Verankerung in der deutschen politischen Kultur) ablehnt, darf eine Dreierkoalition vor der Wahl nicht ausschließen (rot-grün-gelb bzw. schwarz-gelb-grün). Die andere Variante, die die SPD nun auch in den alten Bundesländern als möglich erachtet, wäre die Einbeziehung der fünften Partei – der LINKEN – in das Szenario für Koalitionskonstellationen: rot-grün-(dunkel-)rot. Wie reagieren die Wähler, wenn sie vorher wissen, SPD, Grüne und LINKE favorisierten ein solches Bündnis? Dann könnte sich zeigen: Die behauptete „strukturelle linke Mehrheit"[36] existiert auf Bundesebene so gar nicht. Denn manch ein Bürger hat die SPD nur in dem Bewusstsein gewählt, diese Partei schließe eine Koalition mit der LINKEN oder eine Tolerierung durch sie aus. Insofern steht die oft nach Wahlen beschworene Auffassung von der „Mehrheit jenseits der CDU und FDP" auf tönernen Füßen.

---

35 So Oskar Niedermayer: Das fluide Parteiensystem nach der Bundestagswahl 2005, in: Ders. (Hrsg.): Die Parteien nach der Bundestagswahl 2005, Wiesbaden 2008, S. 9-35.

36 Diese These (seit der Bundestagswahl 1998 haben Union und Liberale weder eine Mehrheit der Mandate noch gar der Stimmen) steht zu der These von der zunehmend gestiegenen Volatilität der Wählerschaft ohnehin in einem gewissen Spannungsverhältnis.

Bisher gab es weder eine rot-grün-(dunkel-)rote[37] noch eine schwarz-gelb-grüne Koalition, hingegen in Bremen (1991-1994) und in Brandenburg (1990-1994)[38] eine rot-grün-gelbe – mit mäßigem Erfolg. Eine solche Konstellation scheint im Gegensatz zu den beiden anderen Varianten weniger auf der politischen Agenda zu stehen, da die Liberalen auf einen strikten Abgrenzungskurs zu den Sozialdemokraten setzen, doch bleibt auch die FDP von der neuen Beweglichkeit nicht verschont.

Eine Entwicklung greift in die andere: Die Öffnung der SPD gegenüber der LINKEN machte es den Grünen leichter, eine Kooperation mit der CDU ins Auge zu fassen. Die Verbindung von CDU und Grünen wiederum ärgerte die Liberalen. Ihr Parteivorsitzender Guido Westerwelle erklärte in einem *Spiegel*-Gespräch etwas vollmundig: Sie „ist zumindest der Anlass für strategische Fragen. Wir dürfen uns nur noch auf eines verlassen: auf uns selbst. Wir müssen mit unserem freiheitlichen Programm als Kompass so groß werden wie möglich. Bündnisfragen kommen dann an zweiter Stelle. Wir werden eigenständige Wahlkämpfe führen".[39] Zwar ist mit dieser Aussage keine Abkehr von der Union verbunden, freilich eine gewisse (vielleicht nur taktisch bedingte) Distanz.

Allein der Blick auf die Lage in den drei Stadtstaaten verdeutlicht die buntscheckige Vielfalt der Konstellationen. Ein schwarz-grünes Bündnis in Hamburg seit 2008 steht einer rot-(dunkel-)roten Koalition in Berlin (seit 2002) und einer rot-grünen in Bremen (seit 2007) gegenüber. Der Flexibilität der Wählerschaft folgt noch keine Flexibilität der Parteien. Jedoch ist Wandel erkennbar. Damit hängt die Frage nach den Koalitionsaussagen der Parteien zusammen. Fällt eine Partei wie DIE LINKE für die Koalitionsbildung aus – sei es, weil sie kein Bündnis will, sei es, weil die Konkurrenz mit ihr keines will –, so gilt folgende Konsequenz: Die Parteien müssten einer ersten Präferenz eine zweite folgen

---

37 In Sachsen-Anhalt wurde – wie erwähnt – die Minderheitsregierung der SPD und der Grünen zwischen 1994 und 1998 durch die PDS toleriert, in Berlin 2001/02.

38 Genau genommen waren in der Regierung Brandenburgs Vertreter des Bündnis 90, nicht solche der Grünen.

39 Guido Westerwelle: „Ich bin nicht beleidigt", in: Der Spiegel vom 10. März 2008.

lassen. Um dies am Beispiel der Grünen aufzuzeigen: Sie könnten eine Koalition mit der SPD anstreben. Sollte ein solches Bündnis ohne Mehrheit bleiben, stellte eine Koalition mit der Union und der FDP einen Ausweg dar. Für die Liberalen gilt spiegelbildlich das Gleiche. Freilich ist diese Strategie – weder nach allen Seiten offen zu sein noch nur für *einen* Koalitionspartner zur Verfügung zu stehen – bei Wählern schwer vermittelbar.

Der Ausgang der jüngsten Landtagswahlen könnte einen fundamentalen Wandel einleiten. DIE LINKE überwand trotz für sie wenig komfortabler Rahmenbedingungen (die SPD trat mit ihren Spitzenpolitikern betont für „soziale Gerechtigkeit" ein) in zwei westdeutschen Flächenländern zum ersten Mal die Fünfprozenthürde. Und durch ihren Einzug in die Hamburger Bürgerschaft wurde die erste schwarz-grüne Koalition überhaupt erst ermöglicht. Damit dürfte die Partei auf absehbare Zeit bundesweit etabliert sein. „Es geht ein Beben durch die deutsche Parteienlandschaft – doch anders als bei den Erd- und Seebeben ist die Ursache genau auszumachen: Es ist der Souverän [...]. Er erzwingt all die Veränderungen, und doch gilt die Aufmerksamkeit nicht ihm, sondern den verschiedenen Gesteins- und Geröllmassen, Parteien und Parteienbündnisse genannt, die hin und her verschoben werden [...]."[40] Die Parteien reagieren in der Tat auf die Wählerschaft, aber sie müssten ihr gegenüber mehr agieren, stärkere Führungsbereitschaft zeigen.

Dreierkoalitionen würden weniger an dem Konflikt zwischen Liberalen und Grünen scheitern. Hier gibt es erstaunliche Affinitäten etwa mit Blick auf die sozioökonomische und die kulturelle Konfliktlinie. Beide propagieren, wiewohl unterschiedlich akzentuiert, „weniger Staat", und beide verkörpern eher ein libertäres Wertesystem als ein autoritäres. Das Problem ist vielmehr: Die Liberalen wollen nicht als Feigenblatt für ein rot-grünes Bündnis firmieren, die Grünen keine schwarz-gelbe Zusammenarbeit absichern. Gegenwärtig ist bei beiden keine größere Neigung zu einem für sie unkalkulierbaren Experiment auf Bundesebene zu verspüren. Die Grünen sind aus inhaltlichen und strategischen Gründen – noch – an die SPD gebunden, die Liberalen, die bekannter-

---

40 Georg Paul Hefty: Das Wahlvolk lässt es beben. Nicht die Parteiführer ordnen die Landschaft neu, in: Frankfurter Allgemeine Zeitung vom 21. April 2008.

maßen hartnäckig unter dem „Umfaller"-Image leiden, an die Union. Die Wählerschaft der Grünen steht der SPD näher, die der FDP der Union, wie u.a. eine Analyse des Stimmensplittings zeigt.[41] Immerhin wollen die Grünen bei der Bundestagswahl 2009 den Wahlkampf im Prinzip ohne feste Koalitionsaussage bestreiten und auf „Inhalte" setzen. Sie haben sich damit weiter von der SPD entfernt als die Liberalen von der Union. Ein schwarz-gelb-grünes Bündnis ist folglich wahrscheinlicher als ein rot-grün-gelbes – für den Fall einer Blockierung der herkömmlichen Regierungsmehrheiten. Ein Ergebnis der Union und der FDP knapp unterhalb der absoluten Mehrheit böte den Grünen die Möglichkeit, eine Koalition mit den beiden Parteien einzugehen, damit „Schlimmeres" – eine neue große Koalition – verhindert werde. Die parlamentarische Repräsentanz der LINKEN zöge damit für sie keinen Einfluss in der Regierung nach sich.

Der eine Wandel (Verankerung des Fünfparteiensystems) muss den anderen Wandel (Installierung von Dreierbündnissen) nicht automatisch sofort bedingen. Zudem haben angepeilte Dreierbündnisse bisher keinen gemeinsamen ideellen Nenner, den solche Koalitionen, sollen sie eine neue Ära einleiten, benötigen.[42] Das war 1969 der Fall, als SPD und FDP eine „Reformkoalition" schmiedeten, ebenso 1982, als Union und FDP durch die Unterstützung des NATO-Nachrüstungsdoppelbeschlusses die Westintegration auch militärisch zu stabilisieren suchten. Das galt erst recht für 1998, als SPD und Grüne einen „ungefilterten" Regierungswechsel herbeiführten. Beide Parteien wünschten mit ihrem „rot-grünen Projekt" zwar keine „neue", aber eine „andere" Republik (z.B. mehr Rechte für Menschen mit „Migrationshintergrund"). Sprachen Union und FDP vor der Wahl 2005 von einer „Koalition des Aufbruchs", so blieb nach der Wahl der „Aufbruch der Koalition" mangels einer Mehrheit aus. Ein Dreierbündnis wäre gegenwärtig nur ein aus der Not geborenes, wohl eher labiles Zweckbündnis – ohne große gemeinsame Idee, kein Projekt. Oder könnte der – zugegebenermaßen

---

41 Vgl. Franz Urban Pappi/Axel Becker/Ralf Schmidt: Koalitionssignale und die Kombination von Erst- und Zweitstimme bei den Bundestagswahlen 1953 bis 2005, in: Zeitschrift für Parlamentsfragen, 3/2006, S. 493-513.

42 Vgl. Majid Satar: Farbenspiele, in: Frankfurter Allgemeine Zeitung vom 22. März 2008.

vage – Begriff von der „Bürgergesellschaft", die auf „Eigenverantwortung" und „Leistungsträger" setzt, ein einigendes Band für Union, FDP und Grüne sein?

Ein Dreierbündnis der SPD, der Grünen und der LINKEN trüge zu einer Verschiebung des Koordinatensystems bei. Es steht 2009 wohl nicht ernsthaft zu erwarten. Die SPD hat in dieser Frage klar Stellung bezogen und eine Koalition mit der LINKEN auf Bundesebene abgelehnt. Sollte die Arithmetik im Jahre 2009 die Bildung einer schwarz-gelben Koalition im Bund begünstigen, könnten sich die SPD, die Grünen und DIE LINKE in der Opposition annähern und vielleicht bei der nächsten Wahl ein Alternative zu den beiden bürgerlichen Parteien bilden. Das Problem Lafontaine, das neben anderen Konfliktpunkten die SPD von einem Bündnis mit der LINKEN abhält, dürfte dann an Brisanz eingebüßt haben. Gegenwärtig ist Lafontaine, wiewohl unfreiwillig, aufgrund des gespannten Verhältnisses zur SPD und *vice versa* der beste Helfershelfer der Union.

Gregor Gysi weiß: Die SPD ist nicht geneigt, in absehbarer Zeit mit der LINKEN auf der Bundesebene zu koalieren. Die Rollen bei der Brautschau sind vertauscht: Der Brautwerber firmiert als Braut, ergreift deshalb die Flucht nach vorne und stellt als Voraussetzung für eine Koalition mit der SPD Bedingungen: „Wir haben sieben Punkte, die erfüllt sein müssen, damit man überhaupt zusammengehen kann: Bundeswehr raus aus Afghanistan, Überwindung von Hartz IV, Rückkehr zur Rente mit 65, gesetzlicher Mindestlohn, Bekämpfung der Kinderarmut, Angleichung der Lebensverhältnisse in Ost und West und die Reform der Gesundheitsreform."[43] Die SPD müsse vor der Bildung einer Koalition erst wieder „sozialdemokratisch" werden. Hatte die SED einst das Gift des „Sozialdemokratismus" wie der Teufel das Weihwasser gefürchtet, tut DIE LINKE nun so, als sehne sie eine sozialdemokratische Heerschar an Engeln geradezu herbei. Aus einem Albtraum wird ein Wunschtraum.

---

43 „Wir setzen die Themen". Gregor Gysi im Interview mit Sebastian Hille und Monika Plath, in: Das Parlament vom 13. Mai 2008.

Mit einer Koalition auf Bundesebene hätten Lothar Bisky und Oskar Lafontaine, die Parteivorsitzenden der LINKEN, ihr Ziel erreicht: Eine Partei, die über 25 Prozent der Stimmen in den neuen Bundesländern und fünf in den alten verfügt, lasse sich nicht „ausgrenzen". Die als legitim geltende Existenz einer Partei links der SPD und ihre Regierungsbeteiligung sei ein Stück europäischer Normalität. Aber kommt es nur darauf an, ob diese Partei links von der SPD angesiedelt ist, nicht vielmehr auch darauf, wie sie es mit den Prinzipen des demokratischen Verfassungsstaates hält? Wer eine Koalition unter Einbeziehung der LINKEN entschieden verwirft, will den antiextremistischen Grundkonsens aufrechterhalten. Es hat nichts mit einer „Beschimpfung" der PDS-Wählerschaft zu tun – und schon gar nichts mit einer Kritik an „Ostdeutschen" und deren Lebensleistung vor und nach 1989, wie DIE LINKE gern zu suggerieren sucht, wenn sie die auf sie gemünzte Kritik als Ausdruck von westlicher Herablassung apostrophiert. Umgekehrt wird ein Schuh daraus: Die Partei konterkariert die Leistung Ostdeutscher – die erfolgreiche Revolution 1989 und die seitherige Aufbauleistung unter manchmal schwierigen Umständen.

Die Geschichte der PDS ist bisher auch die Geschichte ihrer Aufwertung gewesen. Was 1990 niemand für möglich erachtet hatte, war schnell eingetreten: Die PDS steigerte bei den Wahlen 1994 deutlich ihren Stimmenanteil, und im gleichen Jahr bereits tolerierte sie in einem Bundesland eine Minderheitskoalition. Vier Jahre später gelangte sie als Juniorpartner in die Landesregierung eines anderen ostdeutschen Bundeslandes. Sowohl die Regierungsbildung in Mecklenburg-Vorpommern als auch die in Berlin wurde unter Einschluss der PDS wiederholt. Die machtbewusste PDS erwies sich insgesamt als bequemer Partner.

Zwar kam bisher eine Koalition unter Einbeziehung der PDS, der Linkspartei oder der LINKEN im Westen oder eine von ihr tolerierte Regierung nicht zustande, aber in Hessen wurde ein solcher Probelauf ernsthaft in Erwägung gezogen. Auch eine Koalition mit einem PDS-Ministerpräsidenten hat es noch nicht gegeben, doch in Thüringen strebt Bodo Ramelow, der stellvertretende Bundesvorsitzende, dieses Amt 2009 an. Während der jetzige sozialdemokratische Spitzenkandidat Christoph Matschie ein solches Ansinnen ablehnt, wäre sein geschlagener Konkurrent Richard Dewes dazu bereit gewesen.

Unter extremismustheoretischen Gesichtspunkten ist die Bildung von Koalitionen mit der LINKEN kritikwürdig. Der antiextremistische Konsens wird geschleift. Unter funktionalen Aspekten fällt das Urteil anders aus: Die PDS verlor im Zuge ihrer Regierungsbeteiligung stets Stimmen – und zwar deutlich. Die Geschichte der LINKEN ist eine Erfolgsgeschichte – aber eben nicht nur.

ORGANISATION, STRATEGIE, PROGRAMMATIK

1. Organisation

Als „großen Lümmel" hat der PDS-nahe Soziologe Michael Chrapa die schwer fassbare Mitgliedschaft einmal bezeichnet.[1] Wie die Geschichte der PDS gezeigt hat, stellte sie vor allem politisch-ideologisch eine unberechenbare Größe dar. Von 1990 an ging die Zahl der Mitglieder zunächst sprunghaft und auch danach stärker als bei anderen Parteien zurück. Anfangs drittstärkste Partei im wiedervereinigten Deutschland, rutschte die PDS hinter die FDP, aber noch vor die Grünen auf den fünften Platz. Zwischen 2004 und 2006 pendelte sich die Mitgliederzahl auf dem Niveau von rund 60.000 ein (Grafik 1). Die Initiativen der Parteiführung zur Mitgliedergewinnung fruchteten kaum und erreichten offenbar allenfalls, dass zuletzt die Zahl der Eintritte die der Abgänge in etwa kompensierte.

Grafik 1: Mitgliederentwicklung der PDS 1991-2006

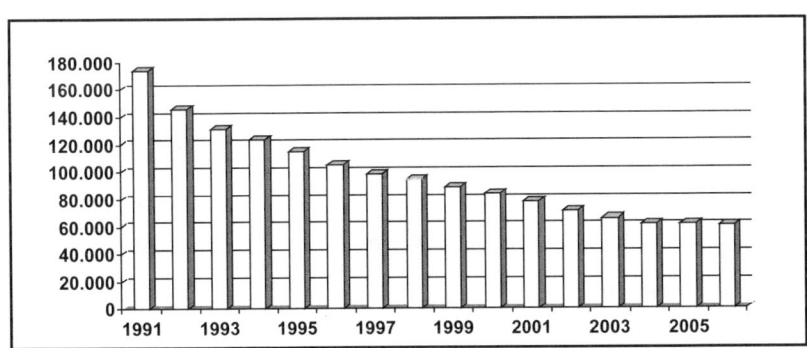

Quelle: Parteiangaben

---

1 Michael Chrapa/Dietmar Wittich: Die Mitgliedschaft, der große Lümmel. Forschungsbericht zur Mitgliederbefragung 2000 der PDS, Berlin/Halle 2001.

169

Grafik 2: Mitgliederentwicklung der PDS im Westen 1992-2004

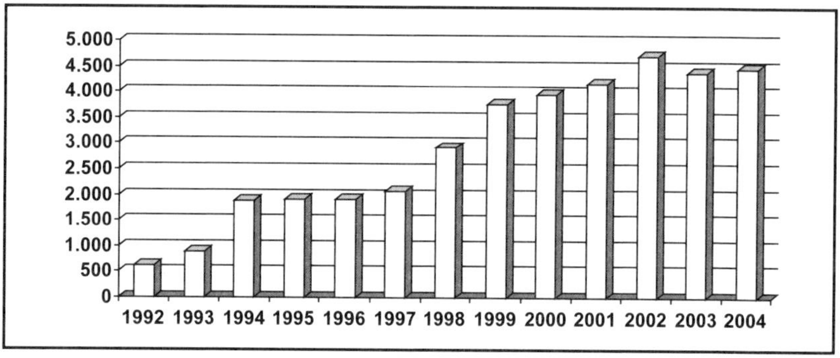

Quelle: Meinhard Meuche-Mäker: Die PDS im Westen 1990-2005.
Schlussfolgerungen für eine neue Linke, Berlin 2005, S. 35.

Im Osten zuletzt in etwa gleichauf mit der CDU stärkste Kraft, fiel die PDS im Westen kaum ins Gewicht. Der Mitgliederzuwachs in den alten Bundesländern blieb – bei relativ großer Fluktuation – auf einem äußerst niedrigen Niveau (Grafik 2). 2004 waren nur 4.500 der 60.000 PDS-Mitglieder im Westen registriert. Die Fusion mit der WASG nivellierte diese große Diskrepanz etwas. Die WASG will im Westen innerhalb kurzer Zeit über 10.000 Parteibücher vergeben haben, während es die PDS in 16 Jahren auf nicht einmal halb so viele Mitglieder gebracht hatte. Insgesamt gesehen ging die WASG als deutlich schwächerer Partner in den Zusammenschluss (Tabelle 10).

Tabelle 10: Mitgliederzahlen der PDS und der WASG im Ost-West-Vergleich 2005

	PDS*	WASG**
West (ohne Berlin)	4.383	9.654
Ost (mit Berlin)	56.537	1.581
Berlin extra	*9.634*	*733*
Gesamt	**60.920**	**11.235**

*Stand: Januar 2005, **Stand: Dezember 2005, Quellen: Parteiangaben*

Die PDS hatte 2005 fast sechsmal mehr Mitglieder als die WASG. Im Osten war die Kluft weitaus größer. Dort zählte die PDS ca. 36-mal mehr Mitglieder. Rechnet man Berlin weg – die WASG-Mitglieder in dem Bundesland machten annähernd die Hälfte ihrer „Ost-Mitglieder" aus –, waren gar rund 60-mal mehr Menschen in der PDS. Die WASG hatte keine Chance, in die relativ stabile Bastion der DDR-sozialisierten PDS-Anhänger in den neuen Ländern einzudringen. 2007 näherten sich in der LINKEN Ost und West weiter an (Tabelle 11). In den neuen Bundesländern wies die Partei mit rund 54.600 nur noch etwa dreimal mehr Mitglieder auf als in den alten.

Tabelle 11: Mitgliederzahlen der LINKEN 2007, aufgeschlüsselt nach Landesverbänden

Mitglieder West (ohne Berlin)	17.383
Baden-Württemberg	2.007
Bayern	1.865
Bremen	413
Hamburg	900
Hessen	1.881
Niedersachsen	2.242
Nordrhein-Westfalen	4.911
Rheinland-Pfalz	1.235
Saarland	1.199
Schleswig-Holstein	793

Mitglieder Ost (mit Berlin)	54.642
Berlin	9.761
Brandenburg	9.908
Mecklenburg-Vorpommern	6.543
Sachsen	14.342
Sachsen-Anhalt	6.557
Thüringen	7.531

Gesamt	72.025
West (ohne Berlin)	17.383
Ost (mit Berlin)	54.642

Quelle: Parteiangaben

Seit 2005 hat DIE LINKE – die beiden ursprünglichen Parteien zusammengerechnet – im Westen mehr als 3.000 Mitglieder hinzugewonnen, im Osten ebenso viele verloren. Vergleicht man die Daten von 2005 und 2007 (Tabelle 12), stagniert die Mitgliederzahl bei rund 72.000. Die Erfolgsmeldungen über Neueintritte seit der Fusion sind also nur die halbe Wahrheit. Die Partei gab im März 2008 die geschönte Zahl von 21.000 Mitgliedern in den alten Ländern zum Jahresende 2007 bekannt. Dies deckte sich allerdings – auch wenn man West-Berlin einbezieht – nicht mit den internen Statistiken für die Zusammensetzung der Parteitagsdelegierten, wo (ohne Berlin) lediglich von 17.000 Mitgliedern im Westen die Rede war. Eines aber kann die Partei positiv verbuchen: Sie ist nun hinter SPD, CDU und CSU die viertstärkste politische Kraft in Deutschland.

Tabelle 12: Vergleich der Mitgliederzahlen der Linkspartei.PDS/WASG bzw. der LINKEN vor und nach der Fusion

	West (ohne Berlin)	Ost (mit Berlin)	**Gesamt**
PDS/WASG 2005	14.037	58.118	**72.155**
DIE LINKE 2007	17.383	54.642	**72.025**

Quelle: Eigene Berechnung nach Parteiangaben

Der Zusammenschluss mit der WASG veränderte das Mitgliederprofil der Partei. Zum einen schrumpfte der Anteil der über 60-Jährigen von 70 auf unter 60 Prozent (Grafik 3). Die Überalterung war kein neues Phänomen, sondern bereitete der PDS von Anfang an Probleme, zumal Neuzugänge den Anteil der unter 30-Jährigen nie über 3,3 Prozent hinaus angehoben hatten. Ein Papier der PDS in Sachsen-Anhalt sah darin den Hauptgrund dafür, dass das Denken in der Basis in ideologischen

Schablonen gefangen[2] und die politische Profilierung der PDS ein allenfalls geduldetes Werk der im Durchschnitt wesentlich jüngeren Vorstände blieb. Den orthodoxen Kommunisten in der PDS war es deshalb ein leichtes, die Mitglieder beizeiten auf ihre Seite zu ziehen.

Grafik 3: Alter der Parteimitglieder vor und nach der Fusion (Angaben in Prozent)

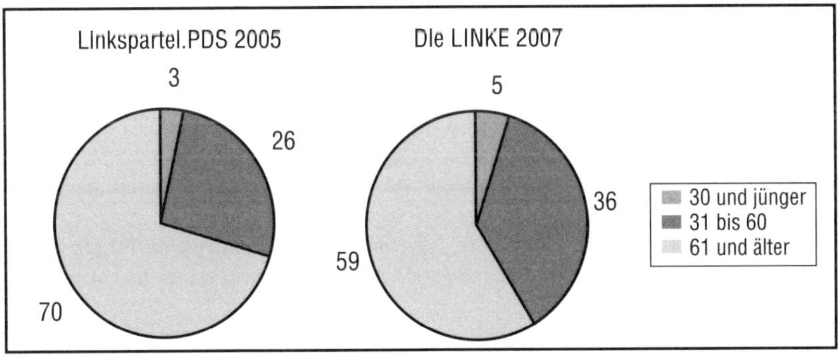

Linkspartei.PDS 2005 — 3, 26, 70

Die LINKE 2007 — 5, 36, 59

Legende: 30 und jünger / 31 bis 60 / 61 und älter

Quellen: Für 2005: Oskar Niedermayer: Parteimitglieder in Deutschland: Version 2007. Arbeitshefte des OSZ, Nr. 11, Berlin 2007. Für 2007: Parteiangaben (Schätzwerte)

Die Fusion führte zu einer deutlichen Stärkung der 31- bis 60-Jährigen, konnte den Anteil der Jüngeren aber nicht entscheidend vergrößern. Einer internen Statistik zufolge stieß mit der WASG vor allem diese mittlere Generation zur Partei.[3] Dasselbe gilt für die späteren Neueintritte hauptsächlich im Westen. Ob und inwieweit dies zu einer „Entideologisierung" der Mitgliedschaft beitrug, muss in Ermangelung geeigneter Untersuchungen offen bleiben. Die zweite Veränderung betrifft das Geschlechterverhältnis. DIE LINKE ist mit einem Frauenanteil von 41 Prozent noch immer die mit Abstand „weiblichste" aller deutschen Parteien (Grafik 4). Gleichwohl: Die „Männerpartei" WASG hat den einstigen PDS-Spitzenwert (46 Prozent weibliche Mitglieder) leicht gedrückt.

---

2 Vgl. Streitbar für Veränderung! Beschluss des 8. Landesparteitages der PDS Sachsen-Anhalt, Manuskript, 11. September 2004.

3 Informationsvorlage für den Parteivorstand zum Thema „Stand der Mitgliedergewinnung und des Parteiaufbaus", Manuskript, 17. November 2007.

Grafik 4: Geschlecht der Parteimitglieder vor und nach der Fusion
(Angaben in Prozent)

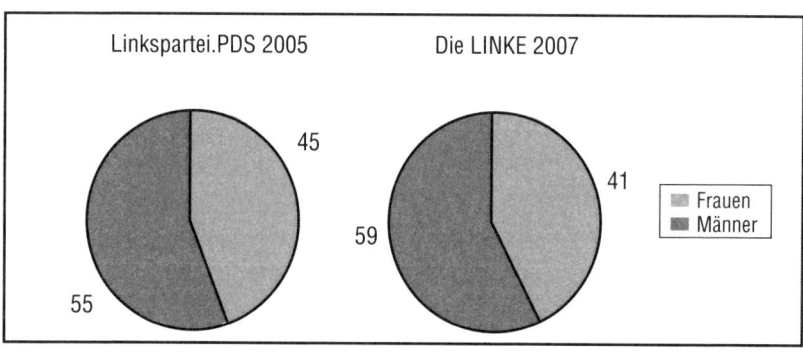

Quellen: Für 2005: Oskar Niedermayer: Parteimitglieder in Deutschland: Version 2007.
Arbeitshefte des OSZ, Nr. 11, Berlin 2007. Für 2007: Parteiangaben (Schätzwerte)

Leider gibt es keine zuverlässigen Vergleichsmöglichkeiten hinsichtlich
Beruf und Bildung der Parteimitglieder. Für DIE LINKE ist die Sozial-
struktur in Ost und West sehr unterschiedlich.[4] So stellten in den alten
Bundesländern Arbeitslose und Angestellte die größte Mitgliedergrup-
pe, während Akademiker deutlich in der Minderheit seien. Ganz anders
in den neuen Ländern: Dort bildeten einerseits die Rentner die stärkste
Bastion, andererseits hätten zwei Drittel der Mitglieder einen Hoch-
schulabschluss. Die Partei verweist auf die im Westen starke und im
Osten nur schwache Gewerkschaftsbindung.

Was den formalen Parteiaufbau angeht, unterscheidet sich DIE LINKE
kaum von ihren Konkurrenten. Sie verfügt über 16 Landes- und 350
Kreisverbände. Von diesen befindet sich etwa ein Drittel in den neuen
Bundesländern. Im Westen – dort verzeichnet DIE LINKE weiße Fle-
cken – ist ein Prozess der weiteren Untergliederung in Ortsverbände im
Gange. Demgegenüber werden im Osten die sogenannten Basisgruppen
als kleinste Einheiten zu Orts- oder Stadtverbänden zusammengelegt.
Über die Existenz von Betriebsorganisationen ist nichts bekannt. An die
Partei angebunden sind der von der PDS übernommene Jugendver-
band *Linksjugend solid* und der neu etablierte Hochschulverband *Die*

4 Vgl. ebd.

Linke.SDS. Sie sind formal unabhängig und finden bei der im Osten überalterten und im Westen im Gewerkschaftsmilieu verankerten Partei offensichtlich eine eher geringe Beachtung. Die beiden noch in der Entwicklung befindlichen Verbände besetzen dieselben Themen und arbeiten eng zusammen, zum Beispiel beim sogenannten „68er Kongress".

In ihrer Bundessatzung definiert sich DIE LINKE als „plural und offen für jede und jeden, die oder der gleiche Ziele mit demokratischen Mitteln erreichen will."[5] Schon die alte PDS hatte den an keine Weltanschauung oder Ideologie gebundenen innerparteilichen Pluralismus stets zum Prinzip erhoben, wenngleich mit zunehmender Härte der innerparteilichen Kämpfe die anfangs begrüßte ideologische Vielfalt in die Schranken gewiesen werden sollte. Schon 1994 stellte der damalige Bundesgeschäftsführer Martin Harnack fest: „Wir sind eine pluralistische Partei, verschiedene Meinungen und Strömungen sind gewollt." Jedoch sei „einiges nicht besonders produktiv oder sogar kontraproduktiv für das Wirken der Partei".[6] In der Folge waren die „Reformer"-dominierten Parteiführungen darauf aus, den Apparat zu zentralisieren und damit den anfänglichen Bewegungscharakter der PDS einzuschränken. Innerparteiliche Gruppierungen sollten sich nicht mehr selbstständig bilden können, die Privilegien ideologischer Plattformen beschnitten werden und Doppelmitgliedschaften nicht mehr möglich sein. Die PDS-„Reformer" vermochten damit allerdings nur zum Teil zu reüssieren.

Das 1997 erneuerte Statut schloss wie heute die Bundessatzung der LINKEN Mehrfachmitgliedschaften nur für diejenigen aus, die einer „anderen Partei im Sinne des Parteiengesetzes" angehören. DKP-Mitglieder können demnach nicht gleichzeitig der LINKEN angehören, wohl aber Aktivisten trotzkistischer Gruppen. Es ist ein Treppenwitz, dass ausgerechnet die – unter Druck gesetzte – KPF am vehementesten einen innerparteilichen Pluralismus verfocht, bekannte sie sich doch grundsätzlich zu einem leninistischen Parteiprinzip. „Wir Kommunis-

---

5 Bundessatzung der Partei DIE LINKE. Beschluss der Parteitage der WASG und der Linkspartei.PDS am 24. und 25. März 2007 in Dortmund.

6 PDS-Pressedienst vom 3. Juni 1994.

tinnen und Kommunisten treten für ein Organisationskonzept ein, das den konkreten Bedingungen der Klassensituation entspricht und lehnen in Übereinstimmung mit Lenins Parteienauffassung jedes Schematisieren ab."[7]

Von der PDS übernahm DIE LINKE die Regeln für sogenannte „Sympathisanten". Die „Gastmitglieder", wie sie nun heißen, können eingeschränkte Mitgliederrechte genießen, sofern sie ihnen von „den jeweiligen Gliederungen und Zusammenschlüssen" zugestanden werden. Die Privilegien der „Gastmitglieder" sind jedoch begrenzter als in der PDS. Unter anderem steht ihnen ein passives Wahlrecht bei Abstimmungen über Parteigremien, Parteitagsdelegierte und Abgeordneten-Kandidaten nicht zu, gleichwohl aber weitgehend das aktive Wahlrecht. Erlaubt es die „Gliederung", können die „Gastmitglieder" beispielsweise über die Besetzung von Vorständen mitentscheiden. Auch das Recht, sogenannte innerparteiliche Zusammenschlüsse zu bilden, ist weitgehend erhalten geblieben. Ende Januar 2008 verfügte DIE LINKE über 19 anerkannte und 19 noch nicht anerkannte Gruppierungen dieser Art (Tabelle 13). Fast alle waren schon in der PDS tätig. Neu hinzugekommen ist beispielsweise die *Sozialistische Linke*. Die *Antikapitalistische Linke* hat sich noch nicht um eine offizielle Anerkennung bemüht.

Tabelle 13: Zusammenschlüsse in der LINKEN

Anerkannte bundesweite Zusammenschlüsse
Die Linke.AG Betrieb und Gewerkschaft
BAG Bildungspolitik
BAG Bürgerrechte und Demokratie
AG Cuba Sí beim Parteivorstand der Partei DIE LINKE
AG Frieden und Internationale Politik

---

7 Eberhard Czichon/Thomas Hecker/Heinz Marohn: Zur Programmatik von Kommunistinnen und Kommunisten in der PDS. Ein Angebot zur Diskussion, in: Kommunistische Plattform der PDS (Hrsg.): Warum sind KommunistInnen in der PDS?, Berlin 1994, S. 26.

Forum Demokratischer Sozialismus (FDS)
Geraer Dialog / Sozialistischer Dialog in der Partei DIE LINKE
BAG Gesundheit und Soziales
BAG Grundeinkommen
Kommunistische Plattform der Partei DIE LINKE (KPF)
ArGe Konkrete Demokratie – Soziale Befreiung
AG Lisa (Frauenorganisation)
Ökologische Plattform
BAG Die Linke.queer (Lesben- und Schwulenorganisation)
BAG Rechtsextremismus / Antifaschismus
BAG Rote Reporter/-innen
Seniorenarbeitsgemeinschaft der Partei DIE LINKE
Sozialistische Linke (SL)
BAG Städtebau- und Wohnungspolitik

Weitere Zusammenschlüsse (Anerkennung beantragt)
AG Agrarpolitik und ländlicher Raum
Antieiszeitkomitee
AG Antirassismus, ImmigrantInnen- und Flüchtlingspolitik
AG Arbeit und Armut
AG Christinnen und Christen bei der Partei DIE LINKE
BAG Drogenpolitik
AG Erholungsgrundstücke und Kleingartenwesen
AG Ethnische Minderheiten
AG Familienpolitik
AG JuristInnen
BAG Kommunalpolitik und parlamentarische Arbeit
Marxistisches Forum (MF)

AG Medien
AG Selbstbestimmte Behindertenpolitik
AG Sportpolitik
Ständige Kulturpolitische Konferenz
BAG Umwelt-Energie-Verkehr
AG Wirtschaftspolitik
BAG Wissenschafts- und Hochschulpolitik

Quelle: Parteiangaben. Stand: 28. Januar 2008. Ideologische Zusammenschlüsse kursiv.

Wie in der PDS können diese Zusammenschlüsse selbstständig über ihre Programmatik und Struktur entscheiden. Die Partei garantiert diese Autonomie, sofern die Gruppierungen nicht „erheblich und fortgesetzt gegen die Grundsätze des Programms, der Satzung oder Grundsatzbeschlüsse verstoßen". Immer wieder hatten manche „Reformer" in der PDS versucht, die KPF wenn nicht aus der Partei zu drängen, so doch zu marginalisieren – wohl wissend, dass ein Ausschluss der Plattform einen Großteil der Mitglieder mit sich gezogen hätte. Die KPF war insofern – wiewohl es die „Reformer" anders darstellten – ein organisatorisch stabilisierendes Element. In der LINKEN unter Lafontaine ist sie darüber hinaus erst recht zu einer ideologisch einflussreichen Formation geworden. In den 90er Jahren scheiterten Versuche, nur den themenorientierten Arbeitsgemeinschaften (AG) zu erlauben, Parteitagsdelegierte zu entsenden, nicht aber den ideologisch orientierten Gruppen. Noch heute genießen KPF, SL und *Geraer Dialog* dieses Recht. Zudem erhalten sie von der Partei finanzielle Unterstützung. Die extremistische Orientierung dieser Gruppen ist offensichtlich, widerspricht aber anscheinend nicht der Vorgabe der Satzung, die Ziele der LINKEN mit „demokratischen Mitteln" zu erreichen.

Von Mitte der 90er Jahre an spielten die AG/IG auch als programmatische *Think Tanks* mehr und mehr eine Nebenrolle in der PDS. Die ideologischen wie die thematischen Zusammenschlüsse hatten für die politische Arbeit der Führungsgremien kaum noch Relevanz. „Insgesamt haben die regionalen Gliederungen im Verhältnis zu Arbeits- und

Interessengemeinschaften an Bedeutung zugenommen."[8] Der Parteirat machte schon Anfang 1996 „auf die Tendenz aufmerksam, dass die Arbeit von Vorständen zunehmend durch Abgeordnete und Fraktionsangestellte beeinflusst wird."[9] Das betraf vor allem die Landtagsfraktionen im Osten. „Politik gemacht" wurde in der PDS hauptsächlich dort. Sieht man von den rund 5.800 kommunalen Mandatsträgern ab, bildeten im Februar 2008 die 161 Ost-Landtagsabgeordneten nach wie vor die größte Gruppe der insgesamt 244 Parlamentarier der LINKEN (Tabelle 14). Die Partei stellt nach den jüngsten Wahlen in den alten Bundesländern nun zwar 33 Abgeordnete in den dortigen Landtagen; die West-Fraktionen konnten ihre politische Kompetenz aber noch nicht beweisen.

Tabelle 14: Zahl der Abgeordneten der LINKEN im Europaparlament, Bundestag und in den Landtagen

Gesamt	244
Europäisches Parlament	7
Bundestag	53
Abgeordnetenhaus Berlin	23
Landtag Brandenburg	29
Bürgerschaft Bremen	7
Bürgerschaft Hamburg	8
Landtag Hessen	6
Landtag Mecklenburg-Vorpommern	13
Landtag Niedersachsen	10
Landtag Nordrhein-Westfalen	1
Landtag Saarland	1

8 Wolfgang Gehrcke: Einschätzung des Magdeburger Parteitages, in: PDS-Pressedienst vom 16. Februar 1996.
9 Parteirat der PDS: An die zweite Tagung des 4. Parteitages der PDS. Erklärung, in: PDS-Pressedienst vom 19. Januar 1996.

Landtag Sachsen	32
Landtag Sachsen-Anhalt	26
Landtag Thüringen	28
Länderparlamente gesamt	**184**
Länderparlamente Ost (mit Berlin)	161
Länderparlamente West (ohne Berlin)	23

Quelle: Parteiangaben. Stand: 24. Februar 2008

Heute wirft die 53 Abgeordnete starke Bundestagsfraktion unter Führung von Oskar Lafontaine und Gregor Gysi mehr Gewicht in die Waagschale als früher. Sie hat mit „Gysis bunter Truppe" des Jahres 1994 nicht mehr viel gemein. Nahezu alle Abgeordneten können auf ansehnliche politische Biografien verweisen. Im Parlament arbeiteten Politiker von WASG und PDS bereits vor der Fusion zur LINKEN zusammen. In umgekehrtem Mitgliederverhältnis der beiden Parteien stammen gleich 30 der 53 Abgeordneten aus dem Westen (Tabelle 15). Setzt man die politische Herkunft in Beziehung zueinander, ergibt sich ein ausgeglicheneres Bild: „Sonderfälle" beiseite gelassen, kommen 18 Parlamentarier von der WASG – oder ohne diesen „Umweg" von der SPD und den Grünen. Demgegenüber können 29 einen „PDS-Vorlauf" vorweisen. Auffallend ist der relativ hohe Anteil an Gewerkschaftsaktivisten. Gleich 13 Abgeordnete haben oder hatten wichtige Funktionen zumeist bei *Verdi* oder der *IG Metall* inne – ein Novum für die „gewerkschaftsferne" PDS. Drei Parlamentarier sind in dem „globalisierungskritischen" linken Netzwerk ATTAC aktiv, drei weitere in der linksextremen, „antifaschistischen" VVN-BdA.

Tabelle 15: Die Abgeordneten der „Linksfraktion" im Bundestag, 16. Wahlperiode

Name	Funktion in Partei und Fraktion	Landesliste / Direktmandat	Frühere Parteimitglied-schaften*	Wichtige Funktionen	Ost/West
Aydin, Hüseyin		Nordrhein-Westfalen	1983-2005 SPD 2005-2007 WASG	IG Metall	W
Bartsch, Dietmar	Bundes-geschäftsführer	Mecklenbg.-Vorpommern	1979-1990 SED 1990-2007 PDS		O
Binder, Karin		Baden-Württemberg	1975-1998 SPD 2005-2007 WASG	Verdi VVN-BdA	W
Bisky, Lothar	Parteivor-sitzender	Brandenburg	1963-1990 SED 1990-2007 PDS		O
Bluhm, Heidrun		Mecklenbg.-Vorpommern	1997-1990 SED 1990-2007 PDS		O
Bulling-Schröter, Eva		Bayern	1974-1990 DKP 1990-2007 PDS		W

181

Name	Funktion	Land	Mitgliedschaften	Gewerkschaft	O/W
Bunge, Martina		Mecklenbg.-Vorpommern	1980-1990 SED 1990-2007 PDS		O
Claus, Roland		Sachsen-Anhalt	1978-1990 SED 1990-2007 PDS		O
Dağdelen, Sevim		Nordrhein-Westfalen	2005-2007 PDS		W
Dehm, Diether		Niedersachsen	1965-1998 SPD 1998-2007 PDS		W
Dreibus, Werner	Stellv. Frak-tionsvor-sitzender	Hessen	2004-2007 WASG	IG Metall	W
Enkelmann, Dagmar	Parl. Gesch.-führerin	Brandenburg	1977-1990 SED 1990-2007 PDS		O
Ernst, Klaus	Stellv. Frak-tionsvor-sitzender	Bayern	1974-2004 SPD 2004-2007 WASG	IG Metall	W
Gehrcke, Wolfgang		Hessen	1968-1990 DKP 1990-2007 PDS		W

Name	Funktion	Bundesland	Zeit/Partei	Organisation	W/O
Golze, Diana		Brandenburg	1997-2007 PDS		O
Gysi, Gregor	Fraktions-vorsitzender	Direktmandat	1967-1990 SED 1990-2007 PDS		O
Hänsel, Heike		Baden-Württemberg	2005-2007 PDS	ATTAC	W
Heilmann, Lutz		Schleswig-Holstein	1986-1990 SED 1990-2007 PDS	VVN-BdA	O
Hill, Hans-Kurt		Saarland	bis 1994 SPD 1998-2007 PDS		W
Hirsch, Nele		Thüringen	2005-2007 PDS	Verdi	O
Höger, Inge		Nordrhein-Westfalen	2005-2007 WASG	DGB Verdi	W
Höll, Barbara	Stellv. Fraktions-vorsitzende	Sachsen	1976-1990 SED 1996-2007 PDS		O
Jelpke, Ulla		Nordrhein-Westfalen	1971-2002 Enga-gement in KB, GAL und PDS, parteilos		W

Jochimsen, Lukrezia		Thüringen	parteilos		W
Keskin, Hakki		Berlin	bis 2005 SPD, seitdem parteilos		W
Kipping, Katja	Stellv. Partei-vorsitzende	Sachsen	1998-2007 PDS		O
Knoche, Monika	Stellv. Fraktions-vorsitzende	Sachsen	1979-2005 Grüne	Verdi	W
Korte, Jan		Sachsen-Anhalt	bis 1999 Grüne 1999-2007 PDS		W
Kunert, Katrin		Sachsen-Anhalt	1982-1990 SED 1990-2007 PDS		O
Lafontaine, Oskar	Partei- und Fraktions-vorsitzender	Nordrhein-Westfalen	1966-2005 SPD 2005-2007 WASG		W
Leutert, Michael		Sachsen	1991-2007 PDS		O
Lötzer, Ulla		Nordrhein-Westfalen	in den 70ern KBW 1992-2007 PDS	Verdi ATTAC	W

Name	Funktion	Wahlkreis/Land	Parteizugehörigkeit	Organisationen	
Lötzsch, Gesine	Stellv. Fraktionsvorsitzende	Direktmandat	1984-1990 SED 1990-2007 PDS		O
Maurer, Ulrich	Parl. Gesch.-führer	Baden-Württemberg	1971-2005 SPD 2005-2007 WASG		W
Menzner, Dorothée		Niedersachsen	1994-2007 PDS	VVN-BdA Verdi	W
Möller, Kornelia		Bayern	2002-2007 PDS		W
Naumann, Kersten		Thüringen	1990-2007 PDS		O
Nešković, Wolfgang	Stellv. Fraktionsvorsitzender	Brandenburg	1979-1994 SPD 1995-2005 Grüne, seitdem parteilos		W
Paech, Norman		Hamburg	1969-2001 SPD, seitdem parteilos		W
Pau, Petra	Stellv. Fraktionsvorsitzende	Direktmandat	1983-1990 SED 1990-2007 PDS		O

Name	Rolle	Bundesland	Parteizugehörigkeit	HBV	O/W
Ramelow, Bodo	Stellv. Fraktionsvorsitzender	Thüringen	1999-2007 PDS		O
Reinke, Elke		Sachsen-Anhalt	1979-1989 SED 2005-2007 WASG		W
Schäfer, Paul		Nordrhein-Westfalen	1970-1988 DKP 1999-2000 SPD 2000-2007 PDS		W
Schneider, Volker		Saarland	2005-2007 WASG		W
Schui, Herbert		Niedersachsen	2004-2007 WASG, zuvor SPD	Verdi	W
Seifert, Ilja		Sachsen	1974-1990 SED 1990-2007 PDS		O
Sitte, Petra	Stellv. Fraktionsvorsitzende	Sachsen-Anhalt	1981-1990 SED 1990-2007 PDS		O

Spieth, Frank		Thüringen	1966-2003 SPD	DGB	W
Tackmann, Kirsten	Stellv. Fraktions-vorsitzende	Brandenburg	1979-1990 SED 1990-2007 PDS		O
Troost, Axel		Sachsen	2004-2007 WASG	IG Metall ATTAC	W
Ulrich, Alexander		Rheinland-Pfalz	1999-2004 SPD 2004-2007 WASG	IG Metall	W
Wunderlich, Jörn		Sachsen	1999-2007 PDS		O
Zimmermann, Sabine		Sachsen	zuvor parteilos	DGB	O

*Quellen: www.bundestag.de, www.linksfraktion.de. Stand: April 2008. *Doppelmitgliedschaften von PDS und WASG sind nicht berücksichtigt, SED-PDS = SED, Linkspartei = PDS. O = Ost, W = West.*

Auch im ersten Parteivorstand der LINKEN waren die alten Bundesländer deutlich überrepräsentiert (Tabelle 16). Das Ost-West-Verhältnis
betrug 3:7. Wer die aus der PDS stammenden Mitglieder den früheren
WASG-Leuten gegenüberstellt, kommt immerhin auf ein Verhältnis
von 15:19. Neun bzw. sechs Mitglieder schlugen eine Brücke zu den
Gewerkschaften und zu ATTAC. Wie in der Bundestagsfraktion trafen
ehemalige Mitglieder kommunistischer Organisationen (Ulla Jelpke,
Harald Werner, Wolfgang Gehrcke und Eva Bulling-Schröter) mit
Trotzkisten (Christine Buchholz und Janine Wissler), Angehörigen der
AKL (Sahra Wagenknecht, Dorothée Menzner und Thies Gleiss) und
Marxisten wie Peter Erlanson und Diether Dehm zusammen. Mit der
„Sozialstaatsfraktion" der Ex-WASG bildeten sie ein relativ starkes La-
ger gegenüber den „Reformern" der alten PDS – gute Bedingungen für
Lafontaine, seine Kohorten um sich zu scharen und die Macht in der
Partei zu festigen, auch gegenüber den „pragmatischen" und zum Teil
als „liberal" verteufelten Landtagsfraktionen im Osten.

Tabelle 16: Der erste Parteivorstand der LINKEN

Name	Funktion im Vorstand	Frühere Partei-mitgliedschaften*	Wichtige Funktionen	Ost/West
Bartsch, Dietmar	Bundesge-schäftsführer	1977-1990 SED 1990-2007 PDS		O
Bisky, Lothar	Parteivorsitzender	1963-1990 SED 1990-2007 PDS		O
Breitenbach, Elke		2000-2007 PDS		W
Buchholz, Christine	Mitglied im GV	1994-1999 SPD 2004-2007 WASG	Linksruck	W
Dieckmann, Sophie		2004-2007 WASG	ATTAC	W
Erlanson, Peter		2004-2007 WASG	ATTAC Verdi	W
Ernst, Klaus	Stellv. Parteivorsitzender	1974-2004 SPD 2004-2007 WASG	IG Metall	W
Gehrcke, Wolfgang		1968-1990 DKP 1990-2007 PDS		W
Gleiss, Thies		2004-2007 WASG	IG Metall	W

Name	Funktion	Parteimitgliedschaft	Organisation	O/W
Gramkow, Angelika		1978-1990 SED 1990-2007 PDS		O
Heike, Anny	Mitglied im GV	2004-2007 WASG	IG Metall	W
Hein, Rosemarie		1976-1990 SED 1990-2007 PDS		O
Höhn, Matthias		1992-2007 PDS		O
Holluba, Karl	Schatzmeister	1967-1990 SED 1990-2007 PDS		O
Kipping, Katja	Stellv. Parteivorsitzende	1998-2007 PDS		O
Klute, Jürgen		2005-2007 WASG		W
Korte, Jan		bis 1999 Grüne 1999-2007 PDS	Verdi VVN-BdA	W
Krämer, Ralf		1976-1999 SPD 2004-2007 WASG	Verdi	W
Lafontaine, Oskar	Parteivorsitzender	1966-2005 SPD 2005-2007 WASG		W
Lay, Caren		2000-2007 PDS		O / W
Lösing, Sabine		2004-2007 WASG	ATTAC	W

Maurer, Ulrich	Mitglied im GV		1969-2005 SPD 2005-2007 WASG	W
Methling, Wolfgang			1966-1990 SED 1990-2007 PDS	O
Müller, Irene			bis 1990 SED 1990-2007 PDS	O
Mulia, Marc			1993-1999 Grüne 2004-2007 WASG	W
Naumann, Kersten			1990-2007 PDS	O
Nitz, Inga			2002-2007 PDS	W
Ostmeyer, Brigitte		ATTAC	2004-2007 WASG, zuvor Grüne	W
Pietsch, Britta	Mitglied im GV		2004-2007 WASG	W
Rajda, Christel			bis 2007 PDS	W
Ramelow, Bodo			1999-2007 PDS	O / W
Scharf, Heidi		IG Metall VVN-BdA	zuvor parteilos	W
Schlecht, Michael			1982-2005 SPD 2005-2007 WASG	W

Schmalzbauer, Fritz		2004-2007 WASG	Verdi	W
Scholz, Helmut		1990-2007 PDS		O
Schubert, Katina	Stellv. Parteivorsitzende	1980-1982 SPD 2001-2007 PDS		W
Theisinger-Hinkel, Elke		1993-2004 SPD 2004-2007 WASG		W
Troost, Axel		2004-2007 WASG	ATTAC IG Metall	W
Wagener, Sascha		1999-2007 PDS		W
Wagenknecht, Sahra		1989-1990 SED 1990-2007 PDS		O
Wawzyniak, Halina		1995-2007 PDS		O
Werner, Harald		1972-1990 DKP 1990-2007 PDS		W
Wissler, Janine		2004-2007 WASG	ATTAC Linksruck	W
Zerhau, Ulrike	Stellv. Parteivorsitzende	1974-2004 SPD	Verdi	W

*Quelle: www.die-linke.de. Stand: April 2008. *Doppelmitgliedschaften von PDS und WASG sind nicht berücksichtigt, SED-PDS = SED, Linkspartei = PDS. GV = Geschäftsführender Vorstand. O = Ost, W = West.*

Die Fusion hat aus der PDS in organisatorischer Hinsicht keine andere Partei werden lassen. Selbst die Protagonisten der WASG gaben dem klassischen Parteimodell den Vorzug vor einer linken Sammlungsbewegung. Dennoch begrüßt es DIE LINKE, nun stärker als zuvor die PDS in verschiedenen linken Milieus verankert zu sein – vor allem im Westen. Die „Reformer" sind ihrer Vorstellung von der Partei als Initiator und Kern einer breiten gesellschaftlichen – oder wie es nun in den „Programmatischen Eckpunkten heißt: „gewerkschaftlichen" „Gegenmacht" damit ein Stück näher gekommen. Dies deckt sich jedoch – wie gleich deutlich wird – nur zum Teil mit den strategischen Plänen der „neuen" Leute aus der WASG.

2. Strategie

„Widerstand und Ministeramt" – auf diese einfache Formel hatte Gabriele Zimmer die Strategie der PDS einst reduziert. Die Geschichte der Partei hat gezeigt: Der „Doppelweg, nämlich Opposition zum bestehenden Gesellschaftssystem zu sein und gleichzeitig hier und heute Politik machen zu wollen",[10] passte nicht immer zusammen und gab oft Anlass zu Streit. Sowohl in ihrer Programmatik als auch in der politischen Praxis hatte die PDS den Primat des „außerparlamentarischen Kampfes" aufgegeben, nicht jedoch den Kampf selbst. Sogar die „Reformer" beriefen sich immer wieder darauf. Die PDS rang „um parlamentarische Stärke", verband dies aber „mit der Überzeugung, dass grundlegende gesellschaftliche Wandlungen nicht ohne außerparlamentarische Kämpfe möglich sind."[11]

Den „Reformern" fiel es jedoch nicht leicht, die Arbeit in den Parlamenten und an den Regierungen als Teil einer gesellschaftlichen Oppositionsstrategie zu erklären. Diese hatte kaum Wirkung entfaltet, wäh-

---

10 Wir müssen heute Politik machen, heute kämpfen. Interview mit Gabi Zimmer und Roland Claus, in: Neues Deutschland vom 22. Juni 2001.
11 Michael Brie/Dieter Klein/André Brie: Programm der Partei des Demokratischen Sozialismus – Entwurf, in: PDS-Pressedienst vom 27. April 2001.

rend die Fraktionspolitik eine eigene Dynamik entwickelte. Die „Reformer" verpflichteten die Partei zuletzt auf das sogenannte „strategische Dreieck". Leicht modifiziert fand es in die „Programmatischen Eckpunkte" der LINKEN Eingang. Es kombiniert „gesellschaftlichen Protest" mit „der Entwicklung von Reformalternativen unter den gegebenen kapitalistischen Verhältnissen" und „Entwicklungswegen, die über die gegenwärtige Gesellschaft hinausweisen".[12] Die drei Elemente seien nicht voneinander zu trennen. DIE LINKE will – wie schon die PDS – ein anderes, „sozialistisches" Gemeinwesen errichten. Dieses Ziel steht zu den Werten und Prinzipien des demokratischen Verfassungsstaates in einem Spannungsverhältnis.

In der außerparlamentarischen Strategie verfolgten die PDS-„Reformer" einen breiten Ansatz. Es ging ihnen darum, eine linke „Hegemonie" in dem Bereich zu erlangen, den Antonio Gramsci als „Zivilgesellschaft" bezeichnet hat. Der italienische Kommunist hing der Vorstellung an, nichtstaatliche Organisationen bestimmten die öffentliche Meinung.[13] Dieses Motiv haben im Übrigen auch Rechtsextremisten aufgegriffen. Der „Zivilgesellschaft", gleichsam ein Kitt zwischen Individuum und Staat – maßen die PDS-„Reformer" strategische Bedeutung zu. In ihr sollte – geschürt durch Massenproteste – eine linke „Gegenkultur" zur „neokonservativen Hegemonie" in Stellung gebracht werden. Allein auf diese Weise sei die „Änderung der Verhältnisse" zu erreichen. Eine entscheidende Rolle spielten bei Gramsci die Intellektuellen, die, an der Spitze einer „zivilgesellschaftlichen" Bewegung stehend, die Eroberung der Köpfe vollziehen sollten.

Dieser Kampf um die „Hegemonie" ersetzte bei der PDS den orthodox-kommunistischen Klassenkampf. Die „Reformer" argumentierten, das kollektive Bewusstsein einer gleichsam nur noch zum „revolutionären Subjekt" zu indoktrinierenden Arbeiterklasse sei nicht mehr vorhanden. Vielmehr kennzeichne ein Prozess der Individualisierung die „mo-

---

12 Programmatische Eckpunkte. Programmatisches Gründungsdokument der Partei DIE LINKE. Beschluss der Parteitage der WASG und der Linkspartei.PDS, in: Disput, 4/2007, S. 34-47.
13 Vgl. Sabine Kebir: Gramscis Zivilgesellschaft, Alltag – Ökonomie – Kultur – Politik, Hamburg 1991; Antonio Gramsci: Gefängnishefte, Bd. 4, Hamburg 1994.

derne Gesellschaft". Oppositionelle Haltungen kämen daher nicht in einer homogenen Front des Widerstands zum Ausdruck. Die „neuen Subjekte linker Politik" seien „all jene Bewegungen, Organisationen und Individuen, die, aus unterschiedlichen sozialen Schichten kommend, die notwendige Transformation der gegenwärtigen Verhältnisse in eine neue Zivilisationsstufe befördern, die das Überleben der Menschheit sichert."[14] Es ging der PDS also darum, im vorinstitutionellen Raum eine breite, schichten- und interessenübergreifende „gesellschaftliche" Opposition zu integrieren. Das seinerzeit von Gregor Gysi in die ideologische Debatte geworfene und von den „Orthodoxen" als ideologische Verirrung kritisierte Konzept des „Gesellschaftsvertrages" hatte genau dies zum Ziel.

Die in den „Programmatischen Eckpunkten" angedeutete Strategie ist demgegenüber viel enger angelegt. Zwar will DIE LINKE nach wie vor „in der Gesellschaft ein breites Bündnis und eine politische Sammlungsbewegung" formieren. Statt von „Hegemonie" ist nun aber von einer „Veränderung der gesellschaftlichen Kräfteverhältnisse" gegen die „herrschende Klasse" die Rede. Dreh- und Angelpunkt sind die „gemeinsamen Interessen abhängig Arbeitender", denen sich schon die alte WASG verpflichtet hatte. Als vorrangige Bündnispartner nimmt DIE LINKE „Gewerkschaften, globalisierungskritische und andere soziale Bewegungen" ins Visier. Die personelle Verzahnung mit diesen Kräften ist ohnehin gegeben. Diese Strategie ist nahezu identisch mit den Vorstellungen der ursprünglichen *Wahlalternative,* die Linksextremisten eigens einbeziehen wollte. Im Vergleich zur Strategie der PDS-„Reformer" macht DIE LINKE einen Schritt zurück in Richtung einer „klassenbewussten" Bündnispolitik, die sich auf politisch bereits vorgeprägte Bewegungen und Organisationen kapriziert. Nicht mehr weit davon entfernt lagen frühere Versuche kommunistischer Organisationen wie der DKP, sich in jenen „Strukturen" („Antifa", Friedensbewegung) festzusetzen, die Aussicht auf erfolgreiche Instrumentalisierung und Indoktrination versprachen. Dies hatten die PDS-Strategen stets als nicht ausreichend verworfen.

---

14 Horst Dietzel/Klaus Haschker: Ende der Arbeiterklasse – neue Subjekte linker Politik?, Berlin o. J., S. 32 f.

Für sich allein zeitigte das erste Element des „strategischen Dreiecks" – die Organisation von Protest im außerparlamentarischen Bereich – bislang keinen Erfolg, weder bei der PDS noch bei der LINKEN. Wie früher die PDS setzt DIE LINKE auf Wahlen als mobilisierendes Moment. Auch die „Programmatischen Eckpunkte" sehen in ihnen ein probates Mittel, neue „gesellschaftliche Kräfteverhältnisse" zur Durchsetzung „alternativer Reformprojekte" zu gewinnen. „Die Potentiale sozialer Bewegungen und der politischen Linken" müssten aber „erst noch zusammenwachsen", schreibt Michael Brie.[15] Zwar gebe es in der Gesellschaft rein rechnerisch eine „linke Mehrheit". Sie spiegele sich aber derzeit weder in einem „gemeinsamen Projekt" noch in den „Parteienkonstellationen" wider. Nach den „Hartz IV"-Gesetzen stünden jedoch die Chancen für eine solche Mehrheit besser denn je – vorausgesetzt, man könne die Unterschichten, die sogenannten „Modernisierungsverlierer", für sozialistische Politik gewinnen.[16] Die von den „Reformern" unterstützte, strategische Orientierung der LINKEN auf das Spektrum der – tatsächlich oder vermeintlich – sozial Benachteiligten geht einher mit deutlicher Kapitalismuskritik und einer gehörigen Portion an politischem Populismus; sie ist deckungsgleich mit den ursprünglichen Motiven der WASG, hatte diese sich doch als Wahlpartei etabliert, um die von der SPD aufgerissene „Gerechtigkeitslücke" zu füllen.

In den „Eckpunkten" der LINKEN läuft die Präsenz in den Parlamenten offensichtlich weder auf eine kompromissorientierte Politik, wie sie die Pragmatiker aus der PDS vertreten, noch überhaupt auf die Übernahme „politischer Verantwortung" hinaus, wozu sich die PDS in ihrem Chemnitzer Programm bereit erklärt hatte. Die „parlamentarische Arbeit", heißt es nun, sei so zu „gestalten, dass sie der Zusammenarbeit mit außerparlamentarischen Kräften der LINKEN, der öffentlichen Darstellung eigener Reformvorschläge und dem Einbringen alternativer Gesetze" diene. Dies kommt der von Kommunisten propagierten Instrumentalisierung der Parlamente als Propagandaplattform ziemlich nahe. Was die Strategie angeht, sind die Vorstellungen der LINKEN

---

15 Michael Brie: Segeln gegen den Wind. Bedingungen eines politischen Richtungswechsels in Deutschland, in: Ders./Cornelia Hildebrandt/Meinhard Meuche-Mäker (Hrsg.): DIE LINKE. Wohin verändert sie die Republik?, Berlin 2007, S. 268.

16 Vgl. ders.: Der Kampf um gesellschaftliche Mehrheiten, in: Ebd., S. 13-45.

unausgegoren. Nach wie vor will die Partei oppositionelle gesellschaftliche Bündnisse „von oben", also über ihre Präsenz in den staatlichen Institutionen schmieden. Die Mobilisierung außerparlamentarischen Widerstands, der in der politischen Praxis der PDS sachte in den Hintergrund gerückt war, scheint bei der LINKEN wieder zu höheren Weihen zu kommen. Mehr denn je gibt sie sich eher als Protest-, denn als Parlamentspartei.

Gleichwohl schließt DIE LINKE Regierungsbeteiligungen nicht aus. Sie will sie jedoch deutlicher als die PDS als „Mittel gesellschaftlicher Gestaltung" verstanden wissen. Zwar sprechen die „Eckpunkte" die SPD nicht direkt als potenziellen Partner an – es ist lediglich von „parlamentarischen Bündnissen mit anderen politischen Kräften" die Rede. Doch DIE LINKE wird weiterhin nicht an den Sozialdemokraten vorbeikommen, zumal sie die „bundespolitische Ebene" als „entscheidend für die Durchsetzung eines Politikwechsels" erachtet. Schon die PDS – sie legte stets großen strategischen Wert auf „Mitte-Links-Bündnisse" – hatte ihr Verhältnis zur SPD nie klären können und steckte im Dilemma zwischen Konkurrenz und Kooperation. Viele Jahre vor der „Agenda 2010" hatte die PDS den Sozialdemokraten vorgehalten, politisch und programmatisch im – gegnerischen – Lager des „Neoliberalismus" zu verharren. Durch „Druck von links" sollte sie für eine „Hegemonie der Reformkräfte" gewonnen werden. Dazu gehörte, sich einerseits von der SPD abzugrenzen, andererseits aber auch als möglicher Koalitionspartner anzudienen – eine Gratwanderung zwischen der (eher radikalen) Demonstration sozialistischer Ideen und der (eher moderaten) Demonstration politischer Verlässlichkeit.

Strategisch gesehen war der unterstellte „Rechtskurs" der SPD Nachteil und Vorteil zugleich. So interpretierte die PDS den Rücktritt des SPD-Vorsitzenden Oskar Lafontaine im März 1999 als weiteres Indiz für die Annäherung der Sozialdemokraten an „neokonservative" Positionen. Während die einen in der PDS eine größer werdende Distanz zur SPD fürchteten, sahen andere gerade darin eine Chance, sich ohne eigenes Zutun als „sozialistische" Partei, als „einzige linke Reformkraft" zu profilieren. Das Problem der PDS: Je mehr Platz die SPD links von sich freigab, desto schärfer trat zwar das PDS-Profil als „linker Druckfaktor" hervor, desto schlechter waren aber die Aussichten, die SPD durch Koalitionen und parlamentarische Kooperation mit ins Boot zu holen. Heute wähnt sich DIE LINKE in einer weitaus komfortableren Position, sei doch ihre Entstehung überhaupt erst durch das „Versagen der SPD" möglich geworden. Die Sozialdemokratie stehe nun vor der „Alternative, einen Richtungswechsel auf der Basis einer Mitte-Links-Koalition anzuführen oder sich dauerhaft in der Unterlegenheit gegenüber der CDU einzurichten." Letztes würde für die SPD bedeuten, „sich langfristig auf einen Verdrängungswettbewerb"[17] mit der LINKEN einzulassen.

Da ist eine gute Portion Wunschdenken im Spiel. Sollte die SPD stärker nach links rücken, dürfte sie eher eine Gefahr für die erweiterte PDS sein. In diesem Fall würde sich die Partei – wohlgemerkt als politischer Konkurrent, nicht als Regierungspartner der SPD – wohl weiter radikalisieren. Auf diesem Weg ist DIE LINKE unter Lafontaine ohnehin. Der neue Vorsitzende ist vor allem auf Abgrenzung zu seiner ehemaligen Partei bedacht, ein Reflex, dem offensichtlich andere Protagonisten der einstigen WASG ebenso unterliegen – ganz im Gegensatz zu denen des *Forums Demokratischer Sozialismus*. Der frühere Berliner PDS-Chef Stefan Liebich etwa – er führte seinerzeit die Koalitionsverhandlungen mit den Sozialdemokraten – plädiert entschieden für eine gemeinsame Bundesregierung von SPD, Grünen und der LINKEN im Jahr 2013. Dieses Ziel verbindet das FDS mit Lafontaine, nicht aber der Weg. DIE LINKE wird mehr als zuvor die PDS mit ihrem strategischen Dilemma zu kämpfen haben.

Mit Ausnahme des Jahres 1990 trat die PDS zu den Bundestagswahlen (und größtenteils auch zu den Landtagswahlen im Osten) mit sogenannten „offenen Listen" an – bewusst ein Gegenkonzept zu den üblichen linksextremistischen Wahlbündnissen. Ein direktes oder indirektes Parteienbündnis wollte sie nicht eingehen. Um dies zu vermeiden, wies die PDS im Wahlkampf 1994 etwa Ambitionen des DKP-Sprechers Heinz Stehr auf eine Kandidatur zurück. Anderen DKP-Vertretern und sonstigen Linksextremisten standen die Listen jedoch stets offen. Auch DIE LINKE hatte sich im Vorfeld der jüngsten Landtagswahlen DKP-Mitgliedern gegenüber geöffnet. Nach der Affäre um Christel Wegner

---

17 Brie (Anm. 15), S. 281.

beschloss die niedersächsische LINKE zwar, nur noch Parteilose auf ihren Listen antreten zu lassen. Den Anlass gab allerdings nicht die DKP-Mitgliedschaft Wegners, sondern der Sturm der Entrüstung, den sie mit ihren Äußerungen entfacht hatte. DIE LINKE ist im Westen verzweifelt bemüht, sich (gegenüber der SPD) als „saubere" Partei darzustellen, zumal sie – wie das Koalitionsgeschacher in Hessen gezeigt hat – eine realistische Chance sieht, sich auch in den alten Bundesländern als Machtfaktor ins Spiel zu bringen, und die Ampel in einem Fünfparteiensystem „auf Rot-Rot-Grün zu stellen".[18]

3. Programmatik

Den Postkommunisten ist von ihren Konkurrenten oft vorgeworfen worden, eine eklektische Programmatik zu Schau zu stellen. Für DIE LINKE gilt dies umso mehr. Die „Eckpunkte" sind ein Provisorium, das zunächst nur das „Maß an Gemeinsamkeit" von PDS und WASG „widerspiegeln" sollte. In der Tat würfelt das Papier Forderungen beider Parteien zusammen; es erreicht bei weitem nicht das theoretische Niveau des Chemnitzer PDS-Programms. In diesem Steinbruch aus Gewerkschafts-, SPD- und Grünen-Programmatik sind keine genuinen politischen Forderungen zu finden. Den Unterschied macht vor allem die stark antikapitalistische Grundrichtung – verbunden mit striktem Antiamerikanismus – und die radikalere Positionierung aus. In der Sozialpolitik sozialer als die SPD, bei der inneren Sicherheit liberaler als die FDP und in Umweltfragen grüner als die Grünen: Noch offensichtlicher als die PDS zückt DIE LINKE die Populismus-Karte. Ein SPD-Politiker hat einmal gesagt: Egal welchen Mindestlohn wir gesetzlich festschreiben wollen, DIE LINKE wird immer einen höheren Satz verlangen.

So schütten die „Eckpunkte" ein Füllhorn an Wohltaten aus: gebührenfreie Kindertagesstätten, kostenlose Bildung für alle, eine „bedarfsorien-

---

18 Udo Baron/Manfred Wilke: Die Partei „Die Linke", in: Die politische Meinung, H. 456/2007, S. 43.

tierte" Grundsicherung, höhere Renten schon ab 60 Jahren, öffentlich geförderte „Beschäftigungssektoren", höhere Reallöhne, kürzere Arbeitszeiten und einen gesetzlichen Mindestlohn in existenzsichernder Höhe. Die Forderungen zur Arbeits- und Sozialpolitik sind nicht neu und unter anderem von der WASG erhoben worden. DIE LINKE setzt damit auf einen starken Staat zur Lösung aller sozialen Probleme. Er soll einen „dauerhaften Schutz der Menschen in großen Lebensrisiken" gewährleisten. Diese Staatsfixiertheit stieß in Teilen der PDS auf wenig Gegenliebe. Finanziert werden soll das alles durch eine Umverteilung von oben nach unten. DIE LINKE fordert „deutlich mehr Steuern" für Konzerne und „andere profitable Unternehmen", eine höhere Erbschaftssteuer, die Wiedereinführung der Vermögenssteuer und die Anhebung des Spitzensatzes bei der Einkommenssteuer auf 50 Prozent.

Im April 2008 entwickelte der Vorstand ein „Zukunftsinvestitionsprogramm".[19] Es sieht vor, jedes Jahr die stolze Summe von 50 Milliarden Euro in die Bildung, den Umweltschutz, die „kommunale Daseinsvorsorge" und die „öffentliche Beschäftigung" zu stecken. Dies schaffe, so rechnet DIE LINKE vor, „mindestens eine Million tariflich bezahlte Arbeitsplätze". Zusätzlich will die Partei für Menschen „mit besonders schlechten Chancen auf dem Arbeitsmarkt" 500.000 „öffentlich finanzierte Beschäftigungsverhältnisse" schaffen. Die Wunschträume der „Sozialstaatsfraktion" ersetzten somit das weitaus realistischere Steuerkonzept der PDS des Jahres 2005. Es überlebte die Fusion nicht, was zu Streit in der Partei führte. Protagonisten der ehemaligen WASG mussten das „Zukunftsprogramm" gegen die Kritik der „Pragmatiker" in den ostdeutschen Landesverbänden verteidigen. Diese argumentierten, selbst der Sozialismus müsse gegenfinanziert sein.

Die „Eckpunkte" sprechen zwar nicht wie orthodoxe Kommunisten direkt von einem kapitalistischen System, wohl aber indirekt. Mit dem Zusammenbruch der Sowjetunion „als das größte Gegengewicht" hätten sich die „zerstörerischen Tendenzen des ungehemmten kapitalistischen Marktes immer mehr entfalten" können. DIE LINKE macht

---

19 Parteivorstand der LINKEN: Eine starke Linke für eine andere, bessere Politik, Manuskript, 12. April 2008.

diesen „entfesselten Kapitalismus" als „Herrschaftsverhältnis" in einem gigantischen Bedrohungsszenario für praktisch alle Missstände verantwortlich. Er zerstöre den Sozialstaat, forciere „Klassenspaltung" und „Unterdrückung", provoziere Kriege und verschärfe die „Umweltkrise". Ein programmatisches Papier der Bundestagsfraktion bezeichnet die „Umweltfrage als Systemfrage"[20] und verneint die Möglichkeit eines „ökologischen Kapitalismus". Bei der LINKEN kommt der Antagonismus von „Sozialismus" und „Kapitalismus", der „Kampf der Systeme" durchaus zum Ausdruck. Diese fundamentale Sichtweise liegt näher an Positionen der KPF als an denen der PDS-„Reformer", die meist von einer „Kapitaldominanz" gesprochen hatten.

Die „Eckpunkte" der LINKEN folgen allerdings der Einschätzung der „Reformer", der Kapitalismus beherrsche die Politik, entziehe sich der staatlichen Kontrolle und verhindere deshalb eine „demokratische Gestaltung der Gesellschaft". Dieses Motiv tauchte bereits in zahlreichen programmatischen Papieren der PDS auf. Wie DIE LINKE forderte die Richtung der PDS-„Reformer" eine „Demokratisierung der Demokratie". Statt die Interessen der Bürger zu vertreten, sei der Staat zum Erfüllungsgehilfen des Kapitals geworden. „Der Umbau der Demokratie muss daher darauf gerichtet sein, Institutionen zu schaffen, die solche Interessen zur Geltung bringen, die außerhalb der Interessen der mächtigen Nationalstaaten und ihrer Wirtschaftsorganisationen, Großbanken, Konzerne usw. liegen."[21] In dieser Perspektive steht eine Allianz aus Staat und Kapital dem Volk gegenüber, das seine Anliegen vom „System" wieder zurückerobern muss. Die „Demokratisierung" trifft auch die Institutionen des demokratischen Verfassungsstaates: „Wir sind uns bewusst", hieß es in dem Brief der PDS an Richard von Weizsäcker, „dass die formellen Strukturen der Demokratie keinesfalls automatisch die wirkliche demokratische Repräsentation von Interessen verbürgen."[22]

---

20 Herbert Schui: Die Umweltfrage als Systemfrage, Manuskript, 29. August 2007.

21 André Brie/Michael Brie: Die Demokratisierung der Demokratie wagen!, in: Crossover (Hrsg.): Zur Politik zurück. Für einen ökologisch-solidarischen New Deal, Münster 1997, S. 123.

22 Lothar Bisky u. a.: Mit demokratischen Mitteln die politischen und sozialen Menschenrechte verteidigen, in: PDS-Pressedienst vom 14. August 1998.

Ohne „sozialen Gehalt" werde die „politische Form" der Demokratie „fragwürdig".[23]

Die „Eckpunkte" der LINKEN verlangen aus diesem Grund „Kontroll- und Einspruchsrechte" für „Umweltorganisationen, Verbraucherverbände, Gewerkschaften, Vereine und andere zivilgesellschaftliche Kräfte". Es sollen also nur jene Interessen Macht im Staat erlangen, die denen des „Kapitalismus" – vermeintlich – entgegenstehen. DIE LINKE konstruiert unter dem Begriff „Gemeinwohl" einen selektiven „Volkswillen", der zum Staatswillen gewendet werden soll. In dieselbe Kerbe schlägt die Forderung nach mehr direktdemokratischen Einflussmöglichkeiten für die Bürger. Volksbegehren und -entscheide müssten eine „enge Verbindung" mit der repräsentativen Demokratie eingehen. Die „Reform"-Ideologen der PDS verfechten anstelle des Parlamentarismus eine „partizipative Demokratie",[24] die eine politische Mobilisierung der Bürger für bestimmte politische Ziele einschließt und die formale Trennung von Staat und Gesellschaft aufhebt. Dies weist in Richtung eines identitären Demokratiemodells, das auf einen Interessenmonismus aus ist und deshalb dem Pluralismus eines demokratischen Verfassungsstaates widerspricht. Wer für mehr direkte Demokratie votiert, ist nicht zwangsläufig Demokrat.

Im Laufe der Zeit war der Begriff der Freiheit ins Zentrum der PDS-Programmatik gerückt. „Freiheit ist der Bezugspunkt sozialistischer Politik", hieß es an exponierter Stelle des Chemnitzer Programms. Ehrlicher wäre die umgekehrte Formulierung gewesen: Sozialistische Politik ist Bezugspunkt der Freiheit. Denn dort stand auch: „Gerechtigkeit verlangt, dass Freiheiten, die soziale Gruppen für sich in Anspruch nehmen, zu Freiheiten aller anderen werden können. Freiheit ist nicht als egoistisches Haben, sondern als solidarisches Tun zu erreichen." Eine ähnliche Formulierung taucht in den „Eckpunkten" auf. Eine solche „Freiheit" ist also kein Individual-, sondern ein Kollektivrecht. Demo-

---

23 Brie (Anm 15), S. 312.

24 Ders.: Ist sozialistische Politik aus der Regierung heraus möglich? Fünf Einwände von Rosa Luxemburg und fünf Angebote zur Diskussion, in: Ders./Cornelia Hildebrandt (Hrsg.): Parteien und Bewegungen. Die Linke im Aufbruch, Berlin 2006, S. 74–100, hier S. 90.

kratische Grundwerte erachtete die PDS weder als konstitutiv noch als politisch neutral. Dieter Klein schrieb: „Individuelle Freiheit ist nur unter den Bedingungen sozialer Gleichheit möglich. Formaler Deklaration von Freiheit, die der Mehrheit die Bedingungen wirklicher Freiheit nicht zugesteht, wird ein sozialistisches Freiheits- und Gleichheitskonzept entgegengestellt."[25] Freiheit wurde also wie in der SED sozialistischen Ansprüchen unterworfen.

Die einschlägigen Vorstellungen der LINKEN sind praktisch identisch. Ohne in diesem Zusammenhang den „Sozialismus" zu bemühen, überhöhen die „Eckpunkte" das Gleichheitsideal. „Freiheit ohne Gleichheit" sei „nur die Freiheit für die Reichen". DIE LINKE übernahm von der PDS insbesondere den Begriff der „Freiheitsgüter". Damit meint sie „die sozial gleiche Teilhabe der Einzelnen an den Entscheidungen in der Gesellschaft" sowie „existenzsichernde, sinnvolle Arbeit, Bildung und Kultur, hochwertige Gesundheitsleistungen und soziale Sicherungen". Diese „Freiheitsgüter" müssten die Bürger für sich reklamieren. Schon die PDS-„Reformer" verlangten das 2001 in ihrem Programmentwurf; die Verfügung über die „Freiheitsgüter" entscheide über Freiheit oder Unfreiheit des Einzelnen. Sie verknüpften „Freiheit" eng mit politischen Forderungen – zum Beispiel dem Recht auf Arbeit, soziale Sicherheit oder Gesundheit – und Pflichten der Bürger, etwa zur „Wahrnahme sozialer und ökologischer Aufgaben". Die nun auch von der LINKEN propagierte Selbstbestimmung der Individuen sollte kanalisiert werden in eine „solidarische Entwicklung aller durch bewusste Rahmensetzung"[26]. Letztlich kann in diesem Sinne nur eine übergeordnete Instanz – der Staat, die Partei – definieren, was „Freiheit" ist. Hieraus spricht ebenso ein identitäres Demokratieverständnis, dem offensichtlich alle Lager der Partei anhängen. Oskar Lafontaine hat mit seiner Parole „Freiheit durch Sozialismus" das programmatisch verbindende Glied benannt – selbst wenn die „Reformer" des FDS um Caren Lay

---

25 Dieter Klein: Zeitgemäße sozialistische Programmatik, in: Neues Deutschland vom 15. Juni 2001.
26 Brie (Anm. 24), S. 89.

und Stefan Liebich lieber weniger utopisch von „Freiheit und Sozialismus" sprechen wollen.[27]

DIE LINKE instrumentalisiert die Menschenrechte. Sie erkennt sie offensichtlich nicht als fundamental und universell an, unterwirft sie vielmehr ebenfalls politischen Vorgaben. Die „Eckpunkte" fordern ein Menschenrecht auf Wohnen, auf Gesundheit und auf Frieden. Bei der PDS waren die Menschenrechte zur Legitimation sozialistischer Politik aufgerückt. „Die soziale Frage ist in letzter Instanz die Frage danach, auf welche Weise den Menschenrechten für alle Menschen Geltung verschafft werden kann."[28] Zudem maßen ihnen die „Reformer" strategische Bedeutung zu. „Die Menschenrechte sind für die sozialen Bewegungen das entscheidende Vermittlungsglied. Sie stellen das Feld dar, auf dem der Kampf um die Hegemonie in dieser Gesellschaft ausgetragen wird."[29] Wie die „Freiheit" erkannte die PDS Menschenrechte nicht als individuelles, sondern als kollektives Recht an. Auch DIE LINKE wird alles, was als „Unterdrückung" verstanden wird, zum „Menschenrechtsfall" „herbeiideologisieren" – Arbeitslosigkeit etwa oder zur Überlebensfrage der Menschheit erhobene ökologische Krisen. Einzelinteressen sollen über die Menschenrechte zum Gesellschaftsinteresse mutieren.

Das instrumentelle Verhältnis der Partei zu Demokratie, Freiheit und Menschenrechten geht einher mit der geringen Neigung, die Beschneidung dieser Werte in sozialistischen Staaten zu kritisieren. Lafontaine und seine Anhänger heißen die Einschränkung der Pressefreiheit in Venezuela gut, in den Reihen der alten PDS ist die Kritik an der kubanischen Diktatur verpönt. So entlud sich der Zorn der Partei, als im Februar 2006 PDS-Abgeordnete der Kuba-Resolution des Europaparlaments zustimmten. Das Papier prangerte unter anderem die Menschenrechtsverletzungen auf der kommunistischen Karibikinsel an. Mehr als

---

27 Caren Lay/Inga Nitz/Stefan Liebich: Freiheit und Sozialismus. Offene Fragen diskutieren – Erfahrungen einbringen, Manuskript, April 2008.
28 Dieter Klein/Lutz Brangsch: Die soziale Frage heute – Unübersichtlichkeit der Akteure, in: Crossover (Anm. 21), S. 32.
29 Michael Brie: Moderner Sozialismus, in: Werner Kowalski/Joachim Bischoff/Ursula Herrmann/Peter Jehle/ders.: Sozialismusvorstellungen gestern und heute, Berlin 1997, S. 41.

tausend Parteimitglieder unterstützten eine Stellungnahme von Ellen Brombacher, der Bundessprecherin der KPF. Sie hielt den Parlamentariern vor, Kuba der Kapitalherrschaft unterwerfen zu wollen. Diesem Druck musste sich, um den innerparteilichen Frieden wiederherzustellen, der Parteivorstand beugen. Er distanzierte sich von der Resolution und bekundete die Solidarität mit Kuba. „Reformer" André Brie wiederum – als Europa-Abgeordneter einer der Befürworter der Resolution – empörte sich, der PDS-Vorstand habe nicht einmal den Mut gehabt, einfach nur festzustellen, auf Kuba gebe es Verletzungen der Menschenrechte und dort werde die individuelle Freiheit mit Füßen getreten.

Alles in allem kombinieren die „Programmatischen Eckpunkte" den Anspruch der PDS, den „Kapitalismus in einem transformatorischen Prozess zu überwinden", mit einem vor allem aus der ehemaligen WASG kommenden und von den „orthodoxen" Kommunisten goutierten sozial-utopischen Populismus. Diese Mixtur hat zu einer Radikalisierung geführt und sowohl ostdeutsche „Pragmatiker" als auch das FDS auf den Plan gerufen. Ihre Befürchtung, DIE LINKE verkomme zu einer fundamentalistischen Protestpartei, ist berechtigt. In der Europa- und der Verteidigungspolitik will DIE LINKE ebenso als „konsequente Opposition" auftreten. Die „Linksfraktion" im Bundestag gibt sich als alleinige Friedensstifterin und ist gegen Auslandseinsätze der Bundeswehr selbst unter UN-Mandat. Die Abgeordneten rechneten es sich hoch an, im April 2008 als einzige gegen den „Vertrag von Lissabon" gestimmt zu haben. „Ja zu Europa, Nein zum EU-Vertrag" – mit demselben Populismus hatten früher die rechtsextremen *Republikaner* agitiert. Die Haltung des konsequenten Neinsagers kennen wir bereits von den PDS-Parlamentariern im Bundestag. In der LINKEN scheint sich nun das Konzept „Opposition um der Opposition willen" zu festigen. Noch steht nicht fest, wohin DIE LINKE programmatisch geht – zu einer sozialistischen Richtungspartei oder zu einer linken Sammlungs- und Protestorganisation? In jedem Fall werden diejenigen einen schweren Stand haben, die einer pragmatischen Politik anhängen.

4. Extremistische Grundausrichtung

Die PDS war für Wissenschaftler ein schwieriger Fall. Es kursierten die unterschiedlichsten Einschätzungen und Einordnungen. Dies hatte nicht nur etwas mit den jeweiligen Ansätzen, Interessen und Vorprägungen der Wissenschaftler zu tun, sondern auch mit dem Objekt selbst. Die PDS war eine Partei der Widersprüche, eine Partei ohne Mitte. Vor allem Analysen, die Wert auf Ideologie und Programmatik der Partei legen, sind keineswegs eindeutig. Für Franz Oswald etwa hatte sich die PDS zu einer „fast normalen Partei" entwickelt.[30] Die vergleichende Untersuchung von Luke March und Cas Mudde sah in ihr gar das „klarste Beispiel" für den Wandel von der Ideologie einer ehemaligen kommunistischen Staatspartei hin zu einem „demokratischen Sozialismus".[31] Für Patrick Moreau wiederum war dieser nur Fassade und täuschte über das wahre Wesen der Partei hinweg. Moreau unterstrich die enge ideologische Verwandtschaft der PDS zur *Parti Communiste Français* (PCF)[32] – einst das Paradebeispiel einer moskauhörigen „Betonpartei", und noch heute auf seiner kommunistischen Identität beharrend. Viola Neu spricht in ihrer breit angelegten Studie treffend vom „Janusgesicht" der PDS. Neu gehört zu den Autoren, die die PDS „der Gedankenwelt der SED eng verbunden" sehen. Sie resümiert: „Der Wandel scheint mehr Anpassungsstrategien zu entsprechen, als dass er Sozialismus nur auf der Basis von Demokratie und Rechtsstaat umsetzen möchte."[33]

Autoren wie Matthias Micus halten die PDS für ideologisch kongruent mit der „Nach-Godesberg-SPD", berufe sie sich doch auf „dieselben

---

30 Vgl. Franz Oswald: The Party That Came Out of the Cold War. The Party of Democratic Socialism in United Germany, Westport/London 2002.

31 Vgl. Luke March/Cas Mudde: What's Left of the Radical Left? The European Radical Left After 1989: Decline and Mutation, in: Comparative European Politics 1/2005, S. 23-49, hier S. 29.

32 Vgl. Patrick Moreau: Die kommunistischen und postkommunistischen Parteien Westeuropas: Ein unaufhaltsamer Niedergang?, in: Totalitarismus und Demokratie 1/2004, S. 35-62, hier S. 37 f.

33 Viola Neu: Das Janusgesicht der PDS. Wähler und Partei zwischen Demokratie und Extremismus, Baden-Baden 2004, S. 257 f.

Grundwerte"[34]. Wer die Partei ohne politischen Hintergedanken als sozialdemokratisch bezeichnet, hat allenfalls an der Programmoberfläche gekratzt. Die PDS verfolgt weiterreichende Ziele, und offensichtlich tut das auch DIE LINKE. Sie spricht von der „Transformation" der bestehenden Gesellschaft in eine „sozialistische", wobei die Konturen dieses neuen Gemeinwesens unscharf bleiben. Die Partei verfolgt kein offensiv umstürzlerisches Konzept – wir haben es mit einem smarten Extremismus zu tun. Dennoch stehen Werte und Prinzipien des demokratischen Verfassungsstaates offensichtlich zur Disposition.

In organisatorischer Hinsicht ist DIE LINKE weitgehend eine „normale" Partei. Der in der Satzung verankerte Pluralismus kann als Ausweis innerparteilicher Demokratie gelten. Doch diese Vielfalt umfasst keineswegs bloß Demokraten. Gruppierungen wie die *Sozialistische Linke* (SL) und die *Kommunistische Plattform* (KPF) werden nicht nur geduldet, sondern genießen sogar Privilegien. Die *Antikapitalistische Linke* (AKL), die sich allerdings über ihren Status in der LINKEN noch uneins ist, würde ebenso akzeptiert. Die extremistische, auf Überwindung des als „kapitalistisch" gebrandmarkten demokratischen Verfassungsstaats zielende Ideologie dieser Strömungen bildet kein Hindernis. Die an der „Arbeiterklasse" orientierte SL bietet revolutionären Trotzkisten ein Forum. Sie dringt auf eine Überwindung „des Kapitalismus" und hält an der Utopie einer anderen Gesellschaft fest.[35] Noch eindeutiger hatte sich stets die KPF der „Systemüberwindung" verschrieben. Nach wie vor sieht sie die DDR als Vorbild einer künftigen Gesellschaft. Protagonisten der KPF sind wichtige Kräfte im Netzwerk der AKL. Diese Strömung steht für „eine an die Wurzeln gehende Kapitalismuskritik" und eine „gesellschaftliche Alternative" unter sozialistischen Vorzeichen.[36]

Schon in der PDS war die Abgrenzung zu Gruppierungen wie der KPF nicht prinzipieller Natur, sondern hauptsächlich der Imagepflege und

---

34 Matthias Micus: Stärkung des Zentrums. Perspektiven, Risiken und Chancen des Fusionsprozesses von PDS und WASG, in: Tim Spier/Felix Butzlaff/ders./Franz Walter (Hrsg.): Die Linkspartei. Zeitgemäße Idee oder Bündnis ohne Zukunft?, Wiesbaden 2007, S. 199.
35 Sozialistische Linke: Realistisch und radikal, Manuskript, August 2006.
36 Für eine antikapitalistische Linke, Manuskript, März 2006.

dem Streben nach „Politikfähigkeit" geschuldet. Wer die strategischen Prämissen konterkarierte, wurde sanktioniert, eine antidemokratische Orientierung allein war kein Grund. In der LINKEN sind Kommunisten, Trotzkisten und andere radikal Linke mehr denn je zu einem innerparteilichen Machtfaktor aufgerückt. Die WASG hat nicht nur Demokraten mitgebracht. In der PDS wurden die ideologischen Auseinandersetzungen „vertikal" geführt: Eine meist „Reformer"-dominierte Parteiführung stritt mit den „orthodoxen" Formationen „von oben herab". Mit Lafontaine an der Spitze begegnen die Lager einander auf Augenhöhe. Die Protagonisten der „Sozialstaatsfraktion" sind zahlreich in den Parteigremien vertreten. Viele sehen offenbar in KPF und SL Verbündete, die im Vorstand und der Bundestagsfraktion selbst nicht gerade ohne Einfluss sind. Kein Wunder, dass man in der LINKEN vergeblich nach Aussagen sucht, diese Richtungen seien antidemokratisch.

Dasselbe gilt für Linksextremisten außerhalb der Partei. Die LINKE heißt sie willkommen, solange sie das Erscheinungsbild der Partei nicht beeinträchtigen. Im Westen ist DIE LINKE keineswegs eine Bastion von Demokraten. Strategisch gesehen fällt sie sogar hinter die Pläne der PDS-„Reformer" zurück. Während diese breite Schichten der Gesellschaft für eine „Hegemonie der Linken" gewinnen wollten, scheint nun der alte „Klassenkampf" fröhliche Urständ zu feiern – und damit eine Bündnispolitik, die gerade bei linksextremistischem Potenzial ansetzt. Dies hatte die PDS als wirkungslos erachtet. An deren eher theoretischem Konstrukt des „strategischen Dreiecks" hält DIE LINKE fest. Ihm soll allerdings eine größere praktische Bedeutung zuteil werden – zuungunsten einer eigenständigen Regierungspolitik.

Obwohl sich die „Sozialstaatsfraktion" der WASG ursprünglich einer Politik innerhalb der Parlamente verschrieben hatte, soll die außerparlamentarische Orientierung wieder mehr Relevanz bekommen. Der Populismus der „Sozialstaatler" – sie wollten gesellschaftlichen Protest in die Volksvertretungen tragen – fördert die Tendenz in der LINKEN, Parlamentspolitik zu einem reinen Sprachrohr dieses Protests verkommen zu lassen. Dies spricht nicht gerade für eine größere Akzeptanz der Institutionen des demokratischen Verfassungsstaates. Bei der PDS standen das *Forum Demokratischer Sozialismus* um Stefan Liebich und Caren Lay und größtenteils die Fraktionen in den ostdeutschen Landtagen für eine Entideologisierung der Partei. Wer von einer „Demokratisierung" der PDS sprechen wollte, fand vor allem dort Anhaltspunkte. In der LINKEN scheinen die „Pragmatiker" ins Hintertreffen zu geraten, wohingegen Anhänger einer fundamentalen Opposition aufgewertet werden.

DIE LINKE sieht demokratische Grundwerte nicht als politisch neutral an. Sie verknüpft sie untrennbar mit sozialen Ansprüchen. Freiheit und Menschenrechte stehen ohnehin nicht mehr im Zentrum der Programmatik. Die Partei hat sogar das programmatische Bekenntnis der alten PDS zu Gewaltenteilung, Parlamentarismus und Pluralismus klammheimlich entsorgt. Dabei erkannten schon die Postkommunisten die Prinzipien des demokratischen Verfassungsstaates nicht als fundamental an, unterwarfen sie vielmehr einer sozialistischen Strategie. Der PDS ging es um einen Wandel in den „Machtverhältnissen" oder den „Machtstrukturen", der über die „bürgerliche" Gesellschaft hinausweisen sollte – allerdings mit unklarem Ziel. Mal war von einer klaren „Systemüberwindung" die Rede, mal von der Überwindung der „Kapitaldominanz". DIE LINKE hat sich ebenso der „Transformation der Gesellschaft" verschrieben. Wenn auch der „Sozialismus" nur an einer – allerdings exponierten – Stelle der „Programmatischen Eckpunkte" auftaucht, zeigt er doch die Perspektive einer neuen Gesellschaft auf, „in der die Freiheit des anderen nicht die Grenze, sondern die Bedingung der eigenen Freiheit ist." Einmal davon abgesehen, dass auch die kommunistische DKP diese von Karl Marx entlehnte Formulierung in ihr neues Programm aufgenommen hat: Das oben geschilderte Freiheitsverständnis der LINKEN schließt aus, dass die Partei ein Gemeinwesen im Sinne des demokratischen Verfassungsstaates anstrebt.

„Demokratie und Sozialismus bedingen einander", steht ferner in den „Eckpunkten". Das hat auch die PDS so gesehen. Sie betrachtete „das Verhältnis zur Demokratie stets als zentrale Frage ihrer sozialistischen Erneuerung".[37] Das stimmt insofern, als zahlreiche offizielle Texte der Partei „Demokratie" und „Sozialismus" in einem Atemzug nannten,

---

37 Michael Schumann: Politik und Ideologie: Wandlung im ideologischen Selbstverständnis der Bundesrepublik, in: PDS-Pressedienst vom 23. Januar 1998.

wenn nicht gar gleichsetzten. Zumindest wurde das eine als Bedingung für das andere hingestellt. „Das bedeutet, dass unser Sozialismus-Begriff ein Höchstmaß an Demokratie und Liberalität einschließt. Es geht nicht um die Frage, ob und wieviel Demokratie und Liberalität sich eine sozialistische Gesellschaft leisten kann, sondern darum, dass ihr sozialistischer Charakter von der Realisierung umfassender Demokratie und Liberalität abhängt."[38] Die Sätze richteten sich 1995 nicht, wie man meinen möchte, an die Adresse der SPD oder des Bündnis 90/Die Grünen, sondern an die der eigenen Parteibasis, in der restaurative Tendenzen mit dem zeitlichen Abstand zur DDR zunahmen.

Dem DDR-Sozialismus sprachen die PDS-„Reformer" ab, Demokratie verwirklicht zu haben. Diese sei jedoch eine Grundvoraussetzung für wahren Sozialismus; ihr Fehlen komme einer Pervertierung der sozialistischen Idee gleich. Man muss einwenden, dass jede Praxis im Dienste einer Idee unweigerlich auf die Idee selbst zurückfällt. Gegen dieses Argument wappneten sich die „Reform"-Ideologen, indem sie an der sozialistischen Bewegung vor Etablierung der „Volksdemokratien" ansetzten. Historisch gesehen sei diese Bewegung nämlich fest in der Gesellschaft verwurzelt und insofern „demokratisch" gewesen. Volksnähe als einziges Kriterium der Demokratie? Eine solche Definition widerlegt sich, bemüht man die deutsche kommunistische Bewegung während der Stalin-Zeit als Beispiel. Die undemokratischen Absichten der Thälmann-KPD sind offensichtlich. Außerdem muss die Zeit zwischen 1945 und 1990 aus diesem Blickwinkel erscheinen, als hätte die sozialistische Tradition in Osteuropa eine historische Pause eingelegt, um nach 45 Jahren Phönix aus der Asche gleich wieder erblühen zu können: Erst jetzt, nach dem Zusammenbruch der DDR, sei sozialistische Politik, sei „eine authentische sozialistische Bewegung wieder möglich."[39]

Der Kritik der PDS am „Realsozialismus" folgte kein Plädoyer für den demokratischen Verfassungsstaat. Zwar müsse Sozialismus auf die „zivilisatorischen Errungenschaften" „moderner" Gesellschaften bauen, zum Beispiel die „pluralistische Demokratie". Dahinter standen jedoch stra-

---

38 Sozialismus ist Weg, Methode, Wertorientierung und Ziel. Beschluss des 4. Parteitages der PDS/1. Tagung, in: Disput, 3-4/1995, S. 26 f.
39 Brie (Anm. 29), S. 38.

tegische Motive. Pluralismus und Rechtsstaat seien „trotz ihrer Dienlichkeit als Herrschaftsmechanismus eine Chance für Gegenmächte".[40] Offenkundig meinten die PDS-„Reformer" mit „Demokratie" nicht eine bestimmte Gesellschaftsordnung. Mit diesem Begriff bezeichneten sie vielmehr eine nicht näher definierte, jedoch politischen Prämissen unterworfene Methode der gesellschaftlichen Transformation. Petra Sitte sagte einmal: „Wir sehen Demokratie nicht als Artefakt oder als spezifische Form der Machtausübung. Wir begreifen sie als Prozess. Dessen Ablauf und Ergebnisse bestimmen das Wesen und den politischen Gehalt der gesellschaftlichen Verhältnisse."[41] Ausschlaggebend für die Bezeichnung „demokratisch" war in erster Linie eine „sozialistische" Richtung dieses Prozesses; nicht die Existenz der vordergründig gut geheißenen Prinzipien des demokratischen Verfassungsstaates. „Die Demokratie" sei „die notwendige, wenn auch keineswegs hinreichende politische Voraussetzung, um Ziele eines Umbaus der kapitalistischen Produktionsweise durchzusetzen."[42] Wie heute DIE LINKE unterwarf die PDS „Demokratie" politischen Zielen, anstatt sie umgekehrt als Fundament für deren Durchsetzung in einem freien Entscheidungsprozess anzuerkennen.

Die Vorschläge der LINKEN zielen, wie erwähnt, auf bessere Möglichkeiten für eine direktdemokratische Beteiligung, auf mehr Bürgernähe, ohne auf den ersten Blick das Prinzip einer repräsentativen Demokratie in Frage zu stellen. Doch die angestrebte Reform der staatlichen Institutionen soll wie bei der PDS Platz für gesellschaftlichen Protest und zugleich Möglichkeiten für seine Kollektivierung schaffen. DIE LINKE will nur bestimmten – „sozialen" – Interessengruppen mehr Macht im politischen System der Bundesrepublik einräumen. Ihre Programmatik strebt eine wechselseitige Verflechtung eines Teils der Gesellschaft und des Staates an. Sie hat folglich mit dem Mehrheitsprinzip wenig im Sinn.

---

40 Programmkommission der PDS: Thesen zur programmatischen Debatte, in: PDS-Pressedienst vom 26. November 1999.
41 Petra Sitte: Bilanz der PDS-Landtagsfraktion und die Rolle der PDS in den Parlamenten, in: Landesvorstand der PDS Sachsen (Hrsg.): 2. Parteikonferenz der PDS Sachsen, Dresden 1996, S. 15.
42 Gesellschaftsanalyse und politische Bildung (Hrsg.): Zur Programmatik der Partei des Demokratischen Sozialismus. Ein Kommentar, Berlin 1997, S. 28.

Mehrheiten in demokratischem Sinne entstehen durch Abstimmung über ein konkretes Anliegen.

Paradoxerweise lehnt die mit der WASG in die Partei gekommene „Sozialstaatsfraktion" – sie hatte anfangs keine „systemfeindlichen" Attitüden erkennen lassen und den PDS-Sozialismus als ideologisch und utopisch empfunden – einen Schulterschluss mit den „Pragmatikern" ab. Im Gegenteil fährt sie – allerdings mit eher populistischem als ideologischem Unterbau – auf derselben Schiene des kategorischen Antikapitalismus wie die „orthodoxen" Kräfte in der LINKEN. Zusammen bekämpfen sie nun alle – tatsächlichen und vermeintlichen – „liberalen" Auswüchse in der Partei. Wer sich wie das FDS für „individuelle Bürgerrechte"[43] einsetzt, gerät von allen Seiten unter Beschuss. Der „Sozialismus" der LINKEN vereint gerade die extremistischen Elemente der PDS-„Reformer" („Transformation der Gesellschaft"), der ideologischen Traditionalisten („Revolution") und der Ex-WASG („Populismus"). Die „Sozialstaatsfraktion" hat sich bislang nicht gerade als ein Garant der Demokratie erwiesen. Insgesamt gesehen ist die extremistische Grundrichtung der LINKEN noch ausgeprägter als in der PDS. Mit Sozialdemokratie hat das alles wenig zu tun. Dessen sollte sich die SPD immer bewusst sein, wenn sie der LINKEN die Hand reichen will. Die LINKE ist alles andere als eine „fast normale Partei".

---

43 Lay/Nitz/Liebich (Anm. 27).

PDS UND DIE LINKE IN DEN VERFASSUNGSSCHUTZBERICHTEN

1. Berichte zwischen Recht und Politik

Verfassungsschutzberichte sind eine logische Folge der streitbaren Demokratie, wie sie in der Bundesrepublik als Reaktion auf die leidvolle Vergangenheit verankert ist. Die streitbare (oder wehrhafte, abwehrbereite) Demokratie fußt auf drei Elementen: dem Prinzip der Wertgebundenheit, dem Prinzip der Abwehrbereitschaft und dem Prinzip der Vorverlagerung des Demokratieschutzes. Sie ist in gewisser Weise die Kehrseite des politischen Extremismus.

Die Wertgebundenheit zeigt sich in dem unantastbaren Verfassungskern gemäß Art. 79, Abs. 3: „Eine Änderung dieses Grundgesetzes, durch welches die Gliederung des Bundes in Länder, die grundsätzliche Mitwirkung der Länder bei der Gesetzgebung oder die in den Artikeln 1 und 20 niedergelegten Grundsätze berührt werden, ist unzulässig." Art. 1 erklärt die Menschenwürde für unantastbar, Art. 20 listet die Staatsstrukturprinzipien auf: Republik, Demokratie, Bundesstaat, Rechtsstaat, Sozialstaat. Mit Abwehrbereitschaft sind die Schutzvorkehrungen der Demokratie gemeint. Zu ihnen zählen das Vereinigungsverbot (Art. 9, Abs. 2 GG), die Verwirkung von Grundrechten (Art. 18 GG) und das Parteienverbot (Art. 21, Abs. 2 GG). Bisher wurde eher sparsam von diesem Instrumentarium Gebrauch gemacht. Die Vorverlagerung des Demokratieschutzes besagt: Ein Eingreifen bereits vor der Verletzung von Gesetzesbrüchen ist möglich. Politischer Extremismus fängt mithin nicht erst bei der Propagierung oder Ausübung von Gewalt an. Der demokratische Staat hat die Möglichkeit, verfassungsfeindliche Aktivitäten einschlägiger Gruppierungen zu beobachten, gegebenenfalls mit nachrichtendienstlichen Mitteln. Kritiker der streitbaren Demokratie bewerten diesen Umstand skeptisch, wobei die Bandbreite von Detaileinwänden bis zur Ablehnung des Verfassungsschutzes insgesamt reicht.[1] Freiheit und Sicherheit stehen in der Tat in einem Spannungsverhältnis zueinander. Wer diese Gratwanderung leugnet, lässt mangelndes Gespür für die sensible Materie erkennen.

Die Verfassungsschutzberichte, die die interessierte Öffentlichkeit darüber informieren, fallen also unter die Kategorie der Vorverlagerung des Demokratieschutzes. Ihre Entstehung ist eine Folge der antisemitischen Schmierwelle 1959/60. Erschienen zunächst in der Beilage *Aus Politik und Zeitgeschichte* zur Wochenzeitung *Das Parlament*, und zwar in einem weit dünneren Umfang als heute, zuerst – für den Jahr 1961 – nur über den Rechtsextremismus, ab dem Jahr 1964 auch über den Linksextremismus, kamen sie zum ersten Mal als eine eigenständige Broschüre für 1968 heraus. Der Berichtszeitraum 1969 und 1970 wurde in einer Broschüre zusammengefasst. Die Verfassungsschutzberichte, früher etwas abschätzig beäugt, nahmen in den Folgejahren nicht nur an Umfang zu, sondern auch an Professionalität und moderner Aufmachung.[2] Erst in den letzten Jahren erfahren sie eine gesteigerte Aufmerksamkeit. Einige Staaten sind der Bundesrepublik gefolgt (wie Österreich, die Schweiz und die Tschechische Republik). In den siebziger Jahren entstanden als Reaktion auf die 1974 propagierte Konzeption „Verfassungsschutz durch Aufklärung" die ersten Verfassungsschutzberichte in den Bundesländern. Niedersachsen bildete den Vorreiter (mit dem Berichtszeitraum 1976), Bremen das Schlusslicht (mit dem Berichtszeitraum 2002). Nur das kleine Saarland veröffentlicht bis heute keine derartigen Berichte.

Die Innenministerien segnen sie ab und modifizieren sie aus politischer Opportunität gegebenenfalls. Dieser heikle Vorgang macht aus ihnen bis zu einem gewissen Grad ein Instrument politischer Einflussnahme. Insofern spiegelt sich jedenfalls zum Teil die politische Einschätzung der Regierung auch in den Berichten wider. Diese sind einerseits hilfreich,

---

1 Vgl. Claus Leggewie/Horst Meier: Republikschutz. Maßstäbe für die Verteidigung der Demokratie, Reinbek bei Hamburg 1995.

2 Vgl. Eckhard Jesse: Verfassungsschutzberichte des Bundes und der Länder im Vergleich, in: Uwe Backes/ders. (Hrsg.): Vergleichende Extremismusforschung, Baden-Baden 2006, S. 379-396; ders.: Die Verfassungsschutzberichte der Bundesländer. Deskription, Analyse, Vergleich, in: Uwe Backes/ders.: Jahrbuch Extremismus & Demokratie, Bd. 19, Baden-Baden 2008, S. 13-34.

weil sie einen guten Überblick geben, gerade mit Blick auf die Größenordnungen der Beobachtungsobjekte, so dass Wissenschaftler auf sie mangels anderer Informationsquellen gerne zurückgreifen. Andererseits mindern manche Einflüsse von „oben" ihren Wert. Verfassungsschutzberichte stehen damit im Spannungsfeld zwischen Recht und Politik. Offenbar spielen politische und juristische Überlegungen eine gewisse Rolle. Anders sind die unterschiedlichen Einschätzungen schwer erklärbar. Zwar ist eine völlige Vereinheitlichung der Berichte weder wünschenswert noch überhaupt möglich, doch wäre ein Minimalkonsensus sinnvoll. Auf diese Weise würden sich politische Rücksichtnahmen in den Verfassungsschutzberichten der Länder weniger niederschlagen. Dass in Brandenburg keine Strömung der PDS jemals Beobachtungsobjekt des Verfassungsschutzes war, geht offenkundig auf die dortige Politik zurück, die mitunter mit dem konsensorientierten „Brandenburger Weg" (außerhalb des Rechtsextremismus) umschrieben ist.

Da derartige Verlautbarungen für die betroffenen Organisationen und Personen in der Regel negative Folgen nach sich ziehen (kein Extremist sieht sich gerne als „Extremist" apostrophiert), ist besondere Sorgfalt geboten. Fakten müssen ausgebreitet werden, nicht bloße Verdächtigungen. „Während linker Extremismus im Bewusstsein der Bevölkerung an Bedeutung verloren hat, wird die Bedrohung durch den Rechtsextremismus von den Bürgern als real erkannt."[3] Wie nicht nur dieser Satz aus einem sächsischen Verfassungsbericht zeigt, ist eine offenbar unterschiedliche Wahrnehmung der beiden Extremismen augenfällig. *Cum grano salis* gilt: Der Extremismus von rechts wird insgesamt schärfer wahrgenommen als der von links.[4] Dieses verbreitete Muster wirkt auch auf den Inhalt von Verfassungsschutzberichten zurück, wenngleich in gedämpfter Form. Deren Verfasser dürfen nicht dem Zeitgeist huldigen, sonst vernachlässigen sie rechtsstaatliche Prinzipien. Sollen die Verfassungsschutzberichte eine für die streitbare Demokratie förderliche Wirkung zeigen, ist dieser Grundsatz zu berücksichtigen. Neben belastenden Faktoren müssen ebenso entlastende ins Feld geführt

---

3 Verfassungsschutzbericht Sachsen 1994, Dresden 1995, S. 82.
4 Vgl. Eckhard Jesse: Die unterschiedliche Wahrnehmung von Rechts- und Linksextremismus, in: Politische Studien, Themenheft 1/2007, S. 8-17.

werden.[5] Wer das Recht der Politik unterordnet, erweist den Prinzipien des demokratischen Verfassungsstaates einen Bärendienst.

Verfassungsschutzberichte werden niemals unumstritten sein – allein schon deshalb, weil mit ihnen Fragen der politischen Deutungshoheit verbunden sind. Ihre konsensstiftende Funktion ist für das Gedeihen der offenen Gesellschaft gleichwohl von Relevanz. Daher sollten sich differierende Einschätzungen zwischen den demokratischen Kräften in engen Grenzen halten. Neben differenzierter Kritik[6] gibt es Fundamentalkritik. Die Schelte von radikalen Positionen an den Berichten darf nicht verwundern. Der „alternative Verfassungsschutzbericht" der VVN-BdA[7] von linksaußen ist ebenso keine sinnvolle Alternative wie der „alternative Verfassungsschutzbericht", den Josef Schüßlburner von rechtsaußen anbietet.[8] Solche „Berichte" prangern (tatsächliche oder vermeintliche) Einseitigkeiten an, wollen aber nur neue in die Wege leiten.

2. PDS in den Verfassungsschutzberichten

Die Verfassungsschutzberichte des Bundes geben zum Teil die Richtung der Beobachtung vor. Bei der PDS verhielt sich das Bundesministerium des Innern anfangs sehr zögerlich. Die PDS kommt 1990 nur am Rande

---

5 Vgl. Uwe Backes: Probleme der Beobachtung und Berichtspraxis der Verfassungsschutzämter – am Beispiel von REP und PDS, in: Bundesministerium des Innern (Hrsg.): 50 Jahre Verfassungsschutz in Deutschland, Köln 2000, S. 213-231.

6 Vgl. etwa Lars Oliver Michaelis: Politische Parteien unter der Beobachtung des Verfassungsschutzes. Die Streitbare Demokratie zwischen Toleranz und Abwehrbereitschaft, Baden-Baden 2000.

7 Vgl. Anne Rieger/Ulrich Sander (Hrsg.): SchwarzBraunBuch. Ein alternativer Verfassungsschutzbericht, Bonn 1995.

8 Vgl. Josef Schüßlburner/Hans-Helmuth Knütter (Hrsg.): Was der Verfassungsschutz verschweigt. Bausteine für einen Alternativen Verfassungsschutz, Schnellroda 2007. Allein neun der 16 Beiträge stammen von Schüßlburner. Siehe auch ders.: Demokratie-Sonderweg Bundesrepublik. Analyse der Herrschaftsordnung in Deutschland, Künzell 2004.

vor – in der Übersicht zu den wichtigsten linksextremistischen und linksextremistisch beeinflussten Organisationen taucht sie nicht auf, im nächsten Bericht ist lediglich ein kurzer Abschnitt von einer halben Seite enthalten. Tenor: „Ein endgültiges Urteil, ob die PDS als eine Organisation mit verfassungsfeindlicher Zielsetzung anzusehen ist, kann aber noch nicht getroffen werden: Die PDS ist noch eine Partei im Umbruch."[9] 1993 (wie bereits 1992) findet sich ein gut einseitiges Unterkapitel „Linksextremistische Positionen in der ‚Partei des Demokratischen Sozialismus' (PDS)". Es betrifft vor allem die *Kommunistische Plattform*, „die sich offen zur ‚revolutionären Idee der sozialistischen Alternative bekennt."[10] Die „Würdigung" der PDS nimmt im Jahr 1994 zu, insbesondere die der KPF. Seit diesem Jahr sind die Mitglieder der Partei gesondert ausgewiesen, die der Kommunistischen Plattform und anderer linksextremistischer Gruppen in der PDS beim Linksextremismuspotenzial aufgelistet.

Der Bericht für 1995, der die PDS erstmals an der Spitze der linksextremistischen Parteien und sonstigen Gruppierungen aufführt, nahm eine weitere Verschärfung vor, untersucht Herkunft und Zielsetzung, das Verhältnis zum Parlamentarismus und zur Gewalt, offen linksextremistische Strukturen in der Partei und die Zusammenarbeit mit Linksextremisten. Gleichwohl führt der Bericht ihre Mitglieder (bis auf die der KPF und anderer Gruppen) nicht als Linksextremisten: „Die ‚Partei des Demokratischen Sozialismus' (PDS) ist gesondert ausgewiesen, da nicht davon ausgegangen werden kann, dass alle Mitglieder linksextremistische Ziele verfolgen oder unterstützen."[11] In den folgenden Jahren hat sich an der Einordnung nichts Prinzipielles geändert, auch nicht durch die Regierungswechsel im Bund (1998 wie 2005) und die Koalitionen der SPD mit der PDS in Mecklenburg-Vorpommern (von 1998 bis 2006) und Berlin (seit 2002). Auf die extremistischen Strukturen innerhalb der Partei weist der Bericht weiter hin. Vom Berichtsjahr 1998 bis 2003 kam die PDS nach der DKP erst an zweiter Stelle; seit 2004 rangiert sie wieder vorne.

9 Verfassungsschutzbericht des Bundes 1991, Bonn 1992, S. 53.
10 Verfassungsschutzbericht des Bundes 1993, Bonn 1994, S. 55.
11 Verfassungsschutzbericht des Bundes 1995, Bonn 1996, S. 24.

Im vorletzten Bericht – kurz vor dem Zusammenschluss von PDS und WASG – heißt es: „Programmatische Aussagen der ‚Linkspartei-PDS‘ sowie Äußerungen führender Funktionäre bieten weiterhin tatsächlich Anhaltspunkte für linksextremistische Bestrebungen im Sinne des Bundesverfassungsschutzgesetzes (BverfSchG).“[12] Die „Systemüberwindung“ der PDS kommt ebenso zur Sprache wie ihr „strategisches Dreieck“. „Offen extremistische Gruppierungen sind weiterhin in wichtigen Gremien der Partei vertreten. Sie entsenden nach einem festgelegten Schlüssel zusätzlich Delegierte zu den Parteitagen und werden gemäß der Finanzplanung der ‚Linkspartei.PDS‘ finanziell unterstützt.“[13] Gemeint sind u.a. die *Kommunistische Plattform*, das *Marxistische Forum* und der *Geraer Dialog/Sozialistischer Dialog*. Ferner benennt der Bericht die Zusammenarbeit mit Linksextremisten außerhalb der Partei (wie der DKP) sowie deren internationale Verbindungen (als Mitglied der *Europäischen Linkspartei*). Hellhörig macht folgender Satz: „Es bleibt abzuwarten, wie sich die ‚Linkspartei.PDS‘ insbesondere nach der angestrebten Fusion mit der nicht extremistischen WASG entwickeln wird.“[14] An sich gehört die Aufnahme einer derartigen Selbstverständlichkeit nicht in einen solchen Bericht. Soll damit eine Art Kurswechsel eingeleitet werden? Auffällig ist ferner die immer wiederkehrende Behauptung von der „nicht extremistischen Partei WASG“.[15] Auch das plötzliche Fehlen stark kommunistisch beeinflusster Organisationen wie der VVN-BdA, die jahrzehntelang ihren Niederschlag in den Berichten gefunden hatte, sticht ins Auge.[16]

Quantitativ und qualitativ höchst unterschiedliche Informationen über die PDS finden sich in den Verfassungsschutzberichten der Bundesländer. Die Partei kommt in denen der alten Bundesländer vor (bis auf Schleswig-Holstein), wiewohl in der Regel nicht in den ersten Jahren.

---

12 Verfassungsschutzbericht des Bundes 2006, Berlin 2007, S. 168.

13 Ebd., S. 173.

14 Ebd., S. 172.

15 Verfassungsschutzbericht des Bundes 2006, Berlin 2007, S. 169. Vgl. auch ebd., S. 172, 178, 179.

16 Im Verfassungsschutzbericht des Bundes für das Jahr 2005 war die VVN-BdA noch genannt. DIE LINKE stellte immer wieder Fragen nach den Gründen (zuletzt Bundestagsdrucksache 16/2172). Siehe dazu die zurückhaltende Antwort der Bundesregierung: Bundestagsdrucksache 16/2284 vom 21. Juli 2007.

Die Ausführungen zur PDS sind fair gehalten, nicht auf Positionen Einzelner fixiert, die in ihr keine Rolle spielen. Zum Teil ist die gesamte Landespartei ein Beobachtungsobjekt, zum Teil nur die eine oder andere Strömung. Die Aussagen zur möglichen Verfassungsfeindlichkeit der PDS sind ohne nachrichtendienstliche Mittel gewonnen, zum Beispiel unter Verzicht auf V-Leute. Diesen Umstand erwähnen viele Verfassungsschutzberichte.

Bayern ist das Bundesland, bei dem sich die Beobachtung der PDS am ausführlichsten und intensivsten niederschlägt. Gleich im Verfassungsschutzbericht für das Jahr 1990 wird die PDS erwähnt – bis heute. Dabei ist nicht bloß von einzelnen „Plattformen" die Rede, sondern von der PDS insgesamt. Im Berichtszeitraum 1991 problematisiert der Bericht u.a. das Verhältnis zur Gewalt.[17] Erst unter der Überschrift „Orthodoxer Kommunismus", ab dem Berichtszeitraum 1994 – unter der Überschrift „Marxisten-Leninisten und andere revolutionäre Marxisten" – erfolgt die Auseinandersetzung mit der PDS, im letzten Verfassungsschutzbericht vor der Fusion mit der WASG auf 16 Seiten. Wie in früheren Jahren lautet die Einschätzung folgendermaßen: „Die Linkspartei.PDS, die nach dem Zusammenbruch des SED-Unrechtsregimes einen neuen Weg des ‚demokratischen Sozialismus' zu beschreiten vorgibt, versucht, Linksextremisten aller Richtungen zu integrieren."[18]

In Niedersachsen ist die *Kommunistische Plattform der PDS* ab dem Berichtszeitraum 1997 vermerkt. Die Verbindung zur PDS und diese selber bleiben zunächst unberücksichtigt. Erst seit dem Regierungswechsel zur CDU und zur FDP findet nicht mehr bloß die *Kommunistische Plattform* Aufnahme, sondern die PDS insgesamt. Diese halte auch nach der Verabschiedung ihres Grundsatzprogramms 2003 „an ihrem alten Feindbild- und Klassendenken" fest, wenngleich das Programm als Erfolg der reformorientierten Kräfte gilt. Trotzdem heißt es: „Auch das neue Programm trägt im Grundsatz systemüberwindende Züge."[19] Im letzten Verfassungsschutzbericht vor dem Zusammenschluss von PDS und WASG wird von dieser Position nicht abgewichen:

---

17 Vgl. Verfassungsschutzbericht Bayern 1991, München 1992, S. 43.
18 Verfassungsschutzbericht Bayern, München 2007, S. 149.
19 Verfassungsschutzbericht Niedersachsen 2003, Hannover 2004, S. 86.

„Bisherige programmatische Entwürfe für eine neu zu bildende Partei nach der Fusion mit der WASG lassen angesichts teilweise wortgleicher Formulierungen des geltenden Parteiprogramms der Linkspartei.PDS darauf schließen, dass diese nicht auf einer politischen Neuausrichtung basiert, sondern maßgeblich durch die Linkspartei.PDS bestimmt sein wird."[20] Der Zusammenschluss laufe eher auf eine Übernahme durch die PDS hinaus.

Was für Niedersachsen gilt, trifft auf Rheinland-Pfalz zu. Hieß es noch 1996 kursorisch: „Die PDS in Rheinland-Pfalz stellt sich – wie auch in zahlreichen anderen alten Bundesländern – als ein Sammelbecken von Linksextremisten verschiedener politischer Herkunft dar",[21] so verzeichnet der Bericht die PDS erstmals 1999 in einem gesonderten Gliederungspunkt, wiewohl nur knapp. Sie sei „ein Anlaufpunkt ehemaliger und aktiver Linksextremisten verschiedener politischer Herkunft".[22] In späteren Jahren werden die Aussagen mit mehr Informationen unterfüttert, so im Bericht für das Jahr 2003: „Die PDS akzeptiert nach wie vor in ihren Reihen offen extremistische Strukturen […] und arbeitet kontinuierlich mit deutschen und ausländischen linksextremistischen Parteien zusammen."[23] Der Verfassungsschutzbericht für das Jahr 2006 verweist noch immer auf die Doppelstrategie der Partei, einerseits als Koalitionspartner in Landesregierungen mitzuwirken, andererseits „langfristig die Systemüberwindung hin zu einer sozialistischen Gesellschaftsordnung anzustreben."[24]

Nachdem zuvor nur vage von „Bündnisbemühungen der dogmatischen ‚Neuen Linken' um die PDS bis hin zur gezielten Infiltration"[25] die Rede war, erscheint die PDS im nordrhein-westfälischen Verfassungsschutzbericht erstmals für den Zeitraum 1995. Im Vorwort des Innenministers Franz-Josef Kniola heißt es: „Der PDS-Landesverband Nordrhein-Westfalen ist ein Sammelbecken von Linksextremisten unter-

---

20 Verfassungsschutzbericht Niedersachsen 2006, Hannover 2007, S. 153.
21 Tätigkeitsbericht Rheinland-Pfalz 1996, Mainz 1997, S. 33.
22 Tätigkeitsbericht Rheinland-Pfalz 1999, Mainz 2000, S. 36.
23 Verfassungsschutzbericht Rheinland-Pfalz 2003, Mainz 2004, S. 86.
24 Verfassungsschutzbericht Rheinland-Pfalz 2006, Mainz 2007, S. 65.
25 Verfassungsschutzbericht Nordrhein-Westfalen 1994, Düsseldorf 1995, S. 29.

schiedlicher Herkunft. [...] Allerdings ist die PDS im Westen nicht die gleiche Partei wie die PDS in Ostdeutschland."[26] Die späteren Ausführungen stehen dazu in einem gewissen Widerspruch: „Eigenständige nennenswerte politische Ziele sind vom Landesverband bisher nicht entwickelt worden. Soweit zu landes- oder kommunalpolitischen Themen Stellung bezogen wurde, folgen die Äußerungen der Bundeslinie."[27] Einigkeit bestehe bei dem Ziel, den Kapitalismus zu überwinden. In den folgenden Berichten wird die Berichterstattung über die Partei ausge baut, etwa im Jahre 2000 auf elf Seiten. Eher vorsichtig lautet das Urteil: „Neben politischen Äußerungen mit zum Teil radikaldemokratischem Charakter wurden wie schon in den Vorjahren gelegentlich auch solche Inhalte bekannt, die darauf schließen lassen, dass innerhalb des Landesverbandes auch weiterhin linksextremistische Ziele verfolgt werden."[28] Die präsentierten Belege, etwa ein der „autonomen Szene" zuzurechnendes „Büro für ständige Einmischung" in den Räumen der PDS, sprechen jedoch eine klare Sprache. Im Bericht für den Zeitraum 2004, weiterhin unter der Ägide der SPD, ist der Tenor noch vorsichtiger: „Die Bewertung der PDS bedarf in mehrfacher Hinsicht einer differenzierten Betrachtung. Sie ist hinsichtlich des geschichtlichen Hintergrundes, ihrer politischen Entwicklung, ihrer inneren Strukturen und ihrer gesellschaftlichen Einbettung ein in der deutschen Geschichte einzigartiges Phänomen. Der vielschichtige Charakter macht es unmöglich, die damit zusammenhängenden Fragen in einem einfachen Ja/Nein-Schema zu beantworten."[29] Während das Programm von 1993 als Dokument galt, „dessen wesentliche Ziele die Überwindung des Kapitalismus in der Bundesrepublik und der Aufbau einer sozialistischen Ordnung waren"[30], fehlt ein Urteil über das Grundsatzprogramm von 2003. Der Verfassungsschutzbericht 2006, jetzt unter der Verantwortung der CDU/FDP-Regierung, weist mit Blick auf die PDS ein hohes Maß an Kontinuität auf. Allerdings gibt es nun, wie bereits im Bericht von 2005, eine Bewertung des letzten Parteiprogramms: „Es zeigt in wichtigen Teilen eine sich entwickelnde Akzeptanz der parlamentarischen Demo-

26 Verfassungsschutzbericht Nordrhein-Westfalen 1995, Düsseldorf 1996, S. 2.
27 Ebd., S. 218.
28 Verfassungsschutzbericht Nordrhein-Westfalen 2000, Düsseldorf 2001, S. 157.
29 Verfassungsschutzbericht Nordrhein-Westfalen 2004, Düsseldorf 2005, S. 124.
30 Ebd.

kratie der Bundesrepublik Deutschland, enthält aber auch Aussagen, die widersprüchlich sind oder sehr unterschiedlich interpretiert werden können. Dazu gehört die entscheidende Frage, ob die Partei das Grundgesetz tatsächlich akzeptieren möchte oder ob sie nur dessen Begriffe übernimmt, aber mit eigenen Inhalten füllt."[31] Nach wie vor bestünden Gründe für die Weiterbeobachtung der PDS, weil sie Anhaltspunkte für den Verdacht auf linksextremistische Bestrebungen biete. Die programmatischen Vorstellungen der PDS würden „den Kern der Ziele der neuen Partei bilden."[32] Folgender Hinweis lässt aufhorchen: Das Bündnis für einen CDU-Kandidaten in Cottbus (getragen auch von der FDP und der PDS) habe zwar nicht zum Erfolg geführt, und CDU wie PDS sähen über die Kommunalebene hinaus keine Möglichkeiten der Zusammenarbeit. „Gleichwohl wird der Vorgang die Bewertung der ‚Linkspartei.PDS' als ‚normale' Partei weiter stärken."[33] Diese Aussage überrascht: Wieso soll sich durch einen solchen Ausnahmefall die Einschätzung der PDS verabschieden? In Brandenburg findet doch ohnehin keine Beobachtung durch den Verfassungsschutz statt.

Der bremische Verfassungsschutzbericht fällt mit Blick auf die PDS etwas aus dem Rahmen. Vom ersten Bericht angefangen (er deckt den Zeitraum für das Jahr 2002 ab), wird bis zuletzt fast ausschließlich referiert, kaum kommentiert. So lauten manche Ausführungen wie folgt: „In Bremen ist die ‚Linkspartei' weiterhin bestrebt, den Erfolg bei den Bundestagswahlen 2005 auszubauen. Auf die politische Arbeit in den Ortsbeiräten wird besonderes Gewicht gelegt. Die PDS ist in Bremen in sechs Beiräten vertreten."[34] Nach einem Satz wie dem folgenden muss der Leser lange suchen. „Das Ziel des neuen Programms ist nach wie vor eine über die Grenzen der bestehenden Gesellschaftsform hinausgehende sozialistische Ordnung."[35] Eine solche Berichterstattung steht in einem eklatanten Gegensatz zu den betont normativen Ausführungen über die rechte Variante des Extremismus.

---

31 Verfassungsschutzbericht Nordrhein-Westfalen 2006, Düsseldorf 2007, S. 103.
32 Ebd., S. 197.
33 Ebd., S. 109.
34 Verfassungsschutzbericht Bremen 2006, Bremen 2007, S. 45.
35 Ebd.

Zum ersten Mal genannt ist die PDS im Verfassungsschutzbericht Baden-Württembergs für den Zeitraum 1995. Die Ausführungen beginnen mit den folgenden Worten, die auf eine gewisse Uneinigkeit bei den Behörden schließen lassen: „Der bundesweite Abstimmungsprozess über die Behandlung der ‚Partei des Demokratischen Sozialismus' (PDS) ist noch nicht abgeschlossen. Jedoch gehen seit Sommer/Herbst 1995 die Verfassungsschutzbehörden des Bundes und der Länder dazu über, die PDS zu beobachten. Baden-Württemberg hat sich der Praxis angeschlossen und die PDS zum Beobachtungsobjekt erhoben, da die vorausgegangene mehrjährige Prüfphase tatsächliche Anhaltspunkte für die linksextremistische Ausrichtung der Partei in Baden-Württemberg ergeben hat."[36] An diesem Befund hat sich seither nichts geändert. Die Berichterstattung über die Partei wurde ausgeweitet. Diese rückte ab dem Zeitraum 1999 an die erste Stelle der erwähnten „Parteien und anderen Organisationen". Im Jahr 2004 kritisiert der Bericht, die PDS bewege sich mit ihren Äußerungen „weiterhin in den alten Bahnen der noch immer virulenten kommunistischen Refaschisierungsthese".[37] Im letzten Verfassungsschutzbericht heißt es, das neue Projekt trage die Handschrift der alten PDS.[38]

Innenminister Herbert Günther hatte im Vorwort zum hessischen Verfassungsschutzbericht von 1990 erwähnt, möglicherweise entstehe „in der unter dem Namen PDS weiterlebenden SED [...] ein neues Beobachtungsobjekt."[39] Im Wahlbündnis der *Linken Liste/PDS* hätte sich, so der Text, „der überwiegende Teil des linksextremistischen Bereichs zusammengeschlossen."[40] Im folgenden Jahrzehnt gab es keinen hessischen Verfassungsschutzbericht. Der für den Zeitraum 2000 charakterisiert kurz und prägnant die „sozialistische, antikapitalistische und systemoppositionelle"[41] PDS. Diese suche extremistische Bekundungen in offiziellen Publikationen zu vermeiden, nicht jedoch in internen. Im Bericht für das Jahr 2006 ist der Tenor ähnlich kritisch. „In

---

36 Verfassungsschutzbericht Baden-Württemberg 1995, Stuttgart 1996, S. 11.
37 Verfassungsschutzbericht Baden-Württemberg 2004, Stuttgart 2005, S. 191.
38 Vgl. Verfassungsschutzbericht Baden-Württemberg 2006, Stuttgart 2007, S. 207.
39 Verfassungsschutzbericht Hessen 1990, Wiesbaden 1991, S. 1.
40 Ebd., S. 57.
41 Vgl. Verfassungsschutzbericht Hessen 2000, Wiesbaden 2001, S. 54. Das Zitat stammt von der PDS selber.

ihrer Darstellung der Krisenhaftigkeit des Kapitalismus folgt die Partei der marxistischen Ideologie, derzufolge der Kapitalismus abgeschafft werden muss."[42] Eigens erfolgt der Vorbehalt, die WASG sei kein Beobachtungsobjekt des Verfassungsschutzes.[43] Die Informationen über den hessischen Landesverband sind dürftig. Verfassungsfeindliche Tendenzen lassen sich daraus nicht entnehmen.

Der Hamburger Verfassungsschutzbericht erwähnt die PDS spät, erstmals für das Jahr 2002 – und dann nur bezogen auf die *Kommunistische Plattform*, obwohl die dortige PDS als ein extremistisches Musterbeispiel gelten kann, von dem sich sogar der Bundesvorstand distanzierte. Vollständig lauten die Sätze so: „Die ‚Kommunistische Plattform' in der PDS ist nach wie vor ein Sammelbecken überzeugter Kommunisten, die der DDR als dem ‚besseren Deutschland' bis heute nachtrauern. Der innerparteiliche Einfluss dieser Gruppe hält sich in Grenzen; das gilt auch für die Hamburger KPF. Sie lavierte bei den anhaltenden Flügelkämpfen im Hamburger PDS-Landesverband zwischen den Fronten. Derart mit Interna beschäftigt, war die Hamburger KPF öffentlich kaum wahrzunehmen."[44] Auf die Flügelkämpfe innerhalb der anderen extremistischen Gruppierungen gehen die Ausführungen überhaupt nicht ein. Im Bericht für 2003 ist die PDS insgesamt genannt – und zwar mit einem betont scharfen Diktum: „Entgegen der Berichterstattung in einigen Medien stellt das neue Programm somit keine politische Neuausrichtung der PDS dar. Ihr strategisches Ziel ist nach wie vor eine über die Grenzen der bestehenden Ordnung hinausweisende sozialistische Ordnung."[45] Die Hamburger PDS sei jetzt von einer „teilweisen engen Verflechtung mit der autonomen Szene" und „engen Beziehungen zum orthodox-kommunistischen Spektrum"[46] gekennzeichnet. Der Verfassungsschutzbericht für 2006 hebt eigens die Dominanz der PDS beim Zusammenschluss hervor. Zugleich kommen aber „schrittweise Zugeständnisse an die WASG"[47] zur Sprache. Der folgende Sach-

---

42 Vgl. Verfassungsschutzbericht Hessen 2006, Wiesbaden 2007, S. 105.
43 Vgl. ebd., S. 105.
44 Verfassungsschutzbericht Hamburg 2002, Hamburg 2003.
45 Verfassungsschutzbericht Hamburg 2003, Hamburg 2004, S. 125.
46 Ebd., S. 128.
47 Verfassungsschutzbericht Hamburg 2006, Hamburg 2007, S. 160.

verhalt soll ein Indiz für die Abschwächung des extremistischen Charakters der Partei sein: „Die Zustimmung von drei Abgeordneten der ‚Linkspartei.PDS' im Europäischen Parlament für eine Kuba-kritische Resolution führte zu einer in früheren Zeiten nahezu undenkbaren ideologischen Auseinandersetzung.[48] Das Votum der Parteiführung gegen die „Abweichler" fehlt.

Die Linkspartei.PDS ist damit in allen Berichten der alten Bundesländer aufgeführt – mit der Ausnahme Schleswig-Holsteins; dessen Bericht präsentiert dafür keine Begründung. An dem Sachverhalt hat sich durch den Regierungswechsel im Jahre 2005 zu einer von der CDU dominierten Großen Koalition nichts geändert. Unter der Überschrift „Dogmatischer Linkextremismus" firmiert die aus dem *Bund Westdeutscher Kommunisten* (BWK) hervorgegangene *Arbeitsgemeinschaft Kommunistische Politik von unten in und bei der PDS*, ohne dass ein kritisches Wort über sie fällt.[49] Bei der Kritik an der VVN-BdA, der wichtigsten Organisation im Umkreis der DKP, fügt der Bericht ein Zitat des Vorsitzenden Heinrich Fink an: „Den Vorwurf, wir seien in welcher Art und Weise auch immer staatstragend, möchte ich deutlich zurückweisen. Das Gegenteil ist der Fall."[50] Dessen PDS-Mitgliedschaft kommt nicht zur Sprache. Die Verfassungsschutzberichte in den alten Bundesländern arbeiten – mit unterschiedlicher Gewichtung – das unklare Verhältnis der PDS zum demokratischen Verfassungsstaat heraus. Das muss angesichts der Offenherzigkeit vieler Stimmen aus den Reihen der Postkommunisten im Westen nicht verwundern. Die Nennung der PDS gilt offenkundig als Politikum. Damit lässt sich erklären, wieso manche Länder so lange mit einer Aufnahme der Partei in die Berichte gewartet haben und zum Teil gewunden argumentieren, nämlich mehr referieren als kritisieren.

Berlin ist in mehrfacher Hinsicht ein Sonderfall. Erstens handelt es sich um ein Bundesland mit einem Ost- und einem Westteil, zweitens – im Falle Ostberlins – um die Hochburg der PDS, drittens schließlich um

---

48 Ebd., S. 160 f.
49 Vgl. z.B. Verfassungsschutzbericht Schleswig-Holstein 2003, Kiel 2004, S. 46; Verfassungsschutzbericht Schleswig-Holstein 2005, Kiel 2006, S. 52.
50 Zitiert nach: Verfassungsschutzbericht Schleswig-Holstein 2006, Kiel 2007, S. 60.

ein Land, in dem die PDS seit 2002 als Juniorpartner der SPD an der Regierung beteiligt ist. Welche Auswirkungen hat ein derartiges Szenario auf die dortigen Verfassungsschutzberichte? Zum ersten Mal taucht die PDS im Bericht für das Jahr 1993 auf. Das Unterkapitel lautet: „Linksextremistische Strömungen in der ‚Partei des Demokratischen Sozialismus‘".[51] Die Ständige Konferenz der Innenminister und -senatoren der Länder habe am 15. Dezember beschlossen, ihren Arbeitskreis „Verfassungsschutz" mit einer Expertise zur Frage der Verfassungsfeindlichkeit der PDS zu beauftragen. Wegen des Ergebnisses (die Orientierung der Partei an der freiheitlichen demokratischen Grundordnung sei zweifelhaft) beobachte der Berliner Verfassungsschutz sie nun durch öffentlich zugängliches Material. Der Bericht stellt vor allem auf die *Kommunistische Plattform* ab. Im nächsten Jahr firmiert unter der Rubrik „Linksextremistisch motiviertes Gewaltpotenzial" die *Arbeitsgemeinschaft Junge GenossInnen in und bei der PDS* ebenso wie die *Arbeitsgemeinschaft Autonome Gruppen in und bei der PDS*, außerdem unter der Rubrik „Marxistisch-leninistische und sonstige revolutionär-marxistische Gruppen" die *Kommunistische Plattform*. Im Verfassungsschutzbericht für das Jahr 1995 lauten die Kernsätze wie folgt: Die PDS „bietet ein buntes und widersprüchliches Bild, in dem es viele Anhaltspunkte für den Verdacht verfassungsfeindlicher Bestrebungen gibt. Politische Praxis und programmatische Entwicklung der Partei geben deutliche Hinweise darauf, dass sie die freiheitliche demokratische Grundordnung der Bundesrepublik Deutschland nicht akzeptieren, sondern überwinden will."[52] Der Bericht erwähnt vier „beobachtungswürdige" Strömungen: die *Kommunistische Plattform der PDS*, die *Arbeitsgemeinschaft Bund Westdeutscher Kommunisten in und bei der PDS*, die *Arbeitsgemeinschaft Junge GenossInnen in und bei der PDS*, die *Arbeitsgemeinschaft Autonome Gruppen in und bei der PDS*. 1996 gibt es ein gesondertes Kapitel „Linksextremistische Positionen in der ‚Partei des Demokratischen Sozialismus‘ (PDS)". Jetzt firmieren – analog gilt dies für 1997 und 1998 – mit dem *Marxistischen Forum* und dem *Forum West* zwei weitere Gruppierungen als verfassungsfeindlich. 1999 lautet der Tenor, die Beobachtung sei bei vier der sechs Zusammenschlüsse wegen mangelnder Aktivitäten eingestellt worden, nicht bei der *Kom-*

---

51 Vgl. Verfassungsschutzbericht Berlin 1993, Berlin 1994, S. 111-115.
52 Verfassungsschutzbericht Berlin 1995, Berlin 1996, S. 57.

munistischen Plattform und dem *Marxistischen Forum*. Wird noch im Verfassungsschutzbericht 2000 ausführlich über diese beiden linksextremistischen Gruppierungen informiert, entfällt im nächsten deren Erwähnung. 2002 ist die *Kommunistische Plattform* zwar erneut genannt, aber mit einer merkwürdig anmutenden Relativierung: Einige ihrer Repräsentanten zögen „auch legitimatorische und demokratische Defizite als Teilerklärung für das Scheitern der DDR"[53] heran. Fortan findet keine Strömung innerhalb der PDS mehr Berücksichtigung; eine Begründung unterbleibt. Die Ursache liegt auf der Hand: Seit dem Januar 2002 bildet die SPD mit der PDS eine Koalition. Diese veränderte Einschätzung der Verfassungsschutzberichte, die nicht in einem Wandel bei der PDS begründet liegt, fällt unangenehm auf. Immerhin findet sich im Verfassungsschutzbericht 2006 ein Unterkapitel über die „Linksextremistische Unterwanderung der WASG",[54] ohne diese Partei als extremistisch zu charakterisieren oder die PDS überhaupt zu erwähnen. Das ist insofern ein Paradoxon, als andere Bundesländer die WASG nicht in ihren Berichten aufnehmen, wohl aber die PDS. Die Erwähnung der von der Trotzkistin Lucy Redler (ihr Name wird allerdings nicht verzeichnet) angeführten Berliner WASG ist unvermeidlich. So trat ein Dr. Michael Kronawitter bei den Wahlen zum Abgeordnetenhaus auf dem fünften Platz der Landesliste der WASG an – derselbe Kronawitter, der gegenüber der *jungen Welt* die Verurteilung der „Autonomen" wegen der gewalttätigen Proteste beim G8-Gipfel in Heiligendamm seinerseits verurteilte. Der „militante Widerstand" des „Schwarzen Blockes" sei „gerechtfertigt und wichtig gewesen". „Es hat nicht wenige mit klammheimlicher Freude berührt, Berliner Polizisten auch einmal rennen zu sehen. [...] Militanz heißt, nicht noch die andere Wange hinzuhalten, sondern auch mal zurückzuschlagen. Das wird in den kommenden Tagen sicher passieren. Und das ist gut so."[55]

---

53 Verfassungsschutzbericht Berlin 2002, Berlin 2003, S. 164.
54 Vgl. Verfassungsschutzbericht Berlin 2006, Berlin 2007, S. 80-82.
55 Zitiert nach: Rüdiger Göbel: Gleiche Gewalt gegen alle, in: junge Welt vom 5. Juni 2007. Siehe auch das Interview von Andrea Ritter mit Michael Kronawitter: „Nennen Sie es Hooliganismus", in: Der Stern vom 13. Juni 2007. Etwa: „Wie kommen Sie darauf, dass Leute, die Lust haben, Steine zu werfen, ausschließlich Hooligans sein sollen?"

In den neuen Bundesländern ist die Rezeption der PDS in den Verfassungsschutzberichten überwiegend eine andere. So gerät in den thüringischen Verfassungsschutzberichten jeweils nur die *Kommunistische Plattform* der Partei ins Visier.[56] Im ersten Verfassungsschutzbericht des Landes für 1992 heißt es unter der Überschrift „Sonderthema: Partei des Demokratischen Sozialismus": „Die Frage, ob es sich bei der PDS um eine linksextremistische, gegen die freiheitliche demokratische Grundordnung gerichtete Partei handelt, haben bisher – mit Ausnahme des Freistaats Bayern, wo dies bejaht wird – weder das Bundesamt noch die Verfassungsschutzbehörden der anderen Länder abschließend beantwortet."[57] Unter Berufung auf andere Stimmen, u.a. Wissenschaftler und Publizisten, suggeriert der Bericht eine verfassungsfeindliche Stoßrichtung der Partei. In den folgenden Jahren ist nur noch die Bezugnahme auf die *Kommunistische Plattform* zu finden, etwa 1999: „Die Berührungsängste zwischen der Kommunistischen Plattform (KPF) der PDS und den militanten Autonomen sind kaum noch erkennbar."[58] Auch im jüngsten Bericht fehlt – freilich vor allem in referierender Form – der Verweis auf die Plattform nicht. Sie verfolge „weiterhin das Ziel, in der Linkspartei.PDS marxistische Politik fortzusetzen."[59]

Im Verfassungsschutzbericht Sachsen-Anhalts ist die *Kommunistische Plattform* erstmals 1995 verzeichnet, eher referierend als kritisierend. „Auch die Tageszeitungen ‚Neues Deutschland‘ und ‚junge Welt‘ bieten der KPF ein breites Forum."[60] Die knappe Information über die Plattform hielt bis zum Jahre 2005 an, wobei die Berichte in der Regierungszeit der SPD vor allem die Kritik an der Mutterpartei hervorheben und ihre Versuche, die Zusammenarbeit mit der DKP zu stärken.[61] Heißt es noch im Jahr 2004, die Plattform „strebe eine Diktatur des Proletariats an",[62] so fehlt seit dem Bericht 2005 jegliche Bezugnahme – ohne Begründung.

---

56 Vgl. Verfassungsschutzbericht Thüringen 2006, Erfurt 2007, S. 127-129.
57 Verfassungsschutzbericht Thüringen 1992, Erfurt 1993, S. 29.
58 Verfassungsschutzbericht Thüringen 1999, Erfurt 2000, S. 73.
59 Verfassungsschutzbericht Thüringen 2006, Erfurt 2007, S. 128.
60 Verfassungsschutzbericht Sachsen-Anhalt 1995, Magdeburg 1996, S. 94.
61 Vgl. beispielsweise: Verfassungsschutzbericht Sachsen-Anhalt 1997, Magdeburg 1998, S. 72.
62 Verfassungsschutzbericht Sachsen-Anhalt 2004, Magdeburg 2005, S. 78.

Hingegen stuft der sächsische Verfassungsschutz die *Kommunistische Plattform* – wie das bereits im ersten Verfassungsschutzbericht 1993 der Fall war[63] – nach wie vor als linksextremistische Bestrebung ein – zwar in einem geringeren Umfang, aber überaus deutlich: „Die KPF verkörpert innerhalb der ‚Linkspartei.PDS' eine linksextremistische Strömung mit marxistisch-leninistischer Weltanschauung. Die freiheitliche demokratische Grundordnung wird von ihr unmissverständlich abgelehnt. Zur eigenen kommunistischen Positionsbestimmung wird auf den historisch und politisch gescheiterten Versuch, in der DDR ein kommunistisch-autoritäres Staatsmodell zu begründen, positiv Bezug genommen."[64] In den Jahren zuvor gab es für den sächsischen Verfassungsschutz bei weiteren Zusammenschlüssen innerhalb der PDS wie dem *Marxistischen Forum* oder der *Arbeitsgemeinschaft Junge GenossInnen* ebenfalls Anhaltspunkte für die Ablehnung der freiheitlichen demokratischen Grundordnung. Zwischen 1996 und 2005 sind diese Gruppierungen unter der Überschrift „Linksextremistische Strömungen in der Partei des Demokratischen Sozialismus (PDS)" verzeichnet. Eigens wird im Bericht für 2006 betont: „‚Linkspartei.PDS' und WASG gehören nicht zu den Beobachtungsobjekten des LfV Sachsen."[65] Sachsen geht in seinen Berichten von allen neuen Bundesländern am intensivsten auf den Linksextremismus innerhalb der PDS ein.

In den Verfassungsschutzberichten für Mecklenburg-Vorpommern, die lange Jahre nur aus wenige Seiten umfassenden „Extremismusberichten" bestanden, gab es erst 1994 ein Kapitel über „Linksextremistische Bestrebungen innerhalb der ‚Partei des Demokratischen Sozialismus (PDS)'". Neben der *Kommunistischen Plattform* sind andere als linksextremistisch geltende Strömungen innerhalb der PDS aufgelistet. Das Urteil lautet klar: „In der fehlenden Distanzierung der ‚Gesamtpartei PDS' von der KPF liegen Anhaltspunkte für mögliche Bestrebungen auch der Gesamtpartei gegen die freiheitliche demokratische Grundordnung."[66] Solche Formulierungen fehlen fortan. 1996, noch unter einem CDU-Innenminister, taucht zwar weiterhin die *Kommunistische*

---

63 Vgl. Verfassungsschutzbericht Sachsen 1993, Dresden 1994, S. 47.
64 Verfassungsschutzbericht Sachsen 2006, Dresden 2007, S. 53.
65 Vgl. Verfassungsschutzbericht Sachsen 2006, Dresden 2007, S. 53.
66 Verfassungsschutzbericht Mecklenburg-Vorpommern 1994, Schwerin 1995, S. 61.

Plattform auf, aber über die *AG Junge GenossInnen Schwerin* heißt es, der Prüffall werde wegen mangelnder Anhaltspunkte für linksextremistische Bestrebungen eingestellt.[67] Nach der Regierungsbeteiligung der PDS (1998-2006) sollte bald jeder Hinweis auf die *Kommunistische Plattform* entfallen. Findet sie 1999 eine knappe Erwähnung („Die Mitgliederzahl der KPF in Mecklenburg-Vorpommern beläuft sich nach offiziellen Angaben inzwischen auf weniger als 20 Personen. Sie trat im Berichtszeitraum öffentlich nicht in Erscheinung."[68]), heißt es im Extremismusbericht für 2000 lakonisch und ohne nähere Begründung: „Die Beobachtung der ‚Kommunistischen Plattform' (KPF) der PDS wurde eingestellt."[69] Seither steht kein einziger Satz mehr über diese Gruppierung im Verfassungsschutzbericht. Auch zu der bei der Landtagswahl angetretenen WASG – aus Protest gegen die aus ihrer Sicht als lammfromm geltende PDS – fehlt jedes Wort.

In keinem Verfassungsschutzbericht des Landes Brandenburg[70] existiert die PDS mit einer Silbe, auch keine einzelne Strömung von ihr, nicht einmal als Prüffall. Daran ändert sich mit der Regierungsbeteiligung der CDU unter Innenminister Schönbohm seit 1999 nichts. Offenkundig gibt es politische Vorgaben. Jedenfalls ist über einen anderen Kurs der PDS in Brandenburg als im übrigen Bundesgebiet nichts bekannt. In einer Broschüre des Verfassungsschutzes in Brandenburg hieß es vor einigen Jahren: „In rund fünfzehn Jahren waren Linksextremisten – so wie sie in Brandenburg definiert werden – nur selten in der Lage, flächendeckend anzutreten."[71]

Die Verfassungsschutzberichte Brandenburgs und Bayerns sind mit Blick auf die PDS Extreme. Wird diese in jedem Verfassungsschutzbericht Bayerns erwähnt, so fehlt sie, wie gezeigt, jedes Mal in dem von Brandenburg. Während Brandenburg noch nie auch nur einen Zusam-

67 Vgl. Jahresbericht Mecklenburg-Vorpommern 1996, Schwerin o.J. (1997), 12.
68 Extremismusbericht in Mecklenburg-Vorpommern 1999, Schwerin 2000, S. 11.
69 Extremismusbericht in Mecklenburg-Vorpommern 2000, Schwerin o.J. (2001), S. 9.
70 Die Verfassungsschutzberichte Brandenburgs gehören trotz ihrer Verengung zu den analytisch besten.
71 Jonas Grutzpalk/Helmut Müller-Enbergs: Rechts und Links der Demokratie. Extremisten zur Landtagswahl 2004, Potsdam 2004, S. 5.

menschluss innerhalb der PDS in die Nähe der Verfassungsfeindlichkeit gerückt hat, betrachtet Bayern Jahr für Jahr die PDS *in toto* als extremistisch. Detailliert wird deren verfassungsfeindliche Orientierung beschrieben.

Im Dezember 1992 fassten die Innenminister den Beschluss, die Partei der *Republikaner* als extremistisch zu klassifizieren und sie mit nachrichtendienstlichen Mitteln zu beobachten (nicht zuletzt als eine Reaktion auf die fremdenfeindlichen Exzesse mit ihrer verheerenden Wirkung im In- und Ausland).[72] Über die PDS blieb eine gleichlautende Vereinbarung aus. Eine solche – selbst ohne nachrichtendienstliche Beobachtung (also ohne V-Leute) – scheiterte an politischen Differenzen wie an der unterschiedlichen Interessenlage der anderen Parteien. Die REP waren, im Gegensatz zur PDS, niemals eine „koalitionswürdige" Partei. So begnügen sich viele Berichte damit, einzelne Zusammenschlüsse innerhalb der PDS als linksextremistisch einzustufen, ohne dass aber hinreichend der folgende Umstand zur Sprache kommt: Die Gesamtpartei muss sich solche Strömungen zurechnen lassen, da sie diese eigens unterstützt und keine Versuche unternimmt, sie auszuschließen. Eine etwas andere Akzentsetzung ist den Berichten zu entnehmen, je nachdem, ob die CDU oder die SPD die Verantwortung für das Innenressort trägt. Kritikwürdig ist die in der Regel fehlende Begründung im Falle eines Verzichts auf eine Beobachtung.

Bei einem Ost-West-Vergleich der Berichte fällt die vorsichtigere „Behandlung" der PDS in den neuen Bundesländern auf, unabhängig davon, wer in dem jeweiligen Bundesland regiert. Das dürfte auf zwei Gründe zurückgehen: Zum einen ist es ohne größere Proteste kaum durchsetzbar, eine Partei mit einem Stimmenanteil von etwa 25 Prozent in den Verfassungsschutzbericht aufzunehmen; zum andern ist die PDS in den neuen Bundesländern, in denen sie häufig politische Mitverantwortung trägt (und sei es nur auf kommunaler Ebene), eher pragmatisch ausgerichtet als im Westen. Dort schlägt Sektierertum stärker zu Buche.

---

72 Inzwischen sind die meisten Innenministerien dank eines Wandels bei den *Republikanern* davon abgerückt.

Obwohl PDS und WASG eng zusammenarbeiteten und auf Fusion hin-wirkten, fällt kein kritisches Wort über die WASG. Dies ist bei dem Er-scheinungsbild der Partei schwer nachvollziehbar. Offenbar hat sich der Verfassungsschutz aus Angst vor Klagen mit einer entsprechenden Cha-rakterisierung zurückgehalten. Allerdings: Wenn die zum Teil als links-extremistisch geltende PDS mit einer Partei zusammengeht, die nicht als linksextremistisch firmiert, so müsste dies Konsequenzen für die Einschätzung der PDS mit sich bringen, es sei denn, die WASG sei ohne größeren Einfluss. Insofern durfte man gespannt auf die Bewertung der LINKEN in den Verfassungsschutzberichten des Jahres 2007 sein.

3. DIE LINKE in den Verfassungsschutzberichten

Anfang des Jahres 2008 sah es zeitweise so aus, als fände die neue Partei, DIE LINKE, nicht mehr im Verfassungsschutzbericht des Bundes Auf-nahme und damit wohl über kurz oder lang nicht mehr in den meisten Berichten der Länder.[73] Heinz Fromm, der Präsident des Bundesamtes für Verfassungsschutz, erklärte in einem Interview lavierend, es gebe zwar weiterhin tatsächliche Anhaltspunkte für extremistische Bestre-bungen bei der LINKEN im Sinne einer Systemüberwindung. „Man muss sich dennoch immer fragen, ob es noch verhältnismäßig ist, die ‚Linke' zu beobachten. Das ist keine ganz einfache Abwägung. Wir ha-ben die Fusion von Linkspartei und WASG zum Anlass genommen, un-sere Praxis zu überprüfen. Das muss in Abstimmung mit dem Bundes-innenministerium geklärt werden. Bis zur Entscheidung beobachten wir weiter."[74] Fromm war in einer schwierigen Position. Einerseits er-wähnte er die Verpflichtung, bei Anhaltspunkten über extremistische Positionen zu berichten, andererseits kannte er die Überlegungen, von einer als inopportun angesehenen Beobachtung Abstand zu nehmen.

---

73 Vgl. u.a. Stefan Berg/Holger Stark: ABM für Schlapphüte, in: Der Spiegel vom 21. Januar 2008.

74 Heinz Fromm: „Primitives Bild von einem sauberen Deutschland", in: Frankfurter Allgemeine Sonntagszeitung vom 27. Januar 2008.

Die Argumentation ist verräterisch im doppelten Sinne: Wieso soll just in dem Moment, in dem die Partei auch im Westen über die Fünfprozenthürde gelangt, die Frage zu beantworten sein, ob es „noch verhältnismäßig" sei, die Partei zu beobachten? Und wieso soll die Frage mit dem Bundesinnenministerium geklärt werden, wenn der Verfassungsschutz zur Beobachtung verfassungsfeindlicher Aktivitäten verpflichtet ist? Vor dem Erscheinen des Verfassungsschutzberichtes für den Bund war durchgesickert: DIE LINKE findet dort weiter Erwähnung.[75]

Die bei der Vorstellung des Verfassungsschutzberichtes am 15. Mai 2008 präsentierten Informationen und Interpretationen fielen folglich keineswegs überraschend aus. In drei kleinen Unterkapiteln ist von der „allgemeinen Entwicklung" die Rede, von „offen extremistischen Strukturen in der Partei" und von „Jugendverbänden". Bei der „allgemeinen Entwicklung" betont der Bericht, die Partei bekenne sich „weiterhin zu einer extremistischen Ausrichtung". Dieser Aussage folgen einige Relativierungen: „In der parlamentarischen Praxis sowie bei Regierungsbeteiligungen waren jedoch Ansätze für eine Umsetzung des programmatischen Ziels der Überwindung der herrschenden Staats- und Gesellschaftsordnung nicht zu erkennen; vielmehr scheint die Partei darauf zu setzen, als reformorientierte, neue linke Kraft wahrgenommen zu werden. Insgesamt bietet die Partei damit ein ambivalentes Erscheinungsbild." Dass die Partei als „reformorientierte Kraft" wahrgenommen werden möchte, sagt wenig über ihren politischen – ob nun eher demokratischen oder eher extremistischen – Standort aus. Kryptisch heißt es dann: „Die weitere Entwicklung und Ausrichtung der Partei wird sorgfältig zu beobachten und zu analysieren sein."[76] Der Bericht führt bei den „offen extremistischen Strukturen" die folgenden Zusammenschlüsse auf: die *Kommunistische Plattform der Partei DIE LINKE*, das *Marxistische Forum*, den *Geraer Dialog/Sozialistischer Dialog*, die *Sozialistische Linke* und die *Arbeitsgemeinschaft Cuba Sí*. Neu ist die Erwähnung der trotzkistisch orientierten *Sozialistischen Linken* aus der WASG, die allerdings als „nicht extremistisch" firmiert. Diesmal wird bei allen als extremistisch geltenden Zusammenschlüssen die Zahl

---

75 Vgl. u.a. den Artikel: Verfassungsschutz: Schäuble will Linke weiter beobachten lassen, in: Die Welt vom 2. März 2008.

76 Verfassungsschutzbericht des Bundes 2007, Berlin 2008, S. 135 f. (Vorabfassung).

der Mitglieder genannt (z.B. die *Kommunistische Plattform* mit 840 Mitgliedern) – vielleicht deshalb, um deren Schwäche zu zeigen. Die Jugendverbände sind nicht mehr bei den „offen extremistischen Strukturen" aufgelistet, sondern als gesonderte Kategorie (mit einer starken Orientierung am Selbstverständnis). Im Vergleich zum letzten Bericht fehlen die Unterkapitel „Teilnahme an Wahlen" (immerhin zog DIE LINKE 2007 zum ersten Mal in ein westdeutsches Landesparlament ein), „Zusammenarbeit mit deutschen Linksextremisten außerhalb der Partei" und „Internationale Verbindungen der Partei". Dabei wurde Lothar Bisky im November 2007 zum Chef der *Europäischen Linkspartei* gekürt. Somit gibt es Kontinuitäten zum letzten Bericht, freilich ebenso eine deutliche „Entschlackung" wie Abschwächung. Seinerzeit war die Linkspartei auf 16 engbedruckten Seiten eingeordnet worden, diesmal nur auf sieben „luftigen" Seiten.

Der Präsident des Bundesamtes für Verfassungsschutz stellte mit Blick auf DIE LINKE erneut die keineswegs rhetorische Frage: „Ist das noch verhältnismäßig?"[77] Der Eindruck, der Verfassungsschutz nehme sich besonders der LINKEN an, sei unzutreffend. „Für dieses Thema haben und brauchen wir nur einen kleinen Personaleinsatz."[78] Gleichwohl fuhr DIE LINKE schweres Geschütz auf. Für Bundesgeschäftsführer Dietmar Bartsch ist die Erwähnung einer Partei, die in zehn Landesparlamenten sitze, eine „Unverschämtheit", ein „Missbrauch des Verfassungsschutzes für politische Zwecke".[79] Ulla Jelpke, die innenpolitische Sprecherin der Bundestagsfraktion, votierte abermals für die Abschaffung des Verfassungsschutzes.

Für den bayerischen Verfassungsschutz bestand an der Notwendigkeit der Beobachtung der LINKEN nicht der geringste Zweifel. „Der Beitritt der WASG zur Linkspartei.PDS hat an der linksextremistischen Ausrichtung der umbenannten Partei ‚DIE LINKE' nichts geändert. Es gibt daher keinen Grund, ihre Beobachtung durch den Verfassungsschutz

---

77 Zitiert nach Veit Medick: Fromm hat Jobzweifel, in: die tageszeitung vom 16. Mai 2008.
78 Zitiert nach ebd.
79 Zitiert nach dem Artikel: Linke fühlt sich missverstanden, in: junge Welt vom 16. Mai 2008.

einzustellen."[80] So klipp und klar lautet das Vorwort zum bayerischen Verfassungsschutzbericht durch Staatsminister Joachim Herrmann und seinen Staatsekretär Jürgen W. Heike. In den einschlägigen Ausführungen wird detailliert die verfassungsfeindliche Haltung der Partei zur Sprache gebracht, vor allem mit Blick auf deren ideologische Ausrichtung. Die Position der LINKEN in Bayern wird dagegen mehr referiert.[81] Selbst der bayerische Verfassungsschutzbericht spricht eigens von der „nicht-extremistischen Partei WASG"[82] – offenbar deshalb, um keine Klagen zu provozieren. Die schon lange verwendete Überschrift „Marxisten-Leninisten und andere revolutionäre Marxisten" ist kritikwürdig. Für die DKP und die MLPD trifft dies zu, schwerlich für die gesamte PDS, die WASG oder für DIE LINKE, für einzelne Repräsentanten aber schon.

Der baden-württembergische Verfassungsschutz rückt in seinem Bericht ebenso wenig von seiner früheren Position ab. Bei der LINKEN sei die Handschrift der PDS weiterhin erkennbar. Der Bericht nennt die historische, programmatische, strukturelle und die personelle Kontinuität. DIE LINKE halte „weiterhin am Ziel einer transformatorischen Überwindung des bestehenden Wirtschafts- und Gesellschaftssystems fest."[83] Mit Blick auf die Zusammensetzung des Vorstandes der LINKEN in Baden-Württemberg heißt es: „Damit sind auch nach der ‚Fusion' zentrale Funktionen im Landesverband mit langjährig bekannten Linksextremisten besetzt."[84]

Der niedersächsische Verfassungsschutzbericht erkennt in der LINKEN im Kern keine andere Partei als die alte PDS. Es „besteht eine politische Kontinuität zur Linkspartei.PDS. Nach wie vor werden deren grundsätzliche Wert- und Zielvorstellungen verteidigt. Es verfestigt sich der Eindruck, dass alle Bemühungen darauf abzielten, mit der Partei DIE LINKE eine ideologisch und programmatisch nur in möglichst gerin-

---

80 Verfassungsschutzbericht Bayern 2007, München 2008, S. 3 (Pressefassung).
81 Vgl. ebd., S. 162-166.
82 Ebd., S. 151.
83 Verfassungsschutzbericht Baden-Württemberg 2007, Stuttgart 2008, S. 153 (Pressefassung).
84 Ebd., S. 195.

gem Maße veränderte Linkspartei.PDS fortzuführen und Inhalten der WASG nur rein subsidiäre Bedeutung beizumessen."[85] Der Bericht nennt für den extremistischen Charakter u.a. weiterhin die trotzkistische Gruppierung *Linksruck*, die in der WASG untergekommen war und sich nun in der LINKEN integriert, ohne deswegen ihren Entrismus aufzugeben. Der niedersächsische Landesverband kommt nur kurz vor. Der Landesvorsitzende Diether Dehm wird mit der folgenden Aussage zitiert: „Ich bin froh, dass Kommunisten unter uns sind."[86]

Auch der nordrhein-westfälische Verfassungsschutzbericht für das Jahr 2007 sieht keinen Anlass, seine Position zu revidieren. Die Aussage ist klar: „Die Zielrichtung der jetzt ‚DIE LINKE' genannten Partei hat sich durch den Beitritt der WASG nicht verändert: Es bestehen weiterhin Anhaltspunkte für den Verdacht linksextremistischer Bestrebungen. Auf kommunaler Ebene arbeiten die bisherigen Vertreter von WASG und ‚Linkspartei. PDS' jetzt als Ratsmitglieder der Partei ‚DIE LINKE'. Und sie bleiben auch wie bisher teilweise in Fraktionsgemeinschaft mit Vertretern der DKP und der AUF – einer Wahlgruppierung der linksextremistischen MLPD. Auch arbeiten innerhalb der Partei ‚DIE LINKE' weiterhin – mit Billigung des Parteivorstandes – die alten, offen linksextremistischen Gruppierungen wie ‚Kommunistische Plattform', ‚Geraer Dialog' usw.; neu hinzugekommen ist über die WASG die trotzkistische Gruppe ‚Linksruck', die sich jetzt ‚Marx21' nennt. Auch die Partei ‚DIE LINKE' bleibt daher Beobachtungsobjekt des Verfassungsschutzes in Nordrhein-Westfalen."[87] Der Bericht verweist darauf, die WASG habe auf dem ersten Parteitag die politische Ausrichtung des Parteitags der PDS einen Tag zuvor nicht kritisiert. Teile der nordrhein-westfälischen LINKEN arbeiteten mit Linksextremisten zusammen – „bis in das gewaltbereite Spektrum"[88] hinein.

Die Verfassungsschutzberichte in den alten Bundesländern halten an der bisherigen Position fest, weil sie der WASG so gut wie keinen Ein-

---

85 Verfassungsschutzbericht Niedersachsen 2007, Hannover 2008, S. 151 (Pressefassung).

86 Zitiert nach ebd., S. 155.

87 Verfassungsschutzbericht Nordrhein-Westfalen 2007, Düsseldorf 2008, S. 9 f. (Pressefassung).

88 Ebd., S. 53.

fluss auf den Kurs der PDS und damit den Kurs der LINKEN zuschreiben. Eine gewisse Schwäche der Berichte besteht neben der mitunter mangelnden Berücksichtigung der spezifischen Situation im Land darin, undifferenziert die (demokratische) WASG und die (eher undemokratische) PDS gegenüberzustellen. Die Frontlinien sind komplizierter. Auch die Berichte der neuen Bundesländer nennen die WASG nicht.

Die Kurzfassung des sächsischen Verfassungsschutzberichts führt weiter die als bedeutungslos bezeichnete *Kommunistische Plattform* auf. Deren Mitgliederzahl sei in Sachsen von 60 auf 150 gestiegen.[89] Die Berichte aus Brandenburg und Mecklenburg-Vorpommern (sowie aus Schleswig-Holstein[90]) erwähnen DIE LINKE mit keinem Wort, wie das in der Vergangenheit bereits für die PDS der Fall war. Das Saarland, das, wie eingangs vermerkt, keine Verfassungsschutzberichte erstellt, erklärte DIE LINKE jüngst ebenfalls nicht (mehr) zu einem Beobachtungsobjekt.[91]

Auch wenn bis Mitte Mai 2008 aus den anderen Innenministerien keine weiteren Verfassungsschutzberichte an die Öffentlichkeit gelangt sind, ist nach dem Erscheinen der Berichte aus den vier größten Bundesländern die Tendenz dennoch recht einheitlich: Die Beobachtung der LINKEN soll vorerst weitergehen, wiewohl eine etwas größere Vorsicht in der Einschätzung aufscheint. Damit zusammen hängt der Verzicht einzelner Verfassungsschutzbehörden auf die Beobachtung linksextremistisch beeinflusster Gruppierungen, sofern diese keine Gewalt ausüben oder predigen. Die VVN-BdA etwa ist nur noch in einer Minderheit der Verfassungsschutzberichte verzeichnet. Dabei ist es bekanntlich das Charakteristikum der streitbaren Demokratie, auch das gewaltlose Agieren von Extremisten namhaft zu machen. Beim Rechtsextremismus ist das nach wie vor – und zu Recht – der Fall.

---

89 Vgl. Verfassungsschutzbericht Sachsen 2007, Dresden 2008, S. 19 (Pressefassung, Kurzfassung).

90 Hier heißt es nur knapp, die trotzkistische Gruppe *Linksruck* habe sich „als selbständige Organisation aufgelöst und als ,Netzwerk von Marxisten innerhalb der neuen Linken' namens ,Marx21' neu gegründet". So der Verfassungsschutzbericht Schleswig-Holstein 2007, Kiel 2008, S. 86 (Pressefassung). Der Leser erfährt nichts über die Eingliederung bei der LINKEN.

91 Vgl. u.a. den Artikel: Saarland stoppt Beobachtung der Linken, in: Süddeutsche Zeitung vom 16. Januar 2008.

BIOGRAFISCHE PORTRÄTS

1. Gregor Gysi

Gregor Gysi ist wohl derjenige Politiker, dem die PDS ihr anfängliches Überleben verdankt. Er sprang in ihrer Entstehungszeit immer wieder eloquent in die Bresche, und mit viel Charisma wie Chuzpe verteidigte er die Partei. Auch später erwies sich seine Person für sie als wichtig, etwa durch die Zusammenarbeit mit Oskar Lafontaine vor und nach der Bundestagswahl 2005.

Geboren am 16. Januar 1948 in Berlin, machte er 1966 sein Abitur mit Berufsausbildung (Facharbeiterprüfung für Rinderzucht). Der 1967 in die SED eingetretene Sohn des Botschafters, Kulturministers und Staatssekretärs für Kirchenfragen Klaus Gysi schloss sein Studium der Rechtswissenschaft an der Humboldt Universität zu Berlin 1970 als Diplom-Jurist ab. Danach fungierte Gysi, 1975 mit einer Studie über das Thema „Zur Vervollkommnung des sozialistischen Rechts im Rechtsverwirklichungsprozess" promoviert, als Anwalt. Dabei verteidigte er auch Systemkritiker wie Robert Havemann und Rudolf Bahro, ebenso Bürgerrechtler wie Bärbel Bohley und Gerd Poppe. 1988 übernahm Gysi den Vorsitz im Kollegium der Rechtsanwälte im Osten Berlins wie den Vorsitz aller Kollegien in der DDR. Das stets loyale SED-Mitglied wurde am 9. Dezember 1989 zum Vorsitzenden der SED gewählt, die eine Woche später „SED-PDS" hieß. Entschieden votierte er gegen die Auflösung der Partei, ebenso gegen die Auflösung der DDR. Das eine gelang ihm, das andere schlug fehl. Der am 18. März 1990 in die Volkskammer gewählte Abgeordnete fiel durch großes rhetorisches Geschick auf. Allerdings löste er am 23. August 1990 für seinen Einwurf laut Protokoll unfreiwillig „jubelnden Beifall bei der CDU/DA, der DSU, teilweise bei der SPD" aus, als er nach der Abstimmung über den Beitritt der DDR zur Bundesrepublik Deutschland bedauernd erklärte: „Frau Präsidentin! Das Parlament hat soeben nicht mehr und nicht weniger als den Untergang der Deutschen Demokratischen Republik zum 3. Oktober beschlossen."[1] Er, der auf Effekthascherei Bedachte, hatte unbewusst Worte mit historischer Bedeutung gewählt.

Den Parteivorsitz gab Gysi am 31. Januar 1993 ab. Sieben Gründe bewogen ihn: die Notwendigkeit zur Verteilung politischer Verantwortlichkeit; das durch den Vorsitz vernachlässigte Privatleben; die Zunahme der persönlichen Anfeindungen von außen; die Gefahr eines Personenkults in der Partei; Fehler im Zusammenhang mit André Bries verschwiegener Tätigkeit für die Staatssicherheit; Machtkampf zwischen einzelnen Gruppen innerhalb der Partei; Steigerung der Politikfähigkeit der PDS durch Rückzug.[2] Zunächst wirkte Gysi noch als stellvertretender Vorsitzender, später als Mitglied im Parteivorstand, ehe er 1997 alle Parteiämter niederlegte und auch keine neuen mehr annahm.

Von 1990 bis 2002 gehörte er dem Deutschen Bundestag an, stets direkt gewählt, 1990 als einziger der Partei. Er war in dieser Zeit zuglcich der Vorsitzende der Gruppe der PDS (1990-1998) bzw. ihrer Fraktion (1998-2002). Der Immunitätsausschuss des Deutschen Bundestages hielt 1998 fest, Gysi habe zwischen 1975 und 1986 als „IM Notar" für die Staatssicherheit gearbeitet. Im Februar 2002 verließ er den Bundestag, um das Amt des Wirtschaftssenators der rot-roten Regierung in Berlin zu übernehmen. Dieses legte er eigener Lesart nach wegen einer „Bonusmeilen"-Affäre – dienstlich erworbene Ansprüche waren privat genutzt worden – Ende Juli 2002 vorzeitig nieder.

Im Jahre 2005 kehrte er, erneut direkt gewählt, in den Deutschen Bundestag zurück. Gemeinsam mit Oskar Lafontaine übernahm er im Wahlkampf die Spitzenkandidatur und danach den Fraktionsvorsitz. Beträchtliche gesundheitliche Schwierigkeiten, die mehrere Operationen zur Folge hatten, führten zwar nicht zu Gysis Rückzug aus der Öf-

---

1 Gregor Gysi: Protokolle der Volkskammer der Deutschen Demokratischen Republik, 10. Wahlperiode (5. April bis 2. Oktober 1990), hrsg. vom Deutschen Bundestag, Bd. 3, Opladen 2000, S. 1382.

2 Ders.: „...bin ich zu dem Entschluss gekommen, nicht mehr für diese Funktion zu kandidieren". Brief Gregor Gysis an die Mitglieder des Bundesvorstandes und des Parteirates der PDS zu seinem Rücktritt als PDS-Vorsitzender, in: Wolfgang Sabath: Gregor Gysi, Berlin 1993, S. 88-95.

fentlichkeit, wohl aber zu etwas geringerer (nicht: geringer) Medienprä-
senz.

Seine Stärke liegt in der Kommunikation. Er konnte sich niemals über
mangelndes Medieninteresse beklagen. Immer wieder gelang es ihm,
heikle Punkte zu umgehen, schlagfertig zu kontern und damit Lacher
auf seine Seite zu ziehen. Die eigene Beliebtheit (auch im Westen) ist
größer als die Beliebtheit der von ihm repräsentierten Partei. Dass Gysi
seit 1997 keine Ämter mehr in der Partei bekleidet, bedeutet keine Distanzierung von ihr. Ihm war klar geworden: Ohne Amt konnte er mehr
für sie tun. Der überraschende Rücktritt als Berliner Wirtschaftssenator
dürfte seine tiefere Ursache in der aufreibenden administrativen Tätigkeit zu suchen haben. Gysi konnte im Amt weniger kommunizieren,
musste mehr alltägliches Klein-Klein verrichten. Dies entsprach seiner
Mentalität weniger. Kärrnerarbeit abseits des Medienspektakels ist Gysis
Sache nie gewesen.

Eines seiner wichtigsten Ziele bestand darin, die Partei auch im Westen
salonfähig zu machen und kommunistischen Sektierern nicht das Feld
zu überlassen. So attackierte er die Äußerung von Sahra Wagenknecht,
der führenden Repräsentantin der *Kommunistischen Plattform* – „Daher
war und ist programmatischer Pluralismus die Basis einer reformistischen, nie einer revolutionären Politik" – mit den folgenden harschen
Worten: „Im Klartext bedeutet dies, dass Sahra Wagenknecht und ihre
Mitstreiterinnen und Mitstreiter den Pluralismus in der PDS nur so lange anerkennen, wie sie eine Minderheit bilden. Sollten sie aber jemals
die Mehrheit erreichen, dann würde auch der Pluralismus in der PDS
sofort überwunden werden. Dann gäbe es nur noch ein Weltbild, nur
noch eine Weltanschauung, nur noch einen ‚wissenschaftlichen Sozialismus'. Und alle, die sich dem einen Weltbild nicht unterordnen wollen,
hätten mit entsprechenden Konsequenzen zu rechnen."[3] Diese Kritik ist
überaus berechtigt. Nur: Wieso hat Gysi daraus keine Konsequenzen gezogen und nie für den Rückzug Wagenknechts und ihrer Unterstützer
gestimmt? Er hat im Gegenteil die Notwendigkeit der *Kommunistischen
Plattform* mehr als einmal eigens herausgestrichen – offenkundig deshalb, weil er zum einen weiß, dass die Partei ohne eine solche Richtung

---

3 Gregor Gysi: Ein Blick zurück, ein Schritt nach vorn, Hamburg 2001, S. 309.

nicht auskommt, ihr Ausschluss nicht durchsetzbar ist. Und zum anderen fühlt er sich verpflichtet, keinem schändlichen „Antikommunismus" das Wort zu reden – als sei jede Form des Antikommunismus antidemokratisch.

Ungeachtet aller Rückschläge und Schwierigkeiten kommt Gysi ein großer Anteil an den Erfolgen der Partei in der jüngsten Zeit im Westen zu. Er hat den Zusammenschluss von PDS und WASG zur LINKEN entschlossen forciert. Deswegen kandidierte er 2005 erneut für den Bundestag. Die Kooperation mit dem ebenso von Geltungssucht nicht freien Lafontaine hat besser funktioniert als vielfach erwartet. Aus Sicht der Partei fällt ihm also ein doppeltes Verdienst zu – einerseits ihre Existenz 1989/90 maßgeblich gesichert und andererseits ihre Westausdehnung augenscheinlich erfolgreich bewerkstelligt zu haben.

Immer wieder hat Gysi keine rechtlichen Mittel und Wege gescheut, um den Vorwurf untersagen zu lassen, er habe wissentlich für die Staatssicherheit gearbeitet. In der Regel gaben ihm die Gerichte recht, weil der letzte stichhaltige Beweis trotz erdrückender Indizien fehle. Was vielen nicht bekannt ist: Gysi wählt bei einschlägigen Klagen gerne das Landgericht Hamburg, das für seine „verständnisvollen" Urteile in Sachen Staatssicherheit bekannt ist. Entsprechend vorsichtig argumentieren daher Autoren über Gysis Kontakte zur Staatssicherheit bei der Auswertung seines Verhaltens als Anwalt gegenüber DDR-Kritikern.[4] Dabei sprechen die von ihnen mitgeteilten Sachverhalte Bände.

Die Zahl der von Gysi verfassten, herausgegebenen oder unter seinem Namen publizierten Bücher[5] ist höher als die der Bücher über ihn.

---

4 Vgl. Katja Havemann/Joachim Widmann: Robert Havemann oder wie die DDR sich erledigte, München 2003; Guntolf Herzberg/Kurt Seifert: Rudolf Bahro – Glaube an das Veränderbare. Eine Biographie, Berlin 2003.
5 Vgl. Gregor Gysi/Thomas Falkner: Sturm aufs Große Haus. Der Untergang der SED, Berlin 1990; Gregor Gysi (Hrsg.): Wir brauchen einen dritten Weg. Selbstverständnis und Programm der PDS, Hamburg 1990; ders.: Einspruch! Gespräche, Briefe, Reden, Berlin 1992; ders. (Hrsg.): Zweigeteilt. Über den Umgang mit der SED-Vergangenheit, Hamburg 1992; ders. (Anm. 3); ders.: Was nun? Über Deutschlands Zustand und meinen eigenen, Hamburg 2003.

Diese sind häufig mit sympathisierender Tendenz geschrieben.[6] Sein Band „Ein Blick zurück, ein Schritt nach vorn" – in einem bürgerlichen Verlag auf den Markt gekommen – lässt die Genugtuung über die ihm auch von Repräsentanten anderer Parteien erfahrene – freilich noch nicht ausreichende – Reputation durchblicken.[7] Diese vermisste er in seinem ebenfalls in einem alles andere als PDS-nahen Verlag publizierten Buch „Das war's. Noch lange nicht", das vor allem die Entwicklung bis zur deutschen Einheit aus seiner Sicht nachzeichnet.[8]

2. Lothar Bisky

Lothar Bisky ist nach Gysi der wichtigste Repräsentant der Partei. Seine Fähigkeit zur Integration trug immer wieder zu ihrem Zusammenhalt bei. In allen kritischen Situationen stand er der Partei zur Verfügung. Vor allem in der Zeit nach ihrem Ausscheiden aus dem Bundestag 2002 ist maßgeblich ihm die Wiedererlangung der Stabilität der PDS zu verdanken.

Geboren am 17. August 1941 im pommerschen Zollbrück/Kreis Rummelsberg und in Schleswig-Holstein als Flüchtlingskind aufgewachsen, verließ er 1959 aus politischen Gründen die als kalt und miefig empfundene Bundesrepublik Deutschland. Die DDR sah er als seine ideologische Heimat an. In Leipzig hatte er nicht zuletzt wegen Hans Mayer, des legendären Literaturwissenschaftlers, studieren wollen, doch als Bisky ihn hören wollte, hatte Mayer der DDR gerade den Rücken gekehrt. Dem Studium der Kulturwissenschaften an der Leipziger Karl-Marx-Universität – 1963 trat er in die SED ein – folgten die Dissertation A (1969) und die Dissertation B (1975), jeweils über Massenkommunikationsforschung – mit scharfer Kritik an der „bürgerlichen" Richtung. Bisky will von der 68er-Bewegung im Westen fasziniert gewesen sein,

---

6 Vgl. Jens König: Gregor Gysi. Eine Biographie, Berlin 2005; Sabath (Anm. 2).

7 Vgl. Gysi (Anm. 3), S. 338-378.

8 Vgl. ders.: Das war's. Noch lange nicht! Autobiographische Notizen, Düsseldorf 1995.

doch Konsequenzen zog er daraus nicht. Anpassung dominierte. Arbeitete Bisky zunächst am Leipziger Zentralinstitut für Jugendforschung, so erhielt er (nach einer Honorarprofessur an der Humboldt Universität zu Berlin) 1980 – das bedeutete eine Hinwendung zu einem weithin neuen Forschungszweig – eine Professur für Kulturtheorie an der Berliner Akademie für Gesellschaftswissenschaften beim Zentralkomitee der SED und 1986 eine Professur an der Hochschule für Film und Fernsehen in Babelsberg. Dort wirkte er bis 1990 zugleich als Rektor. Er verzichtete wegen seines politischen Engagements auf eine erneute Kandidatur. Am Rande zählte Bisky zu den Personen, die für das 1987 verabschiedete SPD-SED-Papier „Der Streit der Ideologien und die gemeinsame Sicherheit" die Verantwortung übernommen hatten.

Im turbulenten Herbst 1989 stand er in seiner Funktion als Rektor nicht mehr auf der Seite der SED-Orthodoxen. Zum ersten Mal wurde Bisky einer breiteren Öffentlichkeit bekannt, als er am 4. November 1989 bei der berühmten Großdemonstration auf dem Berliner Alexanderplatz – wie Gregor Gysi – mit einer Rede in Erscheinung trat. Schnell gelangte Bisky in den Vorstand der Partei. Dort musste er das SED-Medienmonopol entflechten. Das Mitglied der am 18. März 1990 gewählten Volkskammer kandidierte für den brandenburgischen Landtag und gehörte ihm bis 2005 an. Von 1990 bis 2004 amtierte er als Fraktionschef. Der Vorsitzende des Landtags-Untersuchungsausschusses zur Klärung der IM-Tätigkeit gegen Manfred Stolpe gewann durch seine souveräne Leitung Respekt bei Andersdenkenden, nicht zuletzt bei Repräsentanten der SPD, stabilisierte so auch seine Partei. Dabei war sein Leben auf Politik nicht fixiert. Anfang der neunziger Jahre spekulierte Bisky eigener Lesart nach mit dem Gedanken, beim Medienmogul Robert Maxwell „anzuheuern". Nach dem brandenburgischen Landesvorsitz (1991-1993) übernahm er den der gesamten Partei (1993-2000). Immer wieder mit innerparteilichen Auseinandersetzungen konfrontiert, gelang es ihm, die widerstreitenden Gruppen zu besänftigen. Selbst mit dem politischen Gegner legte er manche Streitigkeiten bei, so in der heiklen Frage nach dem Verbleib des SED-Parteivermögens. Als die PDS an der Fünfprozenthürde bei der Bundestagswahl 2002 gescheitert war, verhalf Bisky der Partei aus der Bredouille und erhöhte ihre Handlungsfähigkeit. Unter seinem erneuten Vorsitz wurde schnell das neue Parteiprogramm (2003) verabschiedet. Nach der Fusion der Linkspartei mit der

WASG zur LINKEN ist er – gemeinsam mit Oskar Lafontaine – seit dem 16. Juni 2007 Vorsitzender der Partei. Seit November 2007 Nachfolger des italienischen Kommunisten Fausto Bertinotti als Chef der *Europäischen Linken*, einem 2004 in die Wege geleiteten Zusammenschluss vornehmlich kommunistischer Parteien, hat er verlauten lassen, für den Vorsitz bei der LINKEN nicht mehr zur Verfügung zu stehen.

Obwohl Bisky sich innerhalb der eigenen Bundestagsfraktion gegen seine Konkurrentin Gesine Lötzsch bei der Bewerbung für das Amt des Bundestagsvizepräsidenten klar durchgesetzt hatte, blieb ihm dieses versagt. Erreichte er bei der konstituierenden Sitzung bei drei Abstimmungen nicht die Mehrheit, so kam sie bei einem weiteren Wahlgang im November 2005 ebenfalls nicht zustande. Daraufhin gab der Postkommunist auf. Zum einen störte viele Abgeordnete die Kandidatur eines Parteivorsitzenden für das Amt, zum anderen die Verstrickung Biskys in Machenschaften der Staatssicherheit. 1995 und 2003 waren trotz der Vernichtung der Akten Materialien aufgetaucht, die eine verdeckte Mitarbeit für dieses Sicherheitsorgan nahe legten. Bisky räumte zwar als unumgänglich empfundene Kontakte zum MfS ein (schon in den siebziger Jahren fuhr er als „Reisekader" regelmäßig ins westliche Ausland), nicht jedoch, eine Verpflichtungserklärung geleistet zu haben. Unstrittig ist: Die Staatssicherheit führte ihn unter verschiedenen Decknamen.

Lothar Biskys Geltungsbedürfnis ist deutlicher geringer als das Gregor Gysis, seine Bodenhaftung stärker. Er drängte nie nach dem Vorsitz, sondern wurde gedrängt. Die Partei wusste: Mit seiner verlässlichen, zupackenden und kompromissbereiten Art konnte er, dem Lagermentalität fern liegt, die PDS stabilisieren, auch dank großer Helfer wie Thomas Falkner im Hintergrund. So trat Bisky Anfang Dezember 1994 mit einigen Getreuen wie Gregor Gysi und Dietmar Bartsch wegen einer angedrohten Zahlung von 70 Millionen DM an das Berliner Finanzamt in einen spektakulären Hungerstreik. Die höchst kritische Causa ging für die PDS nach einem Prozess glimpflich aus.

Bisky, seit 2007 Herausgeber des *Neuen Deutschland*, hat in zwei schwierigen Situationen der Partei geholfen: mit der erneuten Übernahme des Parteivorsitzes 2003, als die PDS zuvor an der Fünfprozentklausel gescheitert war, und mit der weithin reibungslosen Zusammenfügung von

PDS und WASG im Jahre 2007. Damit vermochte er seinen Ruf als Krisenmanager einmal mehr unter Beweis zu stellen. Mit seinem Plädoyer für den nicht nur von ihm, sondern etwa auch von Manfred Stolpe, dem langjährigen SPD-Ministerpräsidenten, vertretenen „Brandenburger Weg"[9], der auf einen konsensorientierten Politikstil setzt, konnte er Vorbehalte bei Repräsentanten demokratischer Parteien abbauen. Sein bürgerlicher Habitus und sein toleranter Umgang mit Andersdenkenden täuscht allerdings über die Unzweideutigkeit der politischen Haltung hinweg, wenn er etwa den Schießbefehl in der DDR leugnet. In einem Grußschreiben an den kubanischen Diktator Fidel Castro zum 80. Geburtstag heißt es bei ihm: „Mit Hochachtung und Sympathie blicken wir auf Deinen Lebensweg, der den unermüdlichen Einsatz für die Errichtung einer sozialistischen Gesellschaft und die Verteidigung der nationalen Würde Kubas symbolisiert."[10] Solche Bekenntnisse relativieren seine Diagnose mit Blick auf die deutsche Einheit: „…es wurde viel erreicht: Freiheit und Demokratie, Wohlstand für viele, eine moderne Infrastruktur, eine stabile Versorgung – vieles, was die Ostdeutschen entbehren mussten." Bisky fährt einschränkend fort: „Doch mit dem Ende des Realsozialismus à la DDR endete nicht der Traum vieler Ostdeutscher von einer sozial gerechten, demokratischen Gesellschaft. Das Modell Bonner Republik hat mit seinen Versprechungen und seinen Realitäten diesen Traum nicht verwirklichen können."[11] Bisky spielt westdeutsche Realität gegen ostdeutschen Traum aus.

Die wissenschaftlichen Publikationen Biskys vor der friedlichen Revolution (Schwerpunkt: Massenkommunikation) zeichnen sich durch Linientreue aus.[12] Das mindert stark ihre Qualität. In seiner Autobiografie,[13]

---

9 Vgl. Lothar Bisky: Der „Brandenburger Weg". Ansprüche, Realitäten, Sackgassen und Einbahnstraßen, Potsdam 1999.
10 Zitiert nach: Die Linke.PDS-Pressedienst vom 18. August 2006, S. 4.
11 Lothar Bisky: So viele Träume. Mein Leben, Berlin 2005, S. 294.
12 Vgl. u.a.: Ders.: Massenmedien und ideologische Erziehung der Jugend, Berlin 1976; ders.: Geheime Verführer. Geschäft mit Shows, Stars, Reklame, Horror, Sex, Berlin 1982; ders.: The show must go on. Unterhaltung am Konzernkabel. Film, Rock, Fernsehen, neue Medien, Berlin 1984. Siehe Jochen Staadt: Alle Jugendlichen kommunistisch erziehen. Lothar Biskys wissenschaftliche Arbeit, in: Frankfurter Allgemeine Zeitung vom 8. August 2003.
13 Vgl. Bisky (Anm. 11).

wie die Gysis in einem bürgerlichen Verlag publiziert, tritt er im nachhinein weniger konformistisch auf als in der DDR. Immerhin fehlt es ihm an plakativer Selbstgerechtigkeit. Die anderen von ihm (mit)herausgegebenen Bücher befassen sich mit der Rolle der PDS.[14] Wie alle Repräsentanten der Partei lehnt Bisky den auf die DDR gemünzten Begriff „Unrechtsstaat" ab.[15]

3. Oskar Lafontaine

Sein Name steht für die erfolgreiche Westausdehnung der Partei. Die PDS war 15 Jahre in den alten Bundesländern eine Kraft ohne jegliche Bedeutung geblieben, konnte über linkssektiererische Kreise hinaus nirgendwo Fuß fassen. Erst Lafontaines Engagement in der WASG und deren Zusammengehen mit der PDS trug zu den Wahlerfolgen in den westlichen Bundesländern bei.

Oskar Lafontaine wurde am 16. September 1943 in Saarlouis als Sohn eines im Krieg verstorbenen Bäckers geboren. Nach dem 1969 bestandenen Physikstudium – mit einem Stipendium des „Cusanuswerks", der Studienförderung der Katholischen Deutschen Bischöfe – legte Lafontaine eine politische Blitzkarriere hin: 1970 wurde er Landtagsabgeordneter der SPD, 1976 Oberbürgermeister von Saarbrücken (der jüngste in Deutschland), 1977 – mit 33 Jahren – saarländischer Parteichef, 1985 saarländischer Ministerpräsident. Dies blieb er bis 1998. Bei den Wahlen 1985, 1990 und 1994 gewann die SPD nicht zuletzt dank seiner Person jeweils die absolute Mehrheit der Mandate, 1990 auch die absolute Mehrheit der Stimmen – in einem von der Struktur her keineswegs typischen „SPD-Land". „Seine" Saarländer verziehen ihm manchen Zick-

---

14 Vgl. u.a.: Ders. (Hrsg.): Wut im Bauch. Kampf um die PDS, 29. November bis 7. Dezember 1994. Erlebnisse, Dokumente, Chronologie, Berlin 1995; ders. u.a. (Hrsg.): Die PDS – Herkunft und Selbstverständnis. Eine politisch-historische Debatte, Berlin 1996.

15 Vgl. ders. u.a. (Hrsg.): „Unrechtsstaat"? Politische Justiz und die Aufarbeitung der DDR-Vergangenheit, Hamburg 1996.

zack-Kurs. Lafontaine, zunächst der „Lieblingsenkel" von Willy Brandt, repräsentierte u.a. mit seiner Kritik am NATO-Doppelbeschluss und an der Kernenergie Positionen des linken Flügels der SPD. Das Pflichtgefühl und die Berechenbarkeit von Bundeskanzler Helmut Schmidt galten ihm als Sekundärtugenden. Dabei entschlüpfte ihm der folgende Satz, den er später bedauerte: „Damit kann man auch ein KZ betreiben."[16] Gleichwohl – sein Aufstieg war zunächst unaufhaltsam. Der Kanzlerkandidat der Partei, dem zuvor an der Anerkennung der „DDR-Staatsbürgerschaft" und an einem guten Verhältnis zu Erich Honecker, einem anderen Saarländer, gelegen war (es kam zwischen 1982 und 1989 zu neun Treffen der beiden), stand im Jahr der deutschen Vereinigung dieser reserviert gegenüber. Ihm bedeutet(e) die soziale Frage mehr als die nationale.[17] Bereits 1985 hatte Lafontaine die Finanzierung der Zentralen Erfassungsstelle in Salzgitter, die politische Verbrechen des SED-Regimes registrierte, für das Saarland einstellen lassen.

Die SPD verlor unter Lafontaine, den eine krankhaft-wirre Frau bei einem Wahlkampfauftritt mit Messerstichen schwer verletzt hatte, klar die erste gesamtdeutsche Bundestagswahl. Seine Warnung vor den Kosten der deutschen Einheit, die ihm ohnehin kein Herzensanliegen war, kam bei den Bürgern nicht an. Zu den Lasten der Teilung fiel kein Wort. Aus lauter „Bedenkenträgerei" lehnte er selbst die Einführung der DM zunächst ab. Hatte Lafontaine 1990 das ihm angebotene Amt des Parteivorsitzenden verschmäht, so besiegte er auf dem Mannheimer Parteitag im November 1995 nach einer fulminanten Rede in einer Kampfabstimmung den Vorsitzenden Rudolf Scharping. Helmut Schmidt, auf dem Weg nach Mannheim zur Gratulation, kehrte um. Bald rückte der neue SPD-Vorsitzende von der Abgrenzungspolitik seines Vorgängers Scharping gegenüber der PDS ab.

Trotz des Parteivorsitzes ließ sich die Kanzlerkandidatur Gerhard Schröders schwerlich unterbinden. Lafontaine musste gute Miene machen, obwohl er die Demütigung durch Kohl acht Jahre zuvor gerne gekontert hätte. Lafontaines Blockadepolitik im Bundesrat förderte wesentlich den ungefilterten Regierungswechsel 1998: Eine rot-grüne Koalition löste die

---

16 So Oskar Lafontaine in einem Interview, in: Der Stern vom 15. Juli 1982.
17 Vgl. ders.: Deutsche Wahrheiten. Die nationale und die soziale Frage, Hamburg 1990.

schwarz-gelbe ab. Schröder übertrug ihm das mit umfassenden Kompetenzen ausgestattete Amt des Finanzministers. Im März 1999, kein halbes Jahr nach der Regierungsbildung, trat Lafontaine von allen seinen Ämtern überraschend zurück. Eine Begründung für den Schritt – Unzufriedenheit mit der als illoyal erachteten Person und der als unsozial gebrandmarkten Politik Schröders – gab er im Herbst 1999 in seinem mit Spannung erwartenden Buch „Das Herz schlägt links".[18] In der Folge spitzte Lafontaine, der im Jahre 2001 ATTAC beitrat, seine Kritik an den Auslandseinsätzen der Bundeswehr und am „Neoliberalismus" der SPD zu. Durch die „Hartz IV"-Gesetzgebung Schröders und dessen „Agenda 2010" radikalisierte Lafontaine seine Position gegenüber dem „Raubtierkapitalismus" weiter. Die Unterstützung für ihn wuchs.

Nach der Ankündigung Schröders im Mai 2005, vorzeitige Neuwahlen zum Bundestag herbeiführen zu wollen, verließ Lafontaine die SPD, trat der erst kurz zuvor ins Leben gerufenen WASG bei und plädierte für einen möglichst baldigen Zusammenschluss mit der PDS. Außerdem wünschte er aus wahlstrategischen Überlegungen die Rückkehr Gregor Gysis, mit dem er schon lange enge Verbindungen pflegte (auch als SPD-Vorsitzender), in die aktive Politik. Sie fungierten im Wahlkampf als „Doppelspitze". Der Wahlerfolg in den alten Bundesländern (4,9 Prozent) geht maßgeblich auf Lafontaine zurück, auch wenn es ihm nicht gelungen war, bekannte Gesichter der SPD zur Kandidatur für die Linkspartei zu bewegen. Lafontaine zog auf der nordrhein-westfälischen Landesliste der umbenannten PDS in den Bundestag. Gemeinsam mit Gysi übernahm er das Amt des Fraktionsvorsitzenden.

Nach der Vereinigung von PDS und WASG wurde der einstige SPD Vorsitzende mit Lothar Bisky zum Chef der LINKEN gewählt, damit zur machtvollsten Persönlichkeit in der Partei. Auch wenn nicht alle ihre Repräsentanten dies wollen: Vieles spricht dafür, dass sich Lafontaine als alleiniger Vorsitzender durchsetzt. Die Partei weiß: Ihm, wenngleich nicht ausschließlich ihm, verdankt sie den Durchbruch im Westen, durch ihn verlor sie zum Teil das Image der „Stasi-Partei". Nicht nur in den Stadtstaaten Bremen und Hamburg, sondern auch in den Flächenstaaten Hessen und Niedersachsen gelang der LINKEN 2008

---

18 Vgl. ders.: Das Herz schlägt links, München 1999, S. 221-239.

der Einzug ins Parlament. Er hat seine Kandidatur für die saarländische Landtagswahl im Herbst 2009 avisiert. Die Situation ist günstig. Ihm – und der LINKEN – kommt eine verbreitete Enttäuschung über die große Koalition zugute.

Lafontaine sieht sich zuweilen mit dem Vorwurf konfrontiert, er sei ein Bonvivant, ein „Luxus-Linker". Solch kritische Wendungen offenbaren kulturell partiell fremde Welten: auf der einen Seite Pflichtbewusstsein, auf der anderen ausgelebter Hedonismus. Manche ostdeutsche Repräsentanten der LINKEN – eine weniger konfrontative Debattenkultur gewohnt – verkraften zudem schwer Lafontaines verletzende, mehr derbe als flotte Polemik. Sein Konzept „Freiheit durch Sozialismus" erinnert sie an die Vergangenheit.

Die Annäherung zwischen SPD und der LINKEN wird durch die Person Lafontaines keineswegs erleichtert, im Gegenteil. Zum einen erachten Repräsentanten der SPD eine Koalition mit der LINKEN auf Bundesebene schon wegen dieser personellen Konstellation für unmöglich, zum anderen gehört Lafontaine bei der LINKEN zu jenen, die ein Bündnis mit der SPD strikt verwerfen. Allerdings ist seine „Beweglichkeit" notorisch bekannt.

Lafontaines Position ist einerseits populistisch (dabei scheut er nicht davor zurück, an niedere Instinkte und Ängste zu appellieren, etwa mit dem viel kritisierten Wort von den „Fremdarbeitern", die aufgrund niedriger Löhne deutschen Familienvätern „die Arbeitsplätze wegnehmen", oder mit seiner Forderung nach einer Volksabstimmung über einen Beitritt der Türkei zur EU), andererseits derart radikal und vereinfachend, dass selbst aus den Reihen der PDS vorsichtige Kritik an seinen weitreichenden und illusionären, kaum finanzierbaren Versprechungen anklingt.[19] Sein Einfluss ist gestiegen: „Die Westausdehnung der Partei, das war zugleich die Ostausdehnung Oskar Lafontaines."[20]

---

19 Vgl. Christoph Seils: Noch ´ne Milliarde. Wieviel Wohltat darf es sein? Ostdeutsche Landespolitiker attackieren ihren Parteichef Lafontaine, in: Die Zeit vom 10. April 2008.
20 So Brigitte Fehrle: Die Partei bin ich, in: Die Zeit vom 30. April 2008.

Die mitunter primitive Beschimpfung von Politikern anderer Couleur lässt er nicht aus.

Wer Motivforschung betreibt, betritt ein unsicheres, vielleicht sogar vermintes Terrain. Gleichwohl: Lafontaines Ehrgeiz, noch einmal in die „große Politik" zurückzukehren, wurzelt wohl nicht nur in der Empörung gegenüber dem „Sozialabbau", sondern auch in dem Umstand, dass der Gekrankte es seinen Kritikern „zeigen" will – und der SPD. Ihm wird nachgesagt, er habe mit ihr noch eine Rechnung zu begleichen. Die abrupte Art und Weise seines Rücktritts musste selbst viele bisherige Anhänger irritieren. Vielleicht hat ihn seine Kurzschlussreaktion selber am meisten geärgert. Treibt ihn die Großtat an, die Spaltung der „deutschen Arbeiterbewegung" zu überwinden?

Die Publikationen Lafontaines sind zahlreich.[21] Der Autor formuliert oft griffig und grobkörnig, zupackend und zugespitzt. Dies verfehlt weder die Wirkung auf Gegner noch Anhänger. Er polarisiert. Seine schillernde Persönlichkeit – manche sehen ihn als Egomanen – ist vielfach ein Anlass zur Analyse bzw. zur Spekulation.[22]

4. Kurzporträts

Neben den „großen drei" hatten weitere Personen das Profil der Partei geprägt oder prägen es. Ohne die unverdrossene Mitarbeit Engagierter wäre sie nicht in der Lage gewesen, ihre Existenz zu sichern. Opportunismus ist diesen Kräften fürwahr nicht nachzusagen. Die folgende Auswahl bedeutet nicht, es seien für die interne Arbeit die wichtigsten

---

21 Vgl. Oskar Lafontaine: Die Gesellschaft der Zukunft. Reformpolitik in einer veränderten Welt, Hamburg 1988; ders.: Die Wut wächst. Politik braucht Prinzipien, München 2003; ders.: Politik für alle. Streitschrift für eine gerechtere Gesellschaft, München 2005.

22 Vgl. etwa Evelyn Roll: Oskar Lafontaine. Ein Porträt, München 1990; Werner Filmer/Heribert Schwan: Oskar Lafontaine, Düsseldorf 1996; Joachim Hoell: Oskar Lafontaine. Provokation und Politik. Eine Biografie, Braunschweig 2004; Klaus Huhn: Oskar Lafontaine. Porträt, Auskünfte, Berlin 2007.

(gewesen). So fehlt etwa Bodo Ramelow, stellvertretender Fraktionsvorsitzender, der als Wahlkampfleiter der Linkspartei im Jahre 2005 wie als Fusionsbeauftragter eine wichtige Rolle erfolgreich wahrgenommen hatte, ebenso die junge Katja Kipping, die stellvertretende Parteivorsitzende erst der PDS (von 2003-2007), dann der LINKEN (seit 2007), die bereits mit 21 Jahren in den sächsischen Landtag gewählt worden war (1999-2005) – vor ihrem Einzug in den Bundestag (als sozialpolitische Sprecherin der Fraktion der LINKEN). Wer einen deutlich über die Parteizirkel hinausreichenden Bekanntheitsgrad erreicht hat, findet Aufnahme.

Mit *Dietmar Bartsch*, geboren am 31. März 1958 in Stralsund, besitzt DIE LINKE einen loyalen und zuverlässigen Mann, der das Parteischiff um manche Klippen steuern konnte. Die wirtschaftswissenschaftliche Promotion absolvierte das SED-Mitglied an der Moskauer Akademie für Gesellschaftswissenschaften 1990. Zunächst Bundesschatzmeister der PDS (1991-1997), avancierte er anschließend zum Bundesgeschäftsführer (1997-2002). Dem Scheitern der PDS bei der Bundestagswahl 2002 an der Fünfprozentklausel (Bartsch fungierte als Wahlkampfleiter) folgte sein Scheitern bei der erneuten Kandidatur zum Bundesgeschäftsführer auf dem Geraer Parteitag 2002. Gleichwohl wurde er 2004 Geschäftsführer – allerdings beim *Neuen Deutschland*. Unter Lothar Bisky, mit dem ihn eine enge Kooperation verbindet, kehrte Bartsch in sein früheres Amt zurück. Seit 2005 ist er wieder Bundesgeschäftsführer und Bundestagsabgeordneter (wie bereits zwischen 1998 und 2002). Seine Stärke liegt in der unspektakulären Effizienz, mit der die Arbeit erledigt wird.

André Brie zählt zu den führenden intellektuellen Köpfen der Partei. Unablässig versucht er sie zu einer größeren Offenheit zu bewegen. Der als Sohn eines Diplomaten am 13. März 1950 in Schwerin Geborene verbrachte seine Kindheit und Jugend u.a. in China und Nordkorea. Habilitiert an der Akademie für Staats- und Rechtswissenschaften in Potsdam-Babelsberg und wissenschaftlicher Berater der DDR-Delegation bei der Genfer Abrüstungskonferenz 1985/86, gehörte er Ende der achtziger Jahre einem kleinen Zirkel von Reformkommunisten an. Der stellvertretende PDS-Vorsitzende (1990-1992) musste sein Amt wegen der geheimgehaltenen langjährigen und schwerwiegenden Tätigkeit als IM des Ministeriums für Staatssicherheit zwar niederlegen, gelangte jedoch in den Bundesvorstand der Partei (1993-1999) und leitete deren Grundsatzkommission (1991-1997). Der dezidierte „Reformer" sitzt seit 1999 im Europäischen Parlament. Keiner innerhalb der LINKEN kritisiert den Protest-Populismus Lafontaines so wie der politische Theoretiker Brie.[23] Sein Bruder Michael ist stellvertretender Vorsitzender der Rosa-Luxemburg-Stiftung.

Diether Dehm gehört wie Ulla Jelpke zu den aus dem Westen stammenden Personen, die nicht nur in enger Verbindung zum linksextremistischen Milieu stehen, sondern es auch repräsentieren. Geboren am 3. April 1950 in Frankfurt a.M., reüssierte er nach einem Pädagogikstudium als Musikproduzent und Liedermacher („Tausendmal berührt").[24] Der jahrzehntelangen Mitgliedschaft bei der SPD (diese wollte ihn wegen seiner Verstrickungen als Informant der Staatssicherheit aus der Partei ausschließen) folgte 1998 der Eintritt in die PDS, wo er schnell zum stellvertretenden Vorsitzenden avancieren konnte (1999-2003). Seit 2004 ist er Landesvorsitzender der niedersächsischen PDS bzw. der LINKEN, seit 2005 wieder Bundestagsabgeordneter (in den neunziger Jahren war ihm für die SPD der Einzug ins Parlament gelungen). Er hat maßgeblich dem DKP-Mitglied Christel Wegner den Weg in das niedersächsische Landesparlament geebnet (auf der Liste der LINKEN). Seinem Auftreten wohnt oft Effekthascherei inne.

Klaus Ernst, ein Gewerkschafter von Schrot und Korn, hat auf Seiten der WASG die Zusammenfügung mit der Linkspartei erfolgreich gemanagt. Der am 1. November 1954 in München geborene Gewerkschaftsfunktionär war von 1974 bis 2004 Mitglied der SPD, die ihn wegen Aktivitäten zur Gründung einer *Initiative Arbeit & soziale Gerechtigkeit* ausschloss. Nach der Fusion mit der *Wahlalternative* baute Ernst, den der Protest gegen „Hartz IV" antrieb, als einer der Bundesvorsitzenden die WASG auf. Öffentlichkeitswirksam agi(ti)erend, brachte er die neue Kraft häufig in die Schlagzeilen. Sein mitunter als harsch empfundenes Auftreten

---

23 Vgl. u.a. André Brie: Sozialismus am Scheideweg. Fragen an eine neue Konzeption, Berlin 1990; ders.: Befreiung der Visionen. Für eine sozialistische Erneuerung, Hamburg 1992; ders.: Ich tauche nicht ab. Selbstzeugnisse und Reflexionen, Berlin 1996.

24 Auch als Romanautor ist er präsent. Vgl. Diether Dehm: Bella ciao. Roman, Berlin 2007.

provozierte nicht nur Gegner, sondern auch Anhänger. So musste Ernst, ein strikter Gegner von Trotzkisten und DKPlern, manche Blessuren hinnehmen. Der einstige Gegner eines Zusammengehens mit der PDS nahm nach der Neuwahlankündigung 2005 einen Kurswechsel vor. Der Spitzenkandidat auf der Landesliste der bayerischen Linkspartei bei der Bundestagswahl 2005 ist stellvertretender Parteivorsitzender, dessen Einfluss zu schwinden scheint. Sein Ergebnis bei der Wiederwahl im Mai 2008 fiel nur mäßig aus.

Wolfgang Gehrcke, ein Altkommunist, weist eine lange parteipolitische Karriere auf. Aus einfachen Verhältnissen stammend, erblickte er am 8. September 1943 im bayerischen Reichau das Licht der Welt. Gehrcke besuchte keine weiterführende Schule, bildete sich jedoch nach einer Verwaltungslehre autodidaktisch weiter, arbeitete später im Journalismus mit dem Hauptthemenfeld Gewerkschaftspolitik. 1961 trat er der 1956 verbotenen KPD bei. Das Gründungsmitglied der DKP, von 1973 bis 1989 im Parteivorstand und von 1974 bis 1979 Chef der *Sozialistischen Deutschen Arbeiterjugend* (SDAJ), zählte in der zweiten Hälfte als Hamburger Bezirksvorsitzender zu den „Erneuerern" innerhalb der Partei (bis zum Januar 1990). In der PDS wirkte er als Bundesgeschäftsführer (1991-1993) und als stellvertretender Vorsitzender (1993-1998); nunmehr (seit 2002) ist er nur noch Vorstandsmitglied. Die Westausdehnung der Partei zeitigte unter ihm keine Erfolge. Der Bundestagsabgeordnete (1998-2002; wieder seit 2005) ist als außenpolitischer Sprecher oft durch viel Verständnis für die palästinensische Seite aufgefallen und durch wenig Empathie für die israelische.

Ulla Jelpke ist eine der aus dem Westen stammenden radikalen Kräfte, die für einen durchgreifenden Systemwechsel kämpfen. Geboren am 9. Juni 1951 in Hamburg, agierte sie langjährig im maoistisch geprägten *Kommunistischen Bund*, ehe sie für die *Grün-Alternative Liste* zwischen 1982 und 1989 einen Platz in der Hamburger Bürgerschaft einnahm. Dem Bundestag gehört sie seit dem Jahre 1990 an, jeweils als innenpolitische Sprecherin der Partei – mit der Ausnahme von 2002 bis 2005, als die PDS nicht im Bundestag vertreten war. Die Feministin zeichnete in jenen Jahren für das innenpolitische Ressort bei der linksextremistischen Tageszeitung *junge Welt* verantwortlich. Mit ihrem harschen „Antizionismus" irritiert die Parteilose einen Teil der Partei, mit ihrem stereotypen „Kampf gegen rechts", auf den sie fixiert ist, dagegen eher weniger. Sie behauptete im Deutschen Bundestag allen Ernstes, der Terrorist Wolfgang Grams sei in Bad Kleinen „liquidiert" worden. Tatsächlich hatte er sich selber erschossen. Ulla Jelpke ist Erstunterzeichnerin einer am 13. Mai 2008 ins Leben gerufenen Initiative „Gegen jeden Extremismusbegriff".[25]

Ulrich Maurer sorgt mit Dagmar Enkelmann als Parlamentarischer Geschäftsführer dank seiner langjährigen parlamentarischen Routine für eine gedeihliche Zusammenarbeit innerhalb der „Linksfraktion". Geboren am 29. November 1948 in Stuttgart, machte der Volljurist schnell in der SPD Karriere, ohne ganz an die Spitze zu gelangen. Seine wichtigsten Stationen: Landtagsabgeordneter von 1980 bis 2005 (zuletzt als Mitglied der WASG), in den Jahren 1992 bis 2001 als Fraktionsvorsitzender; Vorsitzender der baden-württembergischen SPD von 1987 bis 1999; 1994 Kandidat für das Amt des Innenministers in einer Bundesregierung unter Rudolf Scharping. Sein Stern begann in der Partei nicht zuletzt wegen notorischer Erfolglosigkeit im Südwesten bereits Ende der neunziger Jahre zu sinken. Danach vollzog er eine massive Linkswendung. Maurer verließ die SPD erst im Juni 2005 mit der sich abzeichnenden Fusion von PDS und WASG. Das hinter Oskar Lafontaine zweitbekannteste Gesicht aus den Reihen der SPD-Politiker innerhalb der neuen Partei nahm bei der Bundestagswahl 2005 den ersten Platz auf der baden-württembergischen Landesliste ein.

Hans Modrow fungierte als Übergangsministerpräsident der DDR vom November 1989 bis zum April 1990. Einerseits suchte er „sozialistische Errungenschaften" zu retten, andererseits widersetzte er sich nicht offen der friedlichen Revolution. Am 27. Januar 1928 in Jasenitz im Kreis Ueckermünde zur Welt gekommen, kehrte er erst 1949 aus der sowjetischen Kriegsgefangenschaft zurück. Die Karriere innerhalb der SED brachte ihm 1973 das Amt des 1. Sekretärs der SED-Bezirksleitung in Dresden ein. Für Gorbatschow-Anhänger galt Modrow als Hoffnungsträger, der in den Wirren der „Wende" an die Spitze des Staates geraten sollte. Modrow konnte als einziger aus der ersten Reihe der alten SED-

---

25 Vgl. den Aufruf: Gegen jeden Extremismusbegriff. Linke, antifaschistische Politik und Kultur sind nicht „extremistisch", sondern extrem wichtig!, Leipzig 2008.

Garde in der PDS seine politische Karriere fortsetzen. Zunächst stellvertretender Vorsitzender, dann Bundestagsmitglied (1990-1994), später Mitglied des Europäischen Parlaments (1999-2004), gehört(e) er nicht zu den Kräften des Aufbruchs, ist ihm ausgeprägte DDR-Nostalgie eigen. 1995 wurde er wegen Wahlfälschung zu einer Bewährungsstrafe verurteilt. Zahlreiche Schriften stammen aus der Feder des Ehrenvorsitzenden der Partei.[26] Sie dokumentieren seine Nähe zum *ancien régime*.

Petra Pau, in Berlin am 9. August 1963 geboren, ist eine Reformpolitikerin und verfügt nicht nur in ihrer Funktion als stellvertretende Fraktionsvorsitzende über beträchtlichen innerparteilichen Einfluss. Sie absolvierte eine Ausbildung als „Freundschaftspionierleiterin" und ein Studium der Gesellschaftswissenschaft an der „Parteihochschule Karl Marx". Die frühere Mitarbeiterin beim Zentralrat der *Freien Deutschen Jugend* war von 1992 bis 2001 Landesvorsitzende der Berliner PDS. Nach ihrer Mitgliedschaft im Berliner Abgeordnetenhaus (1995-1998) gewann sie dreimal – 1998, 2002 und 2005 – ihren Bundestagswahlkreis im Osten Berlins direkt. Zwischen 2002 und 2005 war sie neben Gesine Lötzsch das einzige PDS-Mitglied im Hohen Haus. Das hat ihr Selbstbewusstsein gefördert, so dass sie 2005 davor warnte, vorschnell auf die beiden Spitzenkandidaten Gysi und Lafontaine als Fraktionsvorsitzende zu setzen. Petra Pau wurde im Jahr 2006 mit 385 Stimmen (bei 138 Gegenstimmen und 58 Enthaltungen) zu einer der Vizepräsidenten des Deutschen Bundestages gewählt. Sie übt das Amt unparteiisch aus.

Sahra Wagenknecht, am 16. Juli 1969 in Jena geboren und noch 1989 der SED beigetreten, ist das Aushängeschild der Kommunisten innerhalb der PDS. Die studierte Philosophin[27] – der gelegentliche Vergleich mit

---

26 Vgl. u.a. Hans Modrow: Aufbruch und Ende, Hamburg 1991; ders.: Die Perestroika. Wie ich sie sehe. Persönliche Erinnerungen und Analysen eines Jahrzehnts, das die Welt veränderte, Berlin 1998; ders.: Ich wollte ein neues Deutschland. Autobiographie, Berlin 1998 (mit Hans-Dieter Schütt); ders.: Von Schwerin bis Strasbourg. Erinnerungen an ein halbes Jahrhundert Parlamentsarbeit, Berlin 2001; ders.: In historischer Mission. Als deutscher Politiker unterwegs. Mit einem Vorwort von Oskar Lafontaine, Berlin 2007.

27 Vgl. ihre Abschlussarbeit: Sahra Wagenknecht: Vom Kopf auf die Füße? Zur Hegelrezeption des jungen Marx. Oder: Das Problem einer dialektisch-materialistischen Wissenschaftsmethode, Bonn 1997.

Rosa Luxemburg schmeichelt ihr – ist mit einer Reihe von Schriften hervorgetreten.[28] Als Wortführerin der *Kommunistischen Plattform* fordert sie revolutionäre Veränderungen. Die Abgeordnete des Europäischen Parlaments (seit 2004), zugleich auch Vorstandsmitglied der Partei (von 1991-1995 und wieder seit 2000) wurde auf Initiative der *Sozialistischen Linken* jüngst als Kandidatin für den stellvertretenden Vorsitz im Mai 2008 gehandelt. Ihre These, die DDR sei nicht an Dogmatismus, sondern – im Gegenteil – an ihrer Auflockerung und der Entspannungspolitik des Westens gescheitert[29], ist im Kern richtig. Nur bewertet sie die nicht positiv, sondern negativ. Die scharfzüngige Kritikerin steht also dem kommunistischen System der DDR näher als der bundesdeutschen Ordnung.

Die Phase von *Gabriele Zimmer* als Parteivorsitzende von 2000 bis 2003 symbolisiert die größte Krise innerhalb der PDS. In Berlin am 7. Mai 1955 auf die Welt gekommen, beendete sie ihr Studium 1977 als „Diplom-Sprachmittlerin". Vor der „Wende" fungierte sie in der Parteileitung ihres Betriebes. Die Thüringer Landtagsabgeordnete (1990-1994, 1999-2000) und Landesvorsitzende (1990-1998) machte in der Bundespartei Karriere: als stellvertretende Vorsitzende (1997-2000) und danach als Vorsitzende. In dieser von ihr unterschätzten Funktion war sie blass, ohne klares Konzept,[30] brillierte nicht durch Reformeifer, zumal parteiintern aktive Unterstützung gefehlt hatte. Nach dem Desaster bei der Bundestagswahl konnte Gabriele Zimmer weder die eigene Richtung einigen noch öffentlich Zugkraft entwickeln. Sie trat 2003 nicht wieder für das höchste Parteiamt an. Im Jahre 2004 mit einem Platz im Europaparlament abgefunden, spielt sie seither keine große Rolle mehr.

---

28 Vgl. dies.: Vorwärts und vergessen? Ein Streit um Marx, Lenin, Ulbricht und die verzweifelte Aktualität des Kommunismus, Hamburg 1996; dies.: Kapitalismus im Koma. Eine sozialistische Diagnose, Berlin 2003; dies.: Armut und Reichtum heute, Berlin 2007.

29 Vgl. dies.: Antisozialistische Strategien im Zeitalter der Systemauseinandersetzung, Bonn 1995.

30 Vgl. etwa Hans-Dieter Schütt: Zwischen Baum und Borke. Gespräche mit Gabriele Zimmer, Berlin 2000.

Wie diese Kurzporträts zeigen, verkörpert die Partei keine Einheit. Dies grenzt sie von der SED ab. Sie vereint Kräfte, die die parlamentarische Demokratie in eine sozialistische Richtung weiterentwickeln wollen, und solche, denen es um deren Abschaffung geht. Petra Pau und Sahra Wagenknecht sind ebenso in derselben Partei wie André Brie und Ulla Jelpke. Dies ist weniger ein Zeichen für bereichernden Pluralismus, sondern ein Beleg dafür, dass DIE LINKE wahrlich nicht als Gralshüter des demokratischen Verfassungsstaates gelten kann. Wer es nicht schafft, Führungspersonen aus der Partei zu drängen, die ganz offen das parlamentarische System ablehnen, kann nur Schelte von Verfechtern des demokratischen Verfassungsstaates ernten.

GESAMTWÜRDIGUNG

DIE LINKE hat eine lange, wiewohl keine ehrwürdige Tradition. Die leidvolle Vergangenheit lastet auf ihr. Die Partei lässt sich bis auf die zum Jahreswechsel 1918/19 ins Leben gerufene KPD von Karl Liebknecht und Rosa Luxemburg zurückführen. Diese war aus dem Zusammenschluss der *Berliner Linksradikalen* mit dem *Spartakusbund* entstanden. Die KPD, die als weithin moskau-abhängige Partei die erste deutsche Demokratie mit (Wort-)Gewalt bekämpft hatte, wurde 1933 schnell ausgeschaltet, unterdrückt und blutig verfolgt. Nach dem Ende der NS-Diktatur ließen die Alliierten 1945 die KPD neben der SPD und zwei bürgerlichen Parteien zu. Sie strebte in der sowjetischen Besatzungszone eine Fusion mit der SPD an. Die Zwangsvereinigung von KPD und SPD fand am 21./22. April 1946 in Berlin statt. Auf diesem Gründungsparteitag entstand die *Sozialistische Einheitspartei Deutschlands* (SED). Als „Staatspartei" besaß sie die politische Hegemonie, jede Blockpartei war machtlos und von ihr abhängig. Die DDR war formal ein Mehrparteien-, faktisch ein Einparteiensystem. Das Schicksal der SED (und das der gesamten DDR) wiederum hing von der sowjetischen Parteidiktatur ab. Der Volksaufstand am 17. Juni 1953 konnte nur mit sowjetischen Panzern niedergeschlagen werden, und der Bau der Mauer am 13. August bedurfte der Zustimmung der sowjetischen Kommunisten.

Das Ende der DDR, einem Staat ohne Legitimation und lediglich mit schwacher Identität, leitete der Wandel der außenpolitischen Konstellationen ein. Am 1. Dezember 1989 – während der friedlichen Revolution, nach der erzwungenen Öffnung der Mauer – strich die Volkskammer die „führende Rolle" der SED aus der Verfassung. Die Partei trat mit Erich Honeckers Nachfolger Egon Krenz, der von einer „Wende" sprach, die Flucht nach vorn an, doch nützte ihr diese „Nachtrabpolitik" nichts. Nach dem Scheitern von Krenz kam die zweite Garnitur zur Geltung – mit dem Vorsitzenden Gregor Gysi sowie seinen Stellvertretern Wolfgang Berghofer, Hans Modrow und Wolfgang Pohl. Auf dem Sonderparteitag am 16./17. Dezember 1989 benannte sich die SED in

Sozialistische Einheitspartei Deutschlands – Partei des Demokratischen Sozialismus (SED-PDS) um; am 4. Februar 1990 entfiel der Name „SED". Durch diesen Beschluss des Parteivorstandes, bestätigt auf dem 1. Parteitag am 24./25. Februar, hieß sie nur noch *Partei des Demokratischen Sozialismus*. 15 Jahre später, am 17. Juli 2005, abgesegnet auf dem Parteitag, lautete der neue Name: *Die Linkspartei*. Die Landesverbände konnten sich – wenn sie wollten – des Zusatzes „PDS" bedienen. Der Grund für die Änderung: Die vor allem im Westen beheimatete WASG, die bereit war, auf der Liste der PDS bei der vorgezogenen Bundestagswahl zu kandidieren, machte dies zur Bedingung. Knapp zwei Jahre später folgte eine weitere Umbenennung. Durch die Fusion der Linkspartei mit der WASG am 16. Juni 2007 heißt die Partei nun DIE LINKE. In ihr dominieren die Repräsentanten der PDS.

Mit dieser historischen Herleitung soll nicht Kontinuität um jeden Preis suggeriert werden. Die PDS löste sich in vielen Maximen von der SED, organisatorisch, strategisch, ideologisch und personell. So wurde der „demokratische Zentralismus" Lenins aufgegeben. Zu einer Auflösung der SED konnte sich die politische Spitze allerdings nicht entschließen, um die Identität zu wahren und vermutlich deshalb, weil ihr sonst deren Parteivermögen entzogen worden wäre. Neben Elementen des Wandels gibt es solche der Kontinuität.

Gegner der Partei der LINKEN warten mit vielen Vorwürfen auf: Sie sei politikunfähig, noch nicht im Westen „angekommen" und mache unhaltbare Versprechen. Viele Sozialdemokraten begründen ihre Ablehnung einer Kooperation strategisch mit dem Argument, dies führe zur Schwächung der eigenen Partei. Erstaunlicherweise fehlt oft ein Hinweis auf die extremistischen Züge bei der PDS, der WASG oder der LINKEN.[1] An ihnen hapert es keineswegs, wie in diesem Buch gezeigt.

Die PDS verabschiedete drei Grundsatzprogramme: 1990, 1993 und – nach zähem Ringen – 2003. Schwor die Partei anfangs auch auf Lenin als ideologischen Gewährsmann, so entfiel diese Bezugnahme im letzten Programm. Die beständige Kritik am „Kapitalismus" – gemeint ist

---

1 Das belegt die verbreitete Scheu vor einer extremismustheoretischen Argumentation.

nicht nur die Wirtschaftsordnung – blieb freilich erhalten. Im Jahre 2004 – auf ihrem Potsdamer Parteitag – versuchte die Partei mit dem Begriff vom „strategischen Dreieck" die unterschiedlichen innerparteilichen Interessen auf außerparlamentarische Opposition, parlamentarische Opposition und Regierungspolitik gleichermaßen zu verpflichten: „Für sozialistische Politik nach unserem Verständnis bilden Widerstand und Protest, der Anspruch auf Mit- und Umgestaltung sowie über den Kapitalismus hinaus weisende Alternativen ein unauflösbares strategisches Dreieck."[2] Auf dieses Dreieck kommt DIE LINKE kontinuierlich zurück, meint sie doch damit im Kern nichts anderes als Systemüberwindung.

Einen Tag vor dem Vereinigungsparteitag 2007 traf Lothar Bisky auf der 3. Tagung des 10. Parteitages in einer Grundsatzrede die folgende Feststellung: „Ja, wir diskutieren auch und immer noch die Veränderung der Eigentums- und Herrschaftsverhältnisse, und auch das unterscheidet eine neue Partei links von der Sozialdemokratie in Deutschland von anderen. Kurz gesagt: Wir stellen die Systemfrage! Für alle von den geheimen Diensten noch einmal zum Mitschreiben. Die, die aus der PDS kommen, aus der Ex-SED und auch die neue Partei DIE LINKE – wir stellen die Systemfrage. Das tun wir nicht in der Plattheit, wie es unsere politischen Gegner gern darstellen – zurück zum gescheiterten Realsozialismus, so wie er war – und in dem wir alles verstaatlichen wollten oder keinen Platz für erfolgreiche, ökologisch und familienorientierte Unternehmen in unserem Denken hätten."[3] Diese Aussage, getroffen vom Parteivorsitzenden auf einem Parteitag, ist starker Tobak. Offenbar fühlt sich die Partei sehr mächtig, dass sie so offensiv verfassungsfeindlich argumentiert und den Verfassungsschutz derart provozierend verhöhnt. Wer die „Systemfrage" stellt, lehnt die Grundlagen des Systems ab. Eine andere Interpretation ist schwerlich möglich. Lothar Bisky ist zu glauben: Die Äußerung bedeutet in der Tat zwar keine Rückkehr zum Realsozialismus der DDR, wohl aber ebenso keine Hinwendung zum demokratischen Verfassungsstaat der Bundesrepublik Deutschland. Damit nimmt DIE LINKE eine Verschärfung der eigenen Position

---

2 Zitiert nach Disput, 11/2004, S. 50 f.
3 So Lothar Bisky: Wir sind gekommen, um zu bleiben, in: http://www.lothar-bisky. de/kat_artikel_detail.php?v=147 (31. März 2008).

gegenüber früher vor.[4] Wer sie beim Worte nimmt, kommt nicht umhin: Eine Anerkenntnis der freiheitlichen demokratischen Grundordnung ist das nicht. Die Berufung auf „Demokratie" besagt demgegenüber wenig, da dieser Begriff, längst eine Allerweltsbezeichnung geworden, auch und gerade von Gegnern der freiheitlichen Ordnung Verwendung findet. Gregor Gysi und Oskar Lafontaine gebrauchten den Begriff der „Systemfrage" am gleichen oder einen Tag später in einem ähnlichen Sinne, wie sich überhaupt innerhalb der Partei keine Kritik an solchen unmissverständlichen Formulierungen erhob.

Der permanente Hinweis Biskys und Gysis darauf, die PDS habe sich bereits im Dezember 1989 vom „Stalinismus als System" losgesagt, verfängt schwerlich als Argument für die demokratische Glaubwürdigkeit der Partei. Denn „Stalinismus" gilt im Verständnis der PDS als Pervertierung des Kommunismus. Wer ihn ablehnt, kann umso mehr für einen neuen Sozialismus plädieren; „Stalinismus" sei, so die Position der PDS, niemals Sozialismus gewesen. Insofern wohnt diesem Begriff eine apologetische Komponente inne. Auch wenn die Partei heute überwiegend keine kommunistische Partei mehr ist, gibt es einen Konsens über die Ablehnung einer prinzipiellen Kommunismuskritik. Sie ist damit weit von einem antiextremistischen Demokratieverständnis entfernt.

In den „Programmatischen Eckpunkten" der Linkspartei und der WASG vom März 2007 ist vom „entfesselten Kapitalismus"[5] die Rede: Es werde „immer ungehemmter auch zu barbarischen Methoden der Herrschaft gegriffen." DIE LINKE kann schwerlich als eine Partei der Westbindung gelten, wenn sie mit folgenden Worten über die USA herzieht: „Die imperiale Politik unter Führung der Vereinigten Staaten von Amerika zielt auf eine ganz der Kapitalverwertung untergeordnete Welt, auf die ungehinderte Verfügung über Rohstoffe und Energieträger, auf Ausweitung von Herrschaft und Einflusssphären." Und wertet die seit Jahren gepflegte Aussage nicht den „realen Sozialismus" auf?

---

4 In diesem Sinne ebenfalls Armin Pfahl-Traughber: Demokratietheoretische Anfragen an die Partei „Die Linke". Kritische Anmerkungen zu einigen Auffassungen und Handlungen, in: Deutschland, in: Deutschland Archiv 3/2008.

5 Programmatische Eckpunkte. Programmatisches Gründungsdokument der Partei DIE LINKE, S. 1. Die folgenden Zitate stammen aus diesen „Eckpunkten".

„Als mit dem Zusammenbruch der Sowjetunion das größte Gegengewicht wegfiel, konnten sich die zerstörerischen Tendenzen des ungehemmten kapitalistischen Marktes immer mehr entfalten." Die Auseinandersetzung mit der DDR (das auf sie gemünzte Wort Diktatur unterbleibt) erfolgt halbherzig. Die Partei will an das Engagement jener anknüpfen, die „sich für die Beseitigung der Ursachen des Faschismus eingesetzt haben und einsetzen." Eine „kritische und solidarische Auseinandersetzung mit der Geschichte linker Praxis in der DDR und der BRD" sei nötig. Dabei bezieht die Partei gegen „antikommunistische Vorurteile" Stellung. Der Antikommunismus wird angeprangert, keineswegs der Kommunismus. DIE LINKE verurteilt nicht diesen, sondern den „Stalinismus als verbrecherischen Missbrauch des Sozialismus". Die Schelte wirkt scharf, ist im Kern jedoch, wie erwähnt, apologetischer Natur.

Die neue Partei verabschiedete bisher kein Programm. Das ist nicht vor der nächsten Bundestagswahl vorgesehen. So geht sie Zerreißproben bewusst aus dem Weg. Offenbar fürchtet DIE LINKE Grundsatzkonflikte zwischen den verschiedenen Strömungen. Die Absage an die „kapitalistischen Verwertungsinteressen", ohne dass immer klar wird, was damit gemeint ist, stellt einen ideologischen Grundkonsens dar. Ähnlich vage bleibt das Plädoyer für eine andere Gesellschaftsordnung. Der Gemeinplatz, der Kapitalismus sei nicht das letzte Wort der Geschichte, kommt oft aus dem Mund führender Repräsentanten der Partei, vor wie nach der Vereinigung der beiden Parteien.

Die WASG entstand zum einen aus Vertretern des linken Gewerkschaftsflügels (wie Klaus Ernst) wegen der Kritik am neuen Kurs von Gerhard Schröder in der Arbeitsmarktpolitik (Initiative *Arbeit und soziale Gerechtigkeit*), zum andern vor allem aus ehemaligen Repräsentanten der PDS (wie ihrem früheren Bundesgeschäftsführer Uwe Hiksch), denen die Regierungsbeteiligung der Partei in Berlin ein Dorn im Auge war. Die WASG fungierte damit nicht nur als Sammelbecken für desillusionierte Sozialdemokraten des Gewerkschaftsflügels, sondern auch für Hardliner und sektiererische Extremisten: Altkommunisten der orthodoxen Richtung, Trotzkisten, fundamentalistische Globalisierungskritiker. Zunächst als Verein, dann als Partei am 22./23. Januar 2005 ins Leben gerufen, entschloss sich die WASG nach der Ankündigung vorgezogener Bundestagwahlen für eine Kooperation mit der PDS. Ihre Mitglieder kandidierten bei der Bundestagswahl 2005 auf den offenen Listen der PDS.

Die Partei ist – vor und nach dem Zusammenschluss mit der WASG – nicht nur durch unterschiedliche strategische Konzepte gespalten, sondern auch durch verschiedene Politikansätze. Wer in der Opposition die „reine Lehre" verficht, kann Kompromissen nichts Positives abgewinnen, allerdings der „Verstaatlichung des Großkapitals". Und wer die DDR nicht von Anfang an als illegitimes Gebilde ansieht, begeht Geschichtsklitterung. Die Versöhnung mit den SED-Opfern ist nicht möglich durch deren Verhöhnung, wie teilweise geschehen.

Es gibt keinen Repräsentanten der Partei, der die DDR als „Unrechtsstaat" bezeichnet. Dadurch werde das Leben der Menschen delegitimiert – als hätten diese treu hinter dem „Arbeiter- und Bauernstaat" gestanden. Die Partei bejaht das kubanische Experiment und bezeichnet das System nicht als das, was es ist: eine kommunistische Diktatur. Es fällt der Partei schwer, sich von der russischen Oktoberrevolution und der sowjetischen Expansionspolitik nach 1945 zu distanzieren.

Wer das Geschichtsbild vieler Gruppierungen im Umfeld der Partei ausleuchtet, wird schnell extremistischer Positionen gewahr.[6] Das Thema, das die gesamte LINKE eint, ist ihr mit Antikapitalismus gepaarter Antifaschismus. Sie hat ein klar antifaschistisches Konzept, deswegen aber noch kein demokratisches. Lothar Bisky lobt immer wieder die *Vereinigung der Verfolgten des Naziregimes* (VVN-BdA), eine von Kommunisten dominierte Organisation,[7] deren Gründung sich 2007 zum sechzigsten Mal gejährt hatte. Dabei geht es ihm auch darum, den Begriff des „Faschismus" salonfähig zu machen und den demokratischen Verfassungsstaat zu delegitimieren: „Die VVN-BdA ist eine Vereinigung ehemals Verfolgter des Naziregimes und ein Bund der An-

---

6 Vgl. etwa Wolfgang Richter (Hrsg.): Ein neuer Faschismus?, Schkeuditz 2007.

7 Vgl. dazu Bettina Blank: Die „antifaschistische Republik" – ein „Vermächtnis" der Kommunisten?, in: Gerhard Hirscher/Armin Pfahl-Traughber (Hrsg.): Was wurde aus der DKP? Beiträge zu Geschichte und Gegenwart der extremen Linken in Deutschland, Brühl 2008, S. 93-138.

tifaschisten. Sie ist eine demokratische Organisation und als gemeinnützige Körperschaft anerkannt. Dennoch wird sie nach wie vor vom Verfassungsschutz bespitzelt, was nicht anders als ein politischer Skandal gewertet werden kann und den Protest aller Demokraten hervorrufen müsste. [...] Seit 60 Jahren führt die VVN-BdA die Auseinandersetzung mit Alt- und Neonazis und setzt sich ein für Demokratie, Frieden und Völkerverständigung. [...] Die VVN-BdA leistet Widerstand gegen Versuche, die Geschichte zu verfälschen und die Verbrechen des Faschismus zu verharmlosen. Dazu gehört unter anderem die heute immer wieder verbreitete These von den ‚zwei deutschen Diktaturen‘."[8] Heißt dies im Umkehrschluss nicht, Bisky rechnet die Mitglieder der DKP zu den Demokraten und die DDR nicht zu den Diktaturen?

Die PDS versucht im Bundestag und in den Landtagen eine „antifaschistische Klausel" in den Verfassungen zu verankern. Damit ist sie bisher gescheitert, doch in Mecklenburg-Vorpommern gelang es 2007, in stark entschärfter Form eine solche Klausel in der Landesverfassung festzuschreiben. Auch die sächsische PDS wollte mit ihrem Gesetzentwurf vom 12. April 2005 die Landesverfassung um eine solche antifaschistische Klausel ergänzen. Ein neuer Artikel 12a sollte wie folgt lauten: „Rassistische, fremdenfeindliche und antisemitische Aktivitäten sowie eine Wiederbelebung und Verbreitung nationalsozialistischen Gedankenguts nicht zuzulassen, ist Pflicht des Landes und Verpflichtung aller im Land."[9] Dies war keine unmittelbare Konsequenz des NPD-Erfolges bei sächsischen Landtagswahlen im September 2004. Bereits im Jahre 2001 hatte die PDS im Deutschen Bundestag einen ähnlichen Antrag eingebracht. Der Artikel 26 des Grundgesetzes sollte einen erweiterten Wortlaut erhalten: Nicht nur eine Handlung, die das friedliche Zusammenleben der Völker störe, wie etwa die Vorbereitung eines Angriffskrieges, sei unter Strafe zu stellen, sondern auch die Wiederbelebung nationalsozialistischen Gedankenguts.

---

8 Lothar Bisky: Zum 60. Jahrestag der Gründung der Vereinigung der Verfolgten des Naziregimes (VVN–BdA), in: http://archiv2007.sozialisten.de/partei/geschichte/view_html?pp=2&bs=1&zid=35144 (22. Februar 2007).

9 Sächsischer Landtag, 4. Wahlperiode, Gesetzentwurf der PDS-Fraktion, Drucksache 4/1238 vom 12. April 2005.

Der Vorschlag ist für die demokratische Grundordnung der Bundesrepublik Deutschland schädlich. Auf diese Weise würde davon abgerückt, dass ein freiheitlicher Staat gleichermaßen alle extremistischen Positionen ablehnt. Das Grundgesetz (und auch jede Verfassung der Bundesländer) weist eine antiextremistische Orientierung auf. Nirgendwo ist davon die Rede, dass ein Parteien- oder ein Vereinigungsverbot nur einer politischen Richtung vorbehalten ist. Das Grundgesetz weist keinen antifaschistischen Impetus auf, wie die PDS immer wieder behauptet. Wäre das der Fall, erwiese sich eine solche Formel übrigens schlicht als überflüssig.

Wer eine antifaschistische Klausel propagiert, sieht nur in rechtsextremistischen Bestrebungen eine Gefahr für den demokratischen Verfassungsstaat. Das liefe auf einen massiven Wandel des politischen Koordinatensystems hinaus. Indirekt bedeutete das eine Aufwertung, ja geradezu eine Rehabilitierung des Antifaschismus der DDR sowie eine Legitimierung linksextremistischer Bestrebungen. Wer Rechts- wie Linksextremismus und jede andere Form des politischen Extremismus ablehnt, kann der Verwendung eines solchen Terminus nichts Positives abgewinnen.

Eine derartige Generalklausel verdient noch aus einem anderen Grund Ablehnung. Mit der vagen Formulierung von den „rassistischen, fremdenfeindlichen und antisemitischen Aktivitäten", die nicht zuzulassen seien, können unliebsame Positionen ins Abseits gestellt werden. Konkretisierungen fehlen. Entsprechende strafrechtliche Vorschriften gegen solche Aktivitäten bestehen bereits. Die von großen Teilen der LINKEN vertretene Auffassung „Faschismus ist keine Meinung, sondern ein Verbrechen", trifft so nicht zu. Ein Verbrechen ist eine Tat, die mit einer Strafe sanktioniert wird. Das gilt nicht für eine Meinung, mag sie noch so abwegig sein. Sondergesetze gegen die bloße Bekundung einer Meinung verbieten sich in einem demokratischen Verfassungsstaat. Wer gegen den Abbau demokratischer Rechte polemisiert und immer wieder hervorhebt, niemand dürfe wegen seiner politischen Einstellungen benachteiligt werden, und zugleich eine antifaschistische Klausel propagiert, argumentiert doppelbödig. Offenbar geht es ihm nicht um den Schutz der Grundrechte an sich, sondern nur um den Schutz für eine bestimmte Richtung.

Die Antifaschismus-Klausel soll die Handhabe dafür bieten, dass rechtsextremistische Kräfte gleichsam unter der Hand die Grundrechte der Meinungs-, Versammlungs- und Demonstrationsfreiheit verlieren. Der sächsische PDS-Landtagsabgeordnete Klaus Bartl sagte in einem Interview mit der DKP-Zeitung *Unsere Zeit* ohne Umschweife: „Das Versammlungsrecht muss seine Handhabe, den Missbrauch des Demonstrationsrechts für neonazistische Umtriebe zu unterbinden, aus einer entsprechenden Verfassungslage schöpfen. Deshalb wollen wir eine antifaschistische Klausel im Grundgesetz verankern."[10] Eine solche Bestimmung mit hoher Symbolkraft würde in gewisser Weise eine Kehrtwendung vom bisherigen verfassungspolitischen Konsens einleiten. Damit wäre der Weg in eine andere Republik beschritten. Das Bekenntnis zu einem wertgebundenen Antiextremismus – nicht einseitig zum Antifaschismus, nicht einseitig zum Antikommunismus – ist die Devise des demokratischen Verfassungsstaates. Der grundlegende Gegensatz von extremistisch und demokratisch gilt für die Auseinandersetzung mit allen Extremismen.

Die Demokratie sei nur durch rechte, nicht durch linke politische Strömungen bedroht: DIE LINKE ist nicht frei davon, die Parole des Antifaschismus für die Aushebelung des demokratischen Verfassungsstaates zu benutzen. Jedenfalls wird dieser dadurch delegitimiert. Mit dem „Kampf gegen rechts" hat sie ein willkommenes Agitationsfeld gefunden. Dadurch ist die Partei auch aufgewertet worden. Die Erfolge der gesellschaftlich geächteten und zugleich in jeder Hinsicht rechtsextremistischen NPD kamen der LINKEN insofern zupass. Sie konnte mit ihren Parolen in die Mitte der Gesellschaft vordringen. Nur weil jemand den Rechtsextremismus bekämpft, bejaht er aber noch nicht die Demokratie. Die Absage an den Rechtsextremismus ist bei der LINKEN nicht antiextremistisch fundiert, sondern antifaschistisch.[11] Jeder Rechtsextremist ist in der Tat ein Antidemokrat. Doch nicht jeder Gegner des Rechtsextremismus muss ein Verfechter des demokratischen Verfassungsstaates sein. Rechts- und Linksextremisten weisen eben nicht nur

---

10 Keine linke Schnapsidee: Antifa-Klausel ins Grundgesetz, in: Unsere Zeit vom 31. Januar 2003.

11 Vgl. für Einzelheiten Tim Peters: Der Antifaschismus der PDS aus antiextremistischer Sicht, Wiesbaden 2006.

Gegensätze, sondern auch Gemeinsamkeiten auf. Der systematische Missbrauch des „Antifaschismus",[12] dem DIE LINKE huldigt, ist ein deprimierendes Kapitel. „Immer wieder verbindet die PDS ihren Antifaschismus mit heftigen Angriffen auf das herrschende Wirtschafts- und Gesellschaftssystem."[13] Sie instrumentalisiert damit das Thema.

Vielfach scheut sich die Forschung, einer Partei wie der LINKEN mit einem normativen Demokratieverständnis zu begegnen. Was gegenüber jeder Partei auf der rechten Seite des politischen Spektrums selbstverständlich ist, gilt nicht gegenüber der linken Seite, wenn davor gewarnt wird, „den Begriff der Partei mit einem normativen Demokratiegebot [zu] überfrachten". Die bekannten Parteienforscher Gero Neugebauer und Richard Stöss, um nur sie zu nennen, bescheinigen der PDS „Integrationsleistungen für das politische System der Bundesrepublik Deutschland. [...] Sie dient als Ansprechpartner für das antiwestliche Potenzial im Osten, sie repräsentiert die vernachlässigten Ziele und Werte im Parteiensystem und signalisiert Art und Ausmaß der Unzufriedenheit".[14] Das mag so sein, wenngleich zu fragen ist, ob es wirklich eine Integrationsleistung ist, einen „Ansprechpartner für antiwestliches Potenzial im Osten" zu haben? Kommt es nicht eher auf die Art der „vernachlässigten Ziele und Werte" an? Und ist es schon eine „Integrationsleistung", „Art und Ausmaß der Unzufriedenheit" zu signalisieren?

Unabhängig davon: Wieso soll kein normativer Maßstab, etwa die Orientierung am demokratischen Verfassungsstaat, zugrundegelegt werden? Richard Stöss bekennt sich bei der Auseinandersetzung mit dem parteipolitischen Rechtsextremismus selber zu einem solchen, allerdings dem des Antifaschismus – „als politische Norm und als pädago-

---

12 Siehe dazu auch Manfred Agethen/Eckhard Jesse/Ehrhart Neubert (Hrsg.): Der missbrauchte Antifaschismus. DDR-Staatsdoktrin und Lebenslüge der deutschen Linken, Freiburg/Brsg. 2002.

13 So Tim Peters: Der Antifaschismus der PDS, in: Uwe Backes/Eckhard Jesse (Hrsg.): Jahrbuch Extremismus & Demokratie, Bd. 15, Baden-Baden 2003, S. 191.

14 Gero Neugebauer/Richard Stöss: Die PDS. Geschichte, Organisation, Wähler, Konkurrenten, Opladen 1996, S. 13, S. 286.

gisches Ziel".[15] An dieser Stelle wird deutlich: Der Unterschied besteht nicht zwischen einem normativen und einem nicht-normativen Denken, sondern liegt in der Art des normativen Ansatzes begründet: Antiextremismus versus Antifaschismus. Insofern sollte die Wissenschaft Rechnung darüber ablegen, von welchen Maßstäben aus sie DIE LINKE beurteilt. Unserer festen Überzeugung nach können dies nur die Prinzipien des demokratischen Verfassungsstaates sein, die jedweder Form des Extremismus widerstreiten.

Die Frage, ob DIE LINKE extremistisch, zum Teil extremistisch oder nicht extremistisch ausgerichtet ist, wird unterschiedlich beantwortet. Selbst die Ämter für Verfassungsschutz sind sich nicht einig. Die meisten sehen die Partei wegen verfassungsfeindlicher Bestrebungen weiterhin als Beobachtungsobjekt an. Ihre Berichte erwähnen offen extremistische Strukturen innerhalb der Partei, etwa die *Kommunistische Plattform* oder das *Marxistische Forum*. Die engen Verbindungen zu kommunistischen Parteien innerhalb der *Europäischen Linkspartei* sind ein weiterer Grund für die Aufnahme in die Berichte. Auf der Liste der PDS und nun auch der LINKEN kandidierten Mitglieder der *Deutschen Kommunistischen Partei*. Durch eine Wahlrechtsrevision ist dies bei der nächsten Bundestagswahl nicht mehr möglich, und die Partei will künftig – bedingt durch einen Eklat um ein DKP-Mitglied, das auf der Liste der LINKEN in den niedersächsischen Landtag eingezogen war – solche Kandidaturen bei Landtagswahlen untersagen. Zwischen den beiden Parteien gab und gibt es neben Gemeinsamkeiten Unterschiede. Die PDS distanzierte sich etwas stärker vom Realsozialismus (nicht: stark).[16] Gleichwohl ist DIE LINKE, bei der ehemalige DKP-Kader in führenden Positionen sind (u.a. Eva Bulling-Schröter, Wolfgang Gehrcke und Heidi Knake-Werner), in ideologischer, strategischer und organisatorischer Hinsicht kein Hüter der parlamentarischen Demokratie. Entgegen einer verbreiteten Meinung hatte die Fusion keineswegs eine Mäßigung zur Folge. Von den extremistischen Tendenzen bei der WASG war und

---

15 Richard Stöss: Die extreme Rechte in der Bundesrepublik. Entwicklung – Ursachen – Gegenmaßnahmen, Opladen 1989, S. 244.
16 Vgl. Armin Pfahl-Traughber: Das DKP- und PDS-Parteiprogramm. Eine vergleichende Analyse in extremismustheoretischer Perspektive, in: Hirscher/ders. (Anm. 7), S. 66-81.

ist allerdings wenig die Rede. Dies gilt ebenso, wie gezeigt, für die Verfassungsschutzberichte.

Kaum ein Wort haben diese für die Stiftung der Partei übrig. Sie ist nach Rosa Luxemburg benannt. In jedem Bundesland präsent, hält sie ein ausgiebiges Tagungsprogramm ab. Oft kommen in ihm jene Kräfte vor, die einst den Realsozialismus mit Wort und Tat gerechtfertigt haben. Wer eine Stiftung, die im Jahr 21 Millionen vom Staat erhält, nach einer verklärten Revolutionärin wie Rosa Luxemburg nennt, muss sich die von ihr vertretenen Positionen anrechnen lassen. Schließlich wissen diejenigen, die auf eine Gewährsperson Bezug nehmen, am besten, warum sie es tun.

Die 1919 ermordete Revolutionärin galt in der PDS und gilt heute in der LINKEN als Ikone („Rosa"). Wie in der DDR – damals von „oben" organisiert, heute freiwillig – ziehen jedes Jahr am zweiten Samstag im Januar Tausende zum „Sozialistenfriedhof" in Berlin-Friedrichsfelde, um Rosa Luxemburgs und Karl Liebknechts zu gedenken. Die Prominenz der LINKEN mit Lothar Bisky, Gregor Gysi und Oskar Lafontaine führt den Demonstrationszug an. In einer „Erklärung des Bündnisses zur Vorbereitung der Demonstration im Rahmen der Luxemburg-Liebknecht-Ehrung am 13. Januar 2008" heißt es emphatisch u.a.: „Sie [Luxemburg und Liebknecht] ehrend, wenden wir uns gegen imperialistische Kriege. Wir fordern den sofortigen Rückzug der Bundeswehr aus Afghanistan. Unsere ausdrückliche Solidarität gehört den Völkern Iraks und Palästinas und nicht minder denen Kubas, Venezuelas, Ecuadors und Nicaraguas. Unser Abscheu gilt allen neokolonialistischen Machenschaften, gilt der hemmungslosen Ausbeutung des afrikanischen Kontinents. Unsere Solidarität gehört besonders der US-amerikanischen und israelischen Friedensbewegung. Wir demonstrieren gegen jegliche direkte und indirekte Kriegsbeteiligung Deutschlands, gegen alle aggressiven Bestrebungen der EU und der NATO. Wir demonstrieren gegen den untrennbar mit Krieg und horrenden Rüstungsausgaben verbundenen rapiden Sozialabbau und die damit einhergehende Entwürdigung von Millionen Menschen in diesem reichen Land. Wir stellen uns gegen die unverschämten Beschränkungen bürgerlicher Freiheitsrechte unter dem Vorwand der Terrorbekämpfung. Wir wehren uns gegen die immer aggressiver agierenden, sich im ganzen Land verbreitenden Nazis und demonstrieren gegen Rassismus, Antisemitismus und Nationalismus. Dem Antifaschismus, der internationalen Solidarität und dem Humanismus fühlen wir uns auf besondere Weise verpflichtet. Protest auf der Straße ist nötiger denn je. Die auf der Straße brauchen parlamentarische Unterstützung ebenso wie linke Parlamentarier die außerparlamentarische Opposition. Wir – Linke unterschiedlicher Strömungen – werden am 13. Januar 2008 friedlich unsere Standpunkte und Forderungen bekunden. Wir rufen zu einem breiten Bündnis auf."[17] Dieses Zitat ist so breit wiedergegeben worden, um zu zeigen, welche Positionen viele derer vertreten, die auf Luxemburg und Liebknecht schwören. Offenkundig aggressiv wird gegen eine – vermeintlich – aggressive Politik zu Felde gezogen.

Luxemburg war eine Verfechterin der Diktatur des Proletariats in Wort und Tat. In der deutschen Revolution 1918/19 votierte das Gründungsmitglied der KPD gegen die ungefestigte Demokratie und unterstützte den „Spartakusaufstand". Die oft heroisierte Rosa Luxemburg[18] war keine Repräsentantin eines freiheitlichen Sozialismus wie Eduard Bernstein oder Friedrich Ebert. Gleiches gilt für den von der PDS verehrten Karl Liebknecht. In ihrer berühmten Schrift „Zur russischen Revolution", die ein flammendes Plädoyer für sie enthält, kritisierte Luxemburg in drei Punkten Wladimir I. Lenin: wegen der von ihm propagierten Aufteilung von Grund und Boden an die Bauern; wegen seiner Parole vom Selbstbestimmungsrecht der Nationen; und schließlich wegen seines „demokratischen Zentralismus". Jedoch ist ihr Plädoyer für „Massenspontaneismus" keineswegs mit den Prinzipien des demokratischen Verfassungsstaates vereinbar. Und ihr immer wieder zitierter Satz, Freiheit sei die Freiheit der Andersdenkenden, nimmt sich im Zusammen-

---

17 Liebknecht-Luxemburg-Ehrung 2008. Kommt zur Luxemburg-Liebknecht-Ehrung nach Berlin!, zitiert nach: http://www.linkspartei-bayern.de/politik/termine/detail/artikel/liebknecht-luxemburg-ehrung-2008 (13. Januar 2008).

18 Zur Kritik an ihr vgl. u.a. Manfred Scharrer: „Freiheit ist immer ...". Die Legende von Rosa und Karl, Berlin 2002; Eckhard Jesse: Demokratie oder Diktatur? Luxemburg und der Luxemburgismus, in: Uwe Backes/Stéphane Courtois (Hrsg.): „Ein Gespenst geht um in Europa". Das Erbe kommunistischer Ideologien, Köln u.a. 2002, S. 187-212; Georg W. Strobel: Die Legende von der Rosa Luxemburg. Eine politisch-historische Betrachtung, in: Internationale Wissenschaftliche Korrespondenz zur Geschichte der deutschen Arbeiterbewegung, 3/1992, S. 372-392.

hang ganz anders aus, nicht als Plädoyer für Pluralismus und Freiheit. Insofern ist die in eine rhetorische Frage gekleidete Auffassung von Autoren der Rosa-Luxemburg-Stiftung durchaus zutreffend: „Haben aber die Verfechter des heutigen Neoliberalismus, der auf die absolute Macht des Kapitals zielt und demokratische Politik zur Magd zu diskreditieren sucht, ein Recht, sich auf Rosa Luxemburgs zu berufen?"[19] Nein, haben sie nicht, denn in der Tat unterscheidet sich das Verständnis des demokratischen Verfassungsstaates, der dem Eigenwert demokratischer Spielregeln das Wort redet, fundamental von einer Position, die Freiheit der „Diktatur des Proletariats" unterordnet.

Wer ein realistisches Menschenbild hat, weiß sehr genau: Gegner und Kritiker der Demokratie wird es immer geben. Es kommt jedoch auf die Größenordnung an. Die Verfechter des demokratischen Verfassungsstaates sollten daher zweierlei vermeiden: einerseits DIE LINKE stigmatisierend dämonisieren, in ihr mehr oder weniger nur eine verkappte SED sehen, andererseits ihre extremistischen Tendenzen verharmlosen, und zwar in dem Sinne, als handle es sich um „Kinderkrankheiten" einer jungen Partei. Diese letzte Gefahr scheint größer zu sein als die erste.

In einer offenen Gesellschaft muss DIE LINKE Möglichkeiten haben, am politischen Willensbildungsprozess teilzunehmen, ohne dass ihr mit rechtlichen, politischen und ökonomischen Benachteiligungen begegnet wird. Ein Argument ist noch nicht deshalb schlecht, weil es aus dieser Richtung kommt, ein Gesetzentwurf nicht deswegen abzulehnen, weil ihn DIE LINKE eingebracht hat. Das ist die eine Seite. Die andere lautet wie folgt: Eine argumentative Auseinandersetzung mit der LINKEN tut Not.[20] Ihre halbherzige Vergangenheitsbewältigung bedarf ebenso der Kritik wie ihre vollmundige „Gegenwartsbewältigung". Was DIE LINKE präsentiert, sind vielfach Schlagworte. In einer globalisierten Welt bietet die Partei Rezepte von gestern. Sie verspricht soziale

---

19 So Klaus Kinner/Helmut Seidel: Vorwort, in: Dies. (Hrsg.): Rosa Luxemburg. Historische und aktuelle Dimensionen ihres theoretischen Werkes, Berlin 2002, S. 8.
20 Ein Zwölf-Punkte-Programm zur Auseinandersetzung mit der Linken bietet Harald Bergsdorf: Die neue „Linke". Partei zwischen Kontinuität und Kurswechsel, Bonn 2008, S. 201-222.

Wohltaten, doch erklärt sie oft nicht, wie diese zu bezahlen sind. „Wir streben das Renteneintrittsalter ab 60 Jahre an, ohne Abschläge."[21] Diese Forderung aus den „Programmatischen Eckpunkten" ist nicht extremistisch, wohl aber extrem populistisch. Parteien, die hier „mithalten" wollen, sind dem Überbietungsmechanismus der LINKEN nicht gewachsen. Fiktive gesetzliche Mindestlöhne können schließlich beliebig angehoben werden. Mag die Partei auch noch so emphatisch mit „Demokratie" hausieren gehen. Ihr identitär geprägtes Demokratieverständnis unterscheidet sich grundlegend von dem des demokratischen Verfassungsstaates. Sie ist, wie in diesem Buch gezeigt, keine „normale demokratische" Partei.

Eine Abgrenzung von der LINKEN ist im Interesse aller Demokraten. Koalitionen mit ihr lösen den antiextremistischen Konsens auf. Wir haben schon lange eine „Erosion der Abgrenzung"[22] – gegenüber linksaußen, nicht gegenüber rechtsaußen. Ein derartiges Klima machte überhaupt die Erfolge einer solchen Partei erst möglich. Wer beim „Kampf gegen rechts" mit der LINKEN kooperiert, macht seine antiextremistische Position unglaubwürdig.

Mit der Kritik an der LINKEN ist es nicht getan. Der hohe und erhöhte Stimmenanteil für sie signalisiert neben Zustimmung oft Versäumnisse in der Politik der Volksparteien. Insofern sind sie gefordert. Die „Kümmerer"-Partei mit kommunalpolitischer Kompetenz hat den demokratischen Kräften vor Ort – vor allem im Osten – zum Teil den Rang abgelaufen. Das sollte diesen zu denken geben und für sie Anlass sein, Fehler zu benennen, zu analysieren und zu beseitigen. Wer stattdessen – wie zuweilen im Westen Deutschlands in „Wählerbeschimpfung" Zuflucht nimmt, erreicht das Gegenteil des Beabsichtigten.

Im Vergleich zum „harten" Rechtsextremismus der NPD Udo Voigts verficht DIE LINKE einen „weichen" Linksextremismus. Vor allem bedient sie sich populistischer Ressentiments. Insofern muss sie die Kritik

---

21 Programmatische Eckpunkte (Anm. 5), S. 10.
22 So Wolfgang Rudzio: Die Erosion der Abgrenzung. Zum Verhältnis zwischen der demokratischen Linken und Kommunisten in der Bundesrepublik Deutschland, Opladen 1988.

von Repräsentanten des demokratischen Verfassungsstaates ertragen. Dies hat nichts mit der Stigmatisierung eines unliebsamen politischen Konkurrenten zu tun.

War die PDS im hiesigen politischen System anfangs isoliert, so ist inzwischen ein beträchtlicher Wandel eingekehrt. In Sachsen-Anhalt ließen sich SPD und Grüne 1994 auf eine Tolerierung durch die Postkommunisten ein („Magdeburger Modell"). Vier Jahre später präferierte die SPD in Mecklenburg-Vorpommern eine Koalition mit der PDS („Schweriner Modell"). Diese wurde nach der Landtagswahl 2002 fortgesetzt. Im selben Jahr nahm die SPD unter Klaus Wowereit ausgerechnet in Berlin – in der geteilten Stadt prallten einst die ideologisch und machtpolitisch bedingten Gegensätze zwischen der demokratischen und der kommunistischen Ordnung besonders heftig aufeinander – die PDS als Juniorpartner in die Regierung („Berliner Modell"). Diese Koalition wurde 2006 fortgesetzt, obwohl oder weil, je nach Perspektive, die Postkommunisten wegen ihrer pragmatischen und auf Schuldenabbau ausgerichteten Politik massive Verluste hinnehmen mussten. Ihr hoher Stimmenanteil halbierte sich fast. Im Jahr 2008 sah es zeitweise so aus, als könnte der LINKEN auch in einem „reinen" Westland eine zumindest indirekte Beteiligung an der Macht glücken. Doch die SPD nahm in Hessen von der nach der Wahl ventilierten Möglichkeit Abstand, gemeinsam mit den Grünen eine Koalition anzustreben und sich von der LINKEN tolerieren zu lassen. So blieb das „Wiesbadener Modell" zunächst eine bloße Fiktion – eine Hoffnung für die einen, eine Gefahr für die anderen. Die Aussicht auf Erfolg wurde als zu gering angesehen. Nach Meinung der SPD-Spitzenkandidatin Andrea Ypsilanti ist das Projekt aufgeschoben, nicht aufgehoben worden.

Die SPD befürwortet in den neuen Bundesländern prinzipiell eine Zusammenarbeit mit der Partei, in den alten überlässt sie die Entscheidung nach einem Kurswechsel durch Kurt Beck im Februar 2008 den Landesverbänden. Strikt wird eine Kooperation auf Bundesebene abgelehnt. Die Grünen liegen auf einem ähnlichen Kurs. Entschließen sich SPD und diese zu einer Koalition mit der LINKEN auch in den alten Bundesländern (oder nehmen eine Tolerierung durch sie in Kauf), so muss das für sie nicht unbedingt positive Konsequenzen zeitigen. Koalitionsaussagen zugunsten der LINKEN können aus einer linken Wählermehrheit

(SPD, Grüne, DIE LINKE) eine linke Mandatsminderheit machen. DIE LINKE behauptet zwar, für eine Koalition mit der SPD und den Grünen stehe sie unter den obwaltenden Umständen im Bund nicht zur Verfügung, doch ist die Annahme wohl nicht gewagt, dass ein Kurswechsel bei einem Wandel der Haltung von SPD und Grünen in den realistischen Bereich rückte. Für Union und FDP kommt eine Tolerierung durch DIE LINKE weder im Osten noch im Westen in Frage.

Hätte das Bundesverfassungsgericht 1990 nicht das Wahlgesetz „gekippt" und keine gesonderte Fünfprozentklausel für das Wahlgebiet Ost und das Wahlgebiet West zur Voraussetzung gemacht, so wäre die PDS von Beginn an an der bundesweiten Sperrklausel gescheitert. In den fünf neuen Bundesländern konnte die PDS von 1990 an nahezu konstant Stimmen gewinnen – zur Überraschung der Politik, der Publizistik und der (Politik-)Wissenschaft. Nach Meinungsumfragen, die freilich bloße Momentaufnahmen sind, ist die Partei im Jahre 2008 dort sogar die stärkste Kraft. In vier von fünf Bundesländern liegt sie auf dem zweiten Platz: in Brandenburg, in Thüringen, in Sachsen-Anhalt und in Sachsen. Nur in der früheren Hochburg Mecklenburg-Vorpommern, wo sie als Juniorpartner der SPD wirkte, nimmt die Partei mit 16,8 Prozent den dritten Rang ein.

Situative und sozialisationsbedingte Faktoren zugleich erklären die überaus guten Stimmenanteile für die Postkommunisten im Osten des Landes. Die niedrige Parteiidentifikation, die nachlassende Bindung an die Volksparteien und die Unzufriedenheit mit ihnen nützt der LINKEN. Seit dem Jahr 2007 in vier westdeutschen Landesparlamenten vertreten, scheint sie auch hier von Erfolg zu Erfolg zu ziehen, wenngleich auf einem weit geringeren Niveau. Oskar Lafontaine formuliert wirksamen Protest gegen „die da oben". Damit heimst er Stimmen aus allen Richtungen ein, auch von bisherigen Rechtswählern. Nach Bremen im Jahre 2007 folgten 2008 Niedersachsen, Hessen und Hamburg. Damit konnte die Partei eine schwarz-gelbe Regierung in Hessen verhindern und in Hamburg eine rot-grüne. Ein Fünfparteiensystem dürfte die Folge sein.

Gleichwohl wachsen der Partei die Bäume nicht ungehindert in den Himmel. Ihre Zukunft hängt von vielen Faktoren ab. Folgen die Innenminister der anderen Länder und des Bundes dem Beispiel von Berlin, Potsdam, Schwerin wie Saarbrücken und verzichten auf eine Beobachtung durch den Verfassungsschutz? Das führte zu einer gesellschaftlichen Aufwertung einer Partei, die im Osten des Landes ohnehin bereits vielfach als eine „normale" politische Kraft gilt, obwohl sie keineswegs durchweg demokratische Prinzipien beherzigt. Die Partei tut sich nach wie vor schwer mit der Fundamentalkritik am „realen Sozialismus" und leicht mit der Kritik am hiesigen Gesellschaftssystem.

Die Gelegenheitsstrukturen sind für DIE LINKE nicht nur positiv. Gewiss, die „Hartz IV"-Reformen, die Regierungsbeteiligung der SPD im Bund und der Steuerbetrug wirtschaftlicher Eliten nützen der LINKEN; jedoch wählt ein beträchtlicher Teil die Partei aus bloßer Unzufriedenheit mit der Politik der Regierung, vor allem im Westen. Die einstige Milieupartei hat ihre Wählerstruktur gewandelt. Sollte der Aufschwung andauern, bleiben manche Wähler vielleicht nicht bei der LINKEN, der sie vielfach selbst im Osten keine angemessene Problemlösungskompetenz zuschreiben. Allerdings ist die gesellschaftliche Immunität gegenüber linkem fundamentalistischem Gedankengut schwächer und Gleichheitsdenken stärker geworden. In dem Maße, in dem DIE LINKE als eine gesamtdeutsche Partei firmiert, kann sie nicht mehr so erfolgreich den Ost-West-Konflikt kultivieren wie früher.

Nicht unbedingt besser sieht es mit den Angebotsstrukturen aus: Die Mitgliederschaft im Osten ist stark überaltert. Zwar hat DIE LINKE im Westen eine Reihe von präsentablen Leuten aus dem Gewerkschaftsmilieu, doch verfügt sie kaum über seriöses politisches Personal. So erklären sich manche bizarren Ungereimtheiten in den Ländern, in denen sie neuerdings in den Parlamenten sitzt. Freilich ist nichts so erfolgreich wie der Erfolg. Mancher Sieg kann für die Partei freilich ein Pyrrhussieg sein. Wie verhält sie sich nach Verlusten aufgrund der Regierungsverantwortung? Schlägt dann wieder verstärkt fundamentalistischer Protest durch?

Die „Reformer" in der Partei (u.a. Lothar Bisky, André Brie, Gregor Gysi, Petra Pau) versuchen seit Jahren, das Thema „soziale Gerechtigkeit" mit der Forderung nach gesetzlichen „Mindestlöhnen" für sich zu besetzen. Sie müssten, um glaubwürdig zu sein, Abgrenzung nach links

außen vornehmen. Daran fehlt es weithin. Die Richtung um Oskar Lafontaine hingegen, die eher populistischen Protest gegen „die da oben"
verkörpert, mag zwar stärker (nicht nur linke) Wähler mobilisieren,
aber weniger eine Regierungsbeteiligung forcieren. Der einstige SPDler,
und das ist eine Paradoxie, erscheint nicht so pragmatisch wie mancher
einstige SEDler.

In der praktischen Politik, und dies steht in einem bedeutsamen Spannungsverhältnis zu ihrer Ideologie, legt die Partei ein hohes Maß an
Pragmatismus an den Tag. Vor allem in den neuen Bundesländern
übernimmt die Partei Verantwortung. Sektiererische Tendenzen spielen
dort eine geringere Rolle. Das Dilemma für DIE LINKE besteht bekanntlich darin: In der Opposition kann sie populistisch Stimmung
machen und viele Wähler an sich ziehen, als Regierungspartei ist ihr
dieser Weg verwehrt. Ihrer Aufwertung als Regierungspartei stehen zugleich beträchtliche Wählerverluste gegenüber.

DIE LINKE ist in vielerlei Hinsicht keine Einheit. Mit Gregor Gysi, der
auf manche Wähler eine Anziehungskraft ausübt wie ein Magnet auf
Eisenspäne,[23] hat die Partei ebenso Glück gehabt wie mit Lothar Bisky.
Beide Personen haben einerseits großen Anteil an der Fortexistenz der
PDS und andererseits an der Fusion mit der WASG. Es gibt Konflikte
zwischen prinzipiellen Anhängern eines demokratischen Gemeinwesens und dessen Gegnern, ferner Streitigkeiten über die angemessene
Form der Organisation, Strategie und Ideologie, die schwerlich in extremismustheoretischen Kategorien zu fassen sind, wie etwa die Kritik
an der „Männerdominanz".

Schließlich fällt mitunter eine gewisse kulturelle Fremdheit zwischen
der LINKEN aus dem Osten und dem Westen auf. Außerdem ist der
Spitzenmann Oskar Lafontaine umstritten. Einerseits konnte die Partei
dank seines Einsatzes die kulturelle Barriere im Westen des Landes jedenfalls teilweise überwinden und damit die Fünfprozenthürde, ande-

---

23 Er gewann bei vier Bundestagswahlen ein Direktmandat. Wäre er auch 2002 angetreten, dann hätte die PDS mit ihm wohl ihr drittes Direktmandat und damit den
Einzug in das Parlament geschafft. Die Konsequenz: eine große Koalition auf Bundesebene.

rerseits stößt seine populistische Strategie auf Skepsis. Liegt in dem folgenden Witz ein Körnchen Wahrheit? „Trifft ein linker Abgeordneter einen anderen und fragt: ‚Wieso bist du nicht im Saarland, Wahlkampf machen für Oskar?' Sagt der andere: ‚Ich will ja nicht, dass der noch mächtiger wird.' Darauf der erste: ‚Quatsch, erst machen wir ihn im Saarland zum Ministerpräsidenten, und dann schlagen wir die Kosovo-Lösung vor.' – ‚Kosovo?' – ‚Na ja, die Unabhängigkeit!'"[24] Wenn schon zu einem Zeitpunkt über Lafontaine gelästert wird, zu dem die Partei von ihm profitiert, liegt die Frage nach der Massivität der Kritik bei weniger günstigen Wahlaussichten und -ergebnissen nahe. Bricht das Charisma Lafontaines dann zusammen? Katina Schubert, die Vizechefin der Partei von 2006 bis 2008, sprach offen aus, Teile der LINKEN fühlten sich von Lafontaine brüskiert: „Sie werden […] durch einfache Antworten auf komplizierte Sachverhalte abgeschreckt – einen Politikstil, der in der Linken verstärkt Einzug hält."[25] Wie das Beispiel zeigt, ist vieles unkalkulierbar.

Ob DIE LINKE das politische Koordinatensystem der Republik nun verschiebt oder nicht: Ihre demokratische Zuverlässigkeit ist überaus strittig. Um ein letztes Beispiel zu nennen: Wenn Oskar Lafontaine die Frage, welche Bedeutung der Begriff der Freiheit für eine Partei besitzt, die das Erbe der SED angetreten hat, unter anderem mit den Worten beantwortet: „[…] was nützt einem Aids-Kranken in Afrika die Pressefreiheit? Der braucht eine gesundheitliche Versorgung"[26], so ist Hellhörigkeit angebracht. Wieso soll für einen Aids-Kranken Pressefreiheit unnütz sein? Wäre mit Unfreiheit Aids-Kranken zu helfen? Es verbietet sich, den Wert der Freiheit derart zu relativieren. Als Vorsitzender einer Partei des smarten Extremismus kann Lafontaine solche verräterischen Ressentiments bedienen, als Demokrat darf er es nicht. Innerparteiliche Kritik wurde nicht laut, auch nicht auf dem Parteitag im Mai 2008, als der Saarländer diese Aussage wiederholte.

---

24 Zitiert nach Brigitte Fehrle: Die Partei bin ich, in: Die Zeit vom 20. April 2008.

25 Stefan Berg im Gespräch mit Katina Schubert: „Autoritärer Stil", in: Der Spiegel vom 14. April 2008.

26 Oskar Lafontaine: „Die neoliberale Macht bröckelt", in: Der Tagesspiegel vom 18. Mai 2008; siehe dazu Heinrich Wefing: Das bisschen Freiheit. Oskar Lafontaines eigentümliches Verständnis der Grundrechte, in: Die Zeit vom 21. Mai 2008.

AUSWAHLBIBLIOGRAFIE

1. Selbstständig erschienene Literatur

Backes, Uwe/Eckhard Jesse: Vergleichende Extremismusforschung, Baden-Baden 2005.

Behrend, Manfred: Eine Geschichte der PDS. Von der zerbröckelnden Staatspartei zur Linkspartei, Köln 2006.

Bergsdorf, Harald: Die neue „Linke". Partei zwischen Kontinuität und Kurswechsel, Bonn 2008.

Brie, Michael (Hrsg.): Die Linkspartei. Ursprünge, Ziele, Erwartungen, Berlin 2005.

Brie, Michael/Cornelia Hildebrandt (Hrsg.): Parteien und Bewegungen. Die Linke im Aufbruch, Berlin 2006.

Brie, Michael/Cornelia Hildebrandt/Meinhard Meuche-Mäker (Hrsg.): DIE LINKE. Wohin verändert sie die Republik?, Berlin 2007.

Fülberth, Georg: „Doch wenn sich die Dinge ändern" – Die Linke, Köln 2008.

Gerth, Michael: Die PDS und die ostdeutsche Gesellschaft im Transformationsprozess. Wahlerfolge und politisch-kulturelle Kontinuitäten, Hamburg 2003.

Hartleb, Florian: Rechts- und Linkspopulismus. Eine Fallstudie anhand von Schill-Partei und PDS, Wiesbaden 2004.

Hirscher, Gerhard/Armin Pfahl-Traughber (Hrsg.): Was wurde aus der DKP? Beiträge zu Geschichte und Gegenwart der extremen Linken in Deutschland, Brühl 2008.

Hough, Dan: The Fall and Rise of the PDS in Eastern Germany, Birmingham 2001.

Hough, Dan/Michael Koß/Jonathan Olsen: The Left Party in Contemporary German Politics, Basingstoke 2007.

Hübner, Wolfgang/Tom Strohschneider: Lafontaines Linke. Ein Rettungsboot für den Sozialismus?, Berlin 2007.

Jörs, Inka: Postsozialistische Parteien. Polnische SLD und ostdeutsche PDS im Vergleich, Wiesbaden 2006.

Jun, Uwe/Henry Kreikenbom/Viola Neu (Hrsg.): Kleine Parteien im Aufwind. Zur Veränderung der deutschen Parteienlandschaft, Frankfurt a. M./New York 2006.

Lang, Jürgen P.: Ist die PDS eine demokratische Partei? Eine extremismustheoretische Untersuchung, Baden-Baden 2003.

Maurer, Ulrich/Hans Modrow (Hrsg.): Überholt wird links. Was kann, was will, was soll die Linkspartei?, Berlin 2005.

Maurer, Ulrich/Hans Modrow (Hrsg.): Links oder lahm? Die neue Partei zwischen Auftrag und Anpassung, Berlin 2006.

Meuche-Mäker, Meinhard: Die PDS im Westen 1990-2005. Schlussfolgerungen für eine neue Linke, Berlin 2005.

Moreau, Patrick/Rita Schorpp-Grabiak: „Man muss so radikal sein wie die Wirklichkeit" – Die PDS: Eine Bilanz, Baden-Baden 2002.

Neu, Viola: Das Janusgesicht der PDS. Wähler und Partei zwischen Demokratie und Extremismus, Baden-Baden 2004.

Oswald, Franz: The Party That Came Out of the Cold War. The Party of Democratic Socialism in United Germany, Westport/London 2002.

Peters, Tim: Der Antifaschismus der PDS aus antiextremistischer Sicht, Wiesbaden 2006.

Probst, Lothar: Die PDS – von der Staats- zur Regierungspartei. Eine Studie aus Mecklenburg-Vorpommern, Hamburg 2000.

Reißig, Rolf: Mitregieren in Berlin. Die PDS auf dem Prüfstand, Berlin 2005.

Spier, Tim/Felix Butzlaff/Matthias Micus/Franz Walter (Hrsg.): Die Linkspartei. Zeitgemäße Idee oder Bündnis ohne Zukunft?, Wiesbaden 2007.

Sturm, Eva: „Und der Zukunft zugewandt"? Eine Untersuchung zur „Politikfähigkeit" der PDS, Opladen 2000.

Thompson, Peter: The Crisis of the German Left. The PDS, Stalinism and the Global Economy, New York/Oxford 2005.

2. Unselbstständig erschienene Literatur

Arzheimer, Kai/Jürgen W. Falter: Ist der Osten wirklich rot? Das Wahlverhalten bei der Bundestagswahl 2002 in Ost-West-Perspektive, in: Aus Politik und Zeitgeschichte, B 49-50/2002, S. 27-35.

Arzheimer, Kai/Jürgen W. Falter: „Goodbye Lenin?" Bundes- und Landtagswahlen seit 1990: Eine Ost-West-Perspektive, in: Jürgen W. Falter/Oscar W. Gabriel/Bernhard Weßels (Hrsg.): Analysen aus Anlass der Bundestagswahl 2002, Wiesbaden 2005, S. 244-283.

Backes, Uwe: Polarisierung aus dem Osten? Linke und rechte Flügelparteien bei der Bundestagswahl 2005, in: Eckhard Jesse/Roland Sturm (Hrsg.): Bilanz der Bundestagswahl 2005. Voraussetzungen, Ergebnisse, Folgen, Wiesbaden 2006, S. 157-187.

Bortfeldt, Heinrich: Die PDS am Ende?, in: Deutschland Archiv, 5/2003, S. 737-751.

Decker, Frank/Florian Hartleb: Populismus auf schwierigem Terrain. Die rechten und linken Herausfordererparteien in der Bundesrepublik, in: Frank Decker (Hrsg.): Populismus. Gefahr für die Demokratie oder nützliches Korrektiv?, Wiesbaden 2006, S. 191-215.

Jesse, Eckhard: Das Abschneiden der PDS und der Rechtsparteien bei der Bundestagswahl 2002, in: Zeitschrift für Politik, 1/2003, S. 17-36.

Koß, Michael/Dan Hough: Landesparteitag in vergleichender Perspektive: Die Linkspartei.PDS zwischen Regierungsverantwortung und Opposition, in: Zeitschrift für Parlamentsfragen, 2/2006, S. 312-334.

Koß, Michael/Dan Hough: Die Linkspartei.PDS nach der Bundestagswahl 2005. Die ostdeutschen Landesverbände als Hort des Pragmatismus?, in: Deutschland Archiv, 1/2007, S. 11-19.

Lang, Jürgen P.: 15 Jahre PDS – eine zwiespältige Bilanz, in: Deutschland Archiv, 6/2004, S. 963-969.

Lang, Jürgen P.: Die doppelte Linke. Eine Analyse der Kooperation von PDS und WASG, in: Deutschland Archiv, 2/2006, S. 208-216.

Lang, Jürgen P.: Im Sog der Revolution. Die SED/PDS und die Auflösung der Staatssicherheit 1989/90, in: Deutschland Archiv, 1/2007, S. 97-105.

Lang, Jürgen P.: Die Fusion von PDS und WASG aus extremismustheoretischer Sicht, in: Politische Studien, 1/2007 (Themenheft: Extremismus in Deutschland – Schwerpunkte, Perspektiven, Vergleich), S. 54-63.

March, Luke/Cas Mudde: What's Left of the Radical Left? The European Radical Left After 1989: Decline and Mutation, in: Comparative European Politics, 3/2005, S. 23-49.

Moreau, Patrick: Die kommunistischen und postkommunistischen Parteien Westeuropas: Ein unaufhaltsamer Niedergang?, in: Totalitarismus und Demokratie, 1/2004, S. 35-62.

Moreau, Patrick: Arbeit & soziale Gerechtigkeit – Die Wahlalternative (WASG), in: Frank Decker/Viola Neu (Hrsg.): Handbuch der deutschen Parteien, Wiesbaden 2007, S. 155-162.

Neller, Katja/S. Isabell Thaidigsmann: Wer wählt die PDS? Ein Vergleich von Stamm- und Wechselwählern bei den Bundestagswahlen 1994-2002, in: Frank Brettschneider/Jan van Deth/Edeltraud Roller (Hrsg.): Die Bundestagswahl 2002. Analysen der Wahlergebnisse und des Wahlkampfes, Wiesbaden 2004, S. 185-218.

Neller, Katja/S. Isabell Thaidigsmann: Gelungene Identitätserweiterung durch Namensänderung? „Treue" Wähler, Zu- und Abwanderer der Linkspartei bei der Bundestagswahl 2005, in: Frank Brettschneider/Oskar Niedermayer/Bernhard Weßels (Hrsg.): Die Bundestagswahl 2005. Analysen des Wahlkampfes und der Wahlergebnisse, Wiesbaden 2007, S. 421-453.

Neu, Viola: Das neue PDS-Programm aus dem Jahr 2003, in: Uwe Backes/Eckhard Jesse (Hrsg.): Jahrbuch Extremismus & Demokratie, Bd. 16, Baden-Baden 2004, S. 155-168.

Neu, Viola: Linkspartei.PDS (Die Linke), in: Frank Decker/Viola Neu (Hrsg.): Handbuch der deutschen Parteien, Wiesbaden 2007, S. 314-328.

Neugebauer, Gero: Und der Zukunft zugewandt...? Die Linkspartei.PDS nach der Bundestagswahl 2005, in: Vorgänge, 3-4/2005, S. 40-44.

Neugebauer, Gero/Richard Stöss: Die Partei Die Linke. Nach der Gründung in des Kaisers neuen Kleidern? Eine politische Bedarfsgemeinschaft als neue Partei im deutschen Parteiensystem, in: Oskar Niedermayer (Hrsg.): Die Parteien nach der Bundestagswahl 2008, Wiesbaden 2008, S. 151-199.

Niedermayer, Oskar: Die Wählerschaft der Linkspartei.PDS 2005: sozialstruktureller Wandel bei gleich bleibender politischer Positionierung, in: Zeitschrift für Parlamentsfragen, 3/2006, S. 523-538.

Patton, David F.: The rise of Germany's Party of Democratic Socialism: „regionalised pluralism" in the Federal Republic?, in: West European Politics, 1/2000, S. 144-169.

Peters, Tim: Der Antifaschismus der PDS, in: Uwe Backes/Eckhard Jesse (Hrsg.): Jahrbuch Extremismus & Demokratie, Bd. 15, Baden-Baden 2003, S. 177-193.

Pfahl-Traughber, Armin: Demokratietheoretische Anfragen an die Partei „Die Linke". Kritische Bemerkungen zu einigen Auffassungen und Handlungen, in: Deutschland Archiv, 3/2008, S. 402-407.

Schmeitzner, Mike: Postkommunistische Geschichtsinterpretationen. Die PDS und die Liquidierung der Ost-SPD 1946, in: Zeitschrift des Forschungsverbundes SED-Staat, 11/2002, S. 82-101.

Schoen, Harald/Jürgen W. Falter: Die Linkspartei und ihre Wähler, in: Aus Politik und Zeitgeschichte, B 51-52/2005, S. 33-40.

Personenverzeichnis

AUTOREN

ECKHARD JESSE, Prof. Dr., geb. 1948 in Wurzen bei Leipzig, lehrt Politikwissenschaft an der TU Chemnitz. Seit 1989 Herausgeber des Jahrbuchs Extremismus & Demokratie (mit Uwe Backes).

JÜRGEN P. LANG, Dr. phil., geb. 1964 in Regensburg, Politikwissenschaftler und Redakteur beim Bayerischen Fernsehen, München. Veröffentlichungen u. a. zur PDS.